共同体　共成长

尹怡华　主编

山东大学出版社
SHANDONG UNIVERSITY PRESS
·济南·

图书在版编目(CIP)数据

共同体 共成长 / 尹怡华主编. —济南 ：山东大学出版社，2024.5
(“和润教育”校本化实践成果系列丛书)
ISBN 978-7-5607-8126-6

Ⅰ. ①共… Ⅱ. ①尹… Ⅲ. ①小学教师—师资培养—文集 Ⅳ. ①G625.1-53

中国国家版本馆 CIP 数据核字(2024)第 080811 号

责任编辑 李艳玲
封面设计 蓝海文化

共同体 共成长
GONGTONGTI GONGCHENGZHANG

出版发行 山东大学出版社
社 址 山东省济南市山大南路 20 号
邮政编码 250100
发行热线 (0531)88363008
经 销 新华书店
印 刷 济南巨丰印刷有限公司
规 格 720 毫米×1000 毫米 1/16
14.75 印张 247 千字
版 次 2024 年 5 月第 1 版
印 次 2024 年 5 月第 1 次印刷
定 价 58.00 元

《共同体　共成长》编委会

序

有这样一群人，

他们怀揣梦想，聚力前行；

有这样一群人，

他们和合共进，润心育人；

有这样一群人，

他们播种希望，收获成长。

他们，就是济南高新区奥龙小学可敬可爱的教师！

《共同体　共成长》这本书，讲述的就是这些老师，一路实践教书育人、一路实现专业成长的温暖故事。

本书以奥龙小学2018年以来持续推进教师专业成长共同体建设的十大路径为主线，撷取了教师们日常教育教学实践中平凡却具有启发性、典型性的真实教育案例和真实故事，记录了他们陪伴孩子、陪伴彼此、共同成长的真实经历。跌跌撞撞的成长，点点滴滴的回忆，让我们感动和感悟，更让我们见证了一批批奥龙教师努力奋进的昂扬姿态。这些叙说尽管可能非常直白，甚至有几分稚嫩，但让我们看到了在这片热土上，奥龙教育人坚实前进的脚印，感受到了奥龙教育人浓浓的师生情和对教育的那份坚定与执着！

打开本书，我们感叹于老师和学生之间的心灵互融，感叹于教师和家长之间的真挚交流，感叹于教师成长道路上对更好自己的最美遇见。

这份真情，可能是刘彬老师的《点点爱心化“顽石”》，可能是邵雪花老师的《一番研磨，两处生花》，也可能是蔡春燕老师的《小小纸条寄师情》。这份真情，来自奥龙小学一线教师笔下一个个真实感人的温暖故事。

这份诗意，可能是赵文琪老师的《平凡之路，诉尽不凡》，可能是范学智老师的《做一个温暖的教育行者》，也可能是石守玥老师的《我和我的“哥们”》。这份诗意，来自奥龙小学一线教师心中一次次智慧凝结的教育情怀。

在远离浮华的思考中，老师们拿起笔，记录着自己的教育成长故事，反思着自己的专业育人行为。尤其是书中对教师专业发展共同体建设的路径梳理与分享，更是为读者和教育同仁们提供了一定启发和参考，看似只是一份份情真意切的叙说，实则更是老师们成长经历和典型经验的分享。希望这本书，能带给更多教育人以启迪。

是为序。

李文军博士

山东省教育科学研究院原副院长

2023 年 10 月 25 日

前言

马克斯·范梅南说，从事实践性的方法，就是说出和不断地说出一个个真实的教育故事。如果没有故事，教育就缺少了温情；如果没有思考，教育就缺少了深度。经历了时光的沉淀，教育才能够润物无声，唤醒心灵。

济南高新区奥龙小学坚持“和合共进，润心育人”核心理念，积极构建“和润教育”办学育人品牌。在“和润”文化引领下，学校成立了教师发展中心，以促进本校全体教师的专业发展为本，坚持“基于教师发展需求，为了教师持续发展，在教师发展过程中”的基本原则，实现促进全体教师的“专业化全面发展”“个性化自主成长”和“校本化持续共建”总目标，积极探索“校本化”教师专业发展共同体建设的有效和长效机制。

“和合共进，和而不同”：根据不同学科、学段教师的业务学习内容、学习领域的不同，组建不同的教师共同体，将学校各学科的教师力量团结起来，群策群力，相互学习，形成教育合力，实现学科整合、教学开放和知识融合，培养教师综合素养和专业技能等，带动教师共同成长。教师在各自共同体中扬长补短，实现各取所长、各有所长，每个人的专业优势都有发挥的机会和平台，每位教师都能看到自己的成长和专业发展的希望。

“润育希望，润色成长”：结合学校教师队伍现状，科学架构以“种子教师—新秀教师—骨干教师—首席教师—领军教师”命名的五大教师梯队共同体，组织开展各梯队的系列学习活动，为教师们尤其是青年教师提供学习成长的平台。走进奥龙小学的每一位教师都是一粒充满新生希望的种子，通过不断成长，逐渐成为团队中的新秀教师，进而发展为各学科团队业务骨干，再继续成长为专业研究引领型的首席教师，最终发展成为在各个不同领域具有一定影响力的领军教师甚至更高级别的名师。每一位教师胸怀梦想与希望，都有机会成长为最优秀的自己。

经过持续近六年的研究与实践，在学校所承担的山东省“十三五”教育规划课题“校本化教师专业发展共同体建设机制研究”的引领下，构建起以“组织建构机制（Construct）、高效运行机制（Operate）、成长评价机制（Assess）和持续创新机制（Innovate）”四部分为一体的“教师专业发展共同体COAI建设机制”。四个机制既独立存在，又是有序连接的四大环节，相辅相成、相互促进，滚动循环、持续提升，凸显出“动态性”“持续性”“发展性”“创新性”。课题研究实践过程，也是促进教师成长和学生全面发展、凸显家校共育理念和学校办学特色的过程。本书就是奥龙全体教师在该机制推进下，持续学习和实践的研究性梳理反思与成长中的点滴记录。

书中每一个观点，都来自本课题研究实践中的真实思考和总结凝练；书中的每一个故事，都取自本校教师的真实实践经历。案例内容涵盖了教师专业成长、师生相长、家校共育等日常教育教学的各个方面。老师们将自己的教育思考和智慧凝注于笔尖，汇集成温暖的文字，以一段段对教育往事的追忆，再现教育的细节和乐趣，展现了奥龙小学全体教育工作者的温暖情怀与主动担当。老师们的叙说，让我们看到了奥龙师生之间从相遇到相知再到相长的一幅幅感人画面，也让我们感受到了一线教师们在教育实践中用心、用情、用力的专业积淀和智慧生成。编写此书，既是奥龙教师们对自己既往工作的梳理与总结，也希望带给更多教育人一定的启发和借鉴。在教育之路上，我们相互温暖，彼此照亮，共同成长。

潜心聚力谋发展，砥砺前行向未来。奥龙小学将继续坚守“和合共进，润心育人”核心理念，发挥已有优势和力量，博采众家之长，在2022年下半年立项的省级“十四五”教育规划课题的引领下，深化利用“十三五”课题既有研究成果，并在日常育人实践中持续深入和灵活创新，坚持“将研究融于日常”的定位，把已有研究成果和优势举措聚焦于校本化教研体系建设层面，持续提升学校高质量办学育人成效，增强教师专业化成长发展的获得感、幸福感和认同感，继续书写奥龙小学全体教师专业成长的奋进篇章。

本书体例、结构设计和内容审定由尹怡华确定，具体内容由学校教科研骨干力量组建团队分工撰写而成。重点篇章主要分工如下：

绪言、第一章执笔：尹怡华；第二章执笔：尹怡华、刘彬等；第三章执笔：尹怡华、蔡春燕等；第四章执笔：尹怡华、姜健等；第五章执笔：尹怡华、邵雪花等；第六章执笔：尹怡华、刘彦萍等；第七章执笔：尹怡华、韩潇潇等；第八章执笔：尹怡华、焦雅卓等；第九章执笔：尹怡华、任洪娟等；第十章执笔：尹怡华、张旭等；全文串稿和校对：孟凡生、张甜甜、周璐璐、马鑫。

在此，要特别感谢在本书编著过程中，山东师范大学曾继耘教授，山东省教育科学研究院李文军博士，济南市教育教学研究院教育规划办主任曲文宏、济南高新区教育文体部部长高一鸣和高新区教育文体部教研室主任李继冶等专家给予指导与支持；也要感谢奥龙小学全体教师的积极参与和认真撰写；还要感谢各级领导、专家对奥龙小学发展给予的引领和帮助。在书稿编辑过程中，山东大学出版社编辑李艳玲倾注了大量精力，在此一并表示感谢。

因为作者水平有限，书中难免有需要改进和完善的纰漏之处，敬请广大读者、同仁多提宝贵意见。

尹怡华

2023 年 10 月

目　录

绪　言

教师是学校发展的第一重要力量与资源。现代化教师队伍建设是实现现代化教育的第一位也是最重要的资源。教育现代化首先是“人的现代化”，学校教育中“人的现代化”首先是“教师的现代化”，包括教师思想的现代化、专业的现代化、技能的现代化等，这是保障学校教育现代化、实现学生成长现代化、未来人才现代化的基础。

奥龙小学一直重视教师专业素养的全面提升，坚持“和合共进，润心育人”的核心办学理念，聚焦和润文化，润泽引领师生共同成长与发展。2018年年初，学校确立了以“种子教师—新秀教师—骨干教师—首席教师—领军教师”命名的教师梯队，并逐步确立起各梯队建设的系列指标体系。我们认为，所有走进奥龙小学的教师都是一粒粒充满希望的种子，通过培育和指导，每个人都可以快速成长，逐渐成为团队中的新秀教师，进而发展为各学科业务骨干、专业研究引领型的首席教师，最终发展成为在各个不同领域具有一定影响力的领军教师甚至更高级别的各类名师。希望通过教师梯队打造建设，逐步实现学校教师队伍的“专业化全面发展”“个性化自主成长”和“校本化持续共建”总目标，让每一位奥龙教师都始终胸怀梦想与希望，都有机会成长为更好的自己。

这里的“教师专业发展”，是指学校中的教师个体和教师共同体专业素养、业务水平不断发展提升，是全体教师主动成长、共建共享、与时俱进地增长专业技能和提升业务素养的过程和内容。“教师专业发展共同体”是奥龙小学教师专业发展的基本实施运行单位，是指结合学校师资力量、优势特色、名师骨干等资源，通过国内外先进理念举措引领、学校顶层设计规划和教师自主构建、同伴相互协作等多举措，持续构建不同层面、不同范围、不同主题领域的诸如“名师工作室”“学科工作坊”“师徒共同体”“同伴互助组”等“动态”的运行单位和成长集体。在各类“发展共同体”机构运行带动下，学校通过组织开展各类系列业务练兵和研讨学习等活动，促进全体教师的“专业化全面发展”“个性化自主成长”和“校本化持续共建”。

2019 年年初起，在学校“和润教育”育人品牌建设规划统领过程中，学校成立“和润”教师学习支持中心，成为教师专业发展提升和梯队打造工程的重要阵地，也是学校开展教师学习、专业发展、团队共同体建设的核心机构。该中心主要以各学科、各层面、各领域的动态共同体为基本单位推进运行，重点涵盖课程建设、队伍培养、科研项目等方面，通过项目式、共同体、各类成长沙龙、各界专家的引领与指导等多举措，推进教师队伍的共同发展与提升。尤其是基于 2019 年批准立项的山东省“十三五”教育规划课题“校本化教师专业发展共同体建设机制研究”(YC2019369)的引领，多举措、多层面实施，整体融合推进，持续开展教师专业发展与提升建设系列工程。这里的“教师专业发展共同体建设机制”主要是指在构建学校教师专业发展共同体过程中，全体成员共同研究、实践、认同形成的一系列制度化、可持续性的路径、方法、策略、模式等，从而保障该机制设计运行的持续、高效、灵活、创新与发展。学校结合队伍现状，通过构建“共同体”式一体化运行机制，推进学校各层面工作精细化管理和高效性建设，成效凸显，特色鲜明。典型经验举措可以归纳为四大方面，即基于“研究”的设计、基于“成长”的运行、基于“自觉”的发展、基于“机制”的提升。

一、基于“研究”的设计

基于“研究”的设计，是通过深入调研、分析教师队伍现状和发展目标需求，系统地追问教师队伍发展“为什么”“是什么”“怎么办”“怎么样”，将学校师资队伍建设管理做成课题，进行系统规划和顶层设计。借鉴我国学者韩启德的定义，“教师共同体”就是指一群志同道合的教师，共享一定的资源和环境，相互尊重、相互联系、相互影响，共同推动自身的发展，由此而形成的学习群体。2018 年，学校将“教师专业发展共同体有效机制建设研究”进行课题设计并成功申报立项为山东省“十三五”教育规划课题，由此全面系统地开展了以“教师共同体”为基本单位、以教师梯队培育和高效课堂建设为主路径、以促进教师专业发展和学校高质量办学为总目标的有效机制研究。

二、基于“成长”的运行

课题研究之初，结合奥龙小学教师队伍整体情况，设计确定了以“种子教师—新秀教师—骨干教师—首席教师—领军教师”命名的校本化教师梯队建设机制，这也是学校进行教师团队建设、促进团队和个体共同提升的重要推进机制。

自 2018 年起至今 6 年多的实践探索，学校构建了集“组织建构机制(C)、高效运行机制(O)、成长评价机制(A)和持续创新机制(I)”于一体的“COAI 一体化”共同体机制(见图 1)，这是学校教师梯队建设和专业发展“校本化”研究实践的核心内容和成果。

图 1　奥龙小学校本教研“COAI 一体化”共同体机制

(一)组织建构机制——自主结对，动态生成

专门机构推进：学校专门成立教师学习支持中心，开展校本教研、专业发展、团队建设，通过组织教学研究、业务学习、课堂建设等共同体教研活动，促进日常教学实践的高效落地，引领全体教师业务发展。

基本运行单位：“名师工作室”“学科工作坊”“师徒共同体”“同伴互助组”是学校教研共同体常态化运行的基本单位。其中，名师工作室主要由学校几位首席名优教师结合自己的专业特长与优势，聚焦一定主题开展各类小课题、小项目研究，发挥引领带动作用。学科工作坊则是以班主任和各学科为主构成的五大学科团队，每个月由各“坊主”定期组织“深度研讨”工作坊活动，围绕每学期学科教学的重点、难点问题进行智慧共享，突破瓶颈，提升业务实践水平等。师徒共同体是以每学年学校认定的各学科骨干为师傅，本着全员参与、自主选择的原则，全体青年教师自主报名选定师傅，每位师傅带3—5位徒弟，组建成多个教研共同体团队，参与学校各层面、各项教研规划设计和具体落实。同伴互助组即每一名教师都可自主选定最信赖的同事作为自己的“小伙伴”，双方进行“结队”，在工作、生活中彼此帮助、支持，相互促进、共同提高。

组织建构原则：校本教研共同体的组织建构不是固定单一模式的，而是持续动态、自主结对、灵活生成的，并且会根据教育教学工作内容的变化、岗位分工的调整、教师优势的提升等不断调整、变化和动态组建。同一学年内各共同体人员基本是固定的；新的学年可能又会随着各学科、各岗位工作的变化灵活调整，或根据各项临时紧急工作随时组建。所以，教研共同体的组织构建具有很好的自主性、动态性、灵活性。

（二）高效运行机制——项目带动，骨干引领

基于自主、动态、灵活组织建构的教研共同体，主要通过“骨干引领式、项目带动式、同伴互助式、聚焦研讨式、专家引领式”等多种路径和模式推进。

“骨干引领式”运行：通过发挥学校各学科、各岗位名优教师、骨干力量的优势，在各共同体中发挥其“传、帮、结、带”作用，同时在各团队之间实现相互协作和智慧共享，共同解决教学中的难点、困惑等，促进所有成员的成长与提升。

“项目带动式”运行：通过“N＋X”教学业务大练兵项目、名师工作室特色项目、各年级课程项目，各教研共同体系统开展各级各类教育教学研讨和业务学习，探索育人方式改革，提升教学效果。比如，“N＋X”教学业务大练兵项目中，“N”即“N项通识类”课程，“X”即“X项学科类”课程。通过每学年一轮的系列练兵活动，有序开展各类研训练习，探索构建学校高效的系列教研活动，也是将共同体模式应用于学生课堂学习中的重要项目。

“同伴互助式”运行：学校每一位教师每学年都可以自主选定最信得过

的同事，作为自己的“小伙伴”结对互助，在工作、生活中，思想、业务上，相互支持和帮助，相互表扬和批评，相互促进和提升。同时，“同伴互助”模式还是保障教师成长和兼顾教研业务提升的重要“脚手架”，使得每个人变得更开放、更友好、更善于合作，调动了每一位教师参与教学研讨和主动学习的积极性，带动了团队成员的共同提升。

“聚焦研讨式”运行：最具有代表性的就是我们的“学科主题工作坊研讨”和“课堂观察反思性研讨”。其中，学科主题工作坊研讨是围绕各学科备课、教学过程重难点等，进行深度研讨和智慧共享，以实现最佳育人效果；课堂观察反思性研讨是基于上述“同伴互助”模式，相互信任的小伙伴之间邀请对方对自己的课堂进行“聚焦式”观察，每次聚焦点不超过三个，帮助彼此实现点滴成长与提升。

“专家引领式”运行：定期邀请各级教研员、专家团队等对校本教研的各项内容、环节、效果、成果梳理等进行及时指导把关，并直接参加各共同体的主题研讨、工作坊活动、专家讲座等，对研究实践过程和成果提炼生成进行引领。

（三）成长评价机制——激励成长，优势推进

共同体的组建生成和高效推进，离不开评价激励政策的实施与推进。学校围绕校本教研共同体中教师个体专业成长和教师梯队建设，构建了适合学校校情的“1234 梦想阶梯”教育评价体系和运行机制，涵盖学生成长性评价和教师发展性评价两大部分内容。

学生成长性评价：主要结合小学生“红领巾奖章”评价激励办法推进实施，在学生学业水平、良好习惯、德智体美劳全面素养等方面，进行评价指标内容的设计，重在激励促进学生学业水平的提升以及自主探究和创新意识等核心素养的生成。

教师发展性评价：主要是结合学校校本教研落地成效、教师梯队建设评价指标体系和教师 KPI 考核机制综合实施，统称“1234 梦想阶梯”。“1”是指以促进教师专业成长为中心的理念。“2”是指对教师进行发展性评价的两个层面，即教学教研业务发展指标和梯队建设目标达成指标。“3”是指以“动态共同体、学习项目制、目标引领式”为主的三大评价系列。“4”是指在评价过程中要坚持“过程性与结果性相结合、诊断性与激励性相结合、全面性与个性化相结合、个体性与团体性相结合”四大基本原则。

(四)持续创新机制——多轮实践,目标引领

真正有效的校本化教研机制,一定是可以持续创新发展的。“COAI 一体化”机制的持续创新性,主要体现在校本教研灵活丰富、梯队成长目标引领、评价指标灵活创新三大层面。

校本教研灵活丰富:该研究的校本性,学校工作的周期性、复杂性等,决定了每个周期校本教研内容的不完全一致性。以每学年的“N+X”项目内容设计为例,随着每学年校情、师情、生情等的不同,“N”和“X”项目内容也会及时更新、调整,这在一定程度上也丰富了校本教研运行的创新建设。

梯队成长目标引领:结合学校教师队伍现状,经充分调研、商讨,设计以“种子教师—新秀教师—骨干教师—首席教师—领军教师”命名的校本化教师梯队名称和各梯队成长指标体系。每位教师明确目标和发展路径,产生逐级进阶、持续发展的动力,逐渐成长为更优秀的自己。这也是学校进行教师团队建设、促进团体和个体共同提升的重要创新举措。

评价指标灵活创新:各梯队教师的一般性成长指标是固定的,进一步细化的指标内容和标准并不完全固定,而是根据每个周期校本教研项目内容、教师团队特点和个人优势进行灵活调整。以六大教师梯队指标体系架构为例,各梯队一级指标相对固定,涵盖了一名教师所应具备的基本素养和指标内容;二级、三级指标则根据一级指标进行了更加细化和灵活的设计。

三、基于“自觉”的发展

伴随学校由原有制度层面的推进,到现在有效机制的运行,教师队伍建设逐渐走向自主自觉发展的新阶段。每一位老师发挥自身优势,牵头各个小项目,不仅有系列骨干教师的重点引领项目推动学校各项重点工作的有效落地,也有老师们发挥自己的特长带动学校特色工作的创建。在奥龙小学,每一位教师都是“管理者”,每一位教师也都是“被管理者”,人人都是学校发展和个人专业成长的主人,实现着自觉、主动、自我发展,也推动着学校各项工作的全面落地。

四、基于“机制”的提升

“COAI 一体化”机制的科学建设与高效运行,对于学校高质量发展、教师专业能力提升、队伍梯队持续建设以及各项品牌特色的创建,都起到不可

替代的关键作用，更是学校工作管理精细化、高效性落地的重要举措和力量。

(一)“COAI 一体化”机制助力校本教研高效推进

该机制是“以学校为主阵地”“以教师教研共同体为主体”“以课堂教学改革和教学质量提升为切入点和落脚点”的校本化教学研究成果，是一种将日常教学、教学研究、个人专业成长融为一体，在研究状态下工作的专业生活方式，切实解决了当前小学教育中校本教研和教师学习成长面临的形式单一、被动运行、虚假合作等困境，促进了教研成果高效生成。2021 年 5 月，因学校语文学科团队校本教研共同体建设表现优异，学校获评济南市小学语文“学科教研示范校”称号。

(二)“COAI 一体化”机制助力教师队伍整体建设

该机制的持续探索，带动了学校教师专业素养持续提升和教师队伍整体建设。近五年来，获评 1 位省教育厅优秀个人、1 位省家庭教育指导名师、10 余位市级以上综合荣誉教师，40 余人次获评省、市级教学业务类大赛一等奖，30 余人次获评区“优秀教师”“先进教育工作者”“优秀班主任”等。

(三)“COAI 一体化”机制助力教学成效落地生根

该机制切实促进了学校高效课堂建设和学习方式改革。尤其是将校本教研共同体模式应用于学生课堂学习，探索建构基于关键问题(Key Problem)解决和学习共同体(Community)建设的高效课堂，结合课堂教学内容重难点，设计具有思维挑战性、合作探究性、素养生成性的关键问题，引导学生进行自主合作和探究，建设学生学习共同体，有效地促进课堂学习方式改革和学生探究、创新意识等素养的生成，成效彰显。

(四)“COAI 一体化”机制助力典型经验生成推广

该机制运行简单可行，校本性、可推广性强，成果举措得到省、市、区各兄弟学校和专家、领导认可。2019 年 5 月，学校成功承办了山东省第二届齐鲁教育发展论坛，共同体建设典型举措在主会场和分会场均得以现场展示；该研究阶段性成果获评 2020 年济南市基础教育教学改革成果三等奖、2022 年济南市基础教育市级教学成果特等奖。近三年来，多次迎来省内外、市内外和区域兄弟学校莅临观摩和学习借鉴，如新疆喀什、湖南湘西、德州夏津、济南长清和平阴等地的 7 所共建学校团队多次莅临观摩和跟岗学习，在省、市、区各级论坛、媒体中进行推介分享共计 12 次。

(五)“COAI 一体化”机制助力学校品牌特色创建

该机制激发了学校办学活力,促进教学改革创新和特色品牌生成,各方面工作成效高,取得各级各类成绩和荣誉。例如,家校协同共育共同体、工作坊聚焦研讨等机制在家校共建中的灵活应用,对提高家庭教育实践成效、推动家校协作、促进全方位育人都有着重要意义。学校获评“国家级教学改革示范校”“全国文明校园创建先进学校”“山东省中小学心理健康教育特色示范学校”“山东省信息化示范学校”“山东省首届文明校园”“山东省教育厅思政课题项目学校”“济南市家庭教育示范校”“济南市新优学校”“济南市德育品牌”等市级以上荣誉 30 余项,其中国家级 7 项、省级 7 项、区级奖励荣誉 20 余项。

第一章　文化理念熏染，育人品牌带动

学校一直坚持“和合共进，润心育人”的核心理念，在和润文化引领下，构建和润教育全面育人体系。其中，“和”是学校的核心文化，意在“和合共进，和谐发展”，主要指向学校发展过程中“人”的元素，融合了学校“教师和合、师生和谐、家校合育、社区合力”等关键力量与优质资源。“润”是学校的教育样态，意在“润心育人、润泽成长”，主要指向学校建设过程中“事”的元素，涵盖了学校“和润课程、浸润德育、丰润评价、雅润管理、温润校园”等核心路径与育人载体。二者相辅相成，融为一体，共同建构“和润教育”和谐生态，助力师生生命健康幸福成长。基于“和润”文化引领和“和润教育”品牌体系的创建，教师队伍素养得以整体提升，学校发展建设进入“快车道”，赢得了家长、社会、专家、领导、同仁的一致认可与好评。

一、“和润”文化推动了教师队伍整体素养的提升

学校“和润”文化理念的价值追求是为教师专业成长和幸福人生奠基，为学生终身发展和生命成长做好引路人，这也是奥龙小学学校文化的坚定初心。“和润”文化增强了教师队伍的凝聚力，促进了教师队伍的品质优化，实现了协同合作，和谐共生。每一位走进奥龙小学的教师都是一粒充满无限生长潜能的“种子”，都有希望成长为更加专业、更加优秀的教育人。学校结合队伍整体状况，规划构建了“教师梯队建设培育指标体系”，架构起以“种子教师—新秀教师—骨干教师—首席教师—领军教师”命名的五大教师梯队共同体。通过“和润”教师学习支持中心的牵头组织与引领，学校开展系列学习和业务练兵活动，为全体教师尤其是青年教师提供学习成长的平

台；同时通过名师引领、骨干带动，进一步提升所有老师的专业水平和教育素养。“和润”文化理念的引领与团队共建，让每个人都有机会成长为最优秀的自己。教师梯队的设计实施，使得每位教师都明确了发展路径，产生逐级进阶、持续发展的动力，带动了各自专业成长的积极性，推进了教师队伍的整体建设与提升。

二、“和润”文化引领着教师个性化专业发展与成长

和合共进，和而不同。学校“和润”文化理念重视每一位教师的个人优势、专业特长，重在凝聚每一个人的力量与行动，让每一位老师都看到成长的希望，各美其美，相得益彰，实现和谐统一、协调发展。学校营造积极向上的文化氛围，为每一位教师个性化发展提供良好的土壤，老师们各有所长、各取所长，互帮互学，群策群力，共同进步。比如名师工作室、特色项目制、学科工作坊等举措，既发挥骨干名师的引领带动作用，找准提升自我的优势“生长点”，也帮助每一位青年教师有序做好自我成长规划，扎实高效地提升自身专业能力。

三、“和润”文化成为教师专业化成长的文化新常态

和合共进，和谐发展；润心育人，润泽成长。学校“和润”文化理念转化为教师自我发展的内驱力和自觉行动。全体教师积极主动地加强师德修养，严谨治学，全身心投入教学、科研和育人工作之中，以自身的道德修养、人格魅力、专业学识和严谨态度培养奥龙学子，实现办学育人总目标。以学校每学期组织的“N＋X”系列教师专业发展业务大练兵活动为例，通过国内外先进理念引领、顶层设计规划、有效路径推进实施、各师徒共同体共学共进共享等多举措、多层面的整体推进，逐步形成校本化教师专业发展建设的高效运行机制和常态化项目，促进了学校教师专业成长和队伍建设的提升。

在学校“和润”文化理念的不断浸润下，在“共同体机制”“‘N＋X’业务练兵活动”等育人品牌的持续带动下，教师们在教育教学活动、家校共育工作、自身专业成长的过程中，时刻站在知识发展的前沿，树立终身学习的理念，不断提升教育研究水平，实现了教师梯队建设与个人成长的同步完善，促进了学校各项工作高效运行。

平凡之路，诉尽不凡

故事聚焦

在高新教育大家庭里，从初来乍到的懵懂无知，到现在的独当一面，太多的心声难以说尽。总结自己成长的路径，归纳起来无非三个词：理想信念、实践反思、学习提高。

故事叙写

和合共进浪淘沙，润心育人沃新花。我愿我心似琉璃，清明仁爱自光华。

有志惧难合，四顾何茫茫

我接手的第一个班在三年级，初出茅庐的我雄心壮志，有上山下海的气魄，但因为缺少教学经历，缺少班级管理理念和经验，很多时候我都无从下手。课上，几个调皮的学生接话茬、开玩笑、聊天；课下，学生的喧哗声能把屋顶“掀翻”。个别学生的顽皮好动、我行我素让我头疼不已，我开始惧怕和学生的沟通。失落充斥着我的心灵。而接下来紧张的学习过程、高新教育的蓬勃发展让我来不及感伤，就开始了方方面面的磨砺、成长。

现在回想起来，很多第一次经历的情景仍历历在目。这些“第一次”里最让我哭笑不得的，还是我第一次上公开课的场景。那天，我郑重又心慌地走上讲台，学生们和老师们的眼睛齐刷刷地望着我，我心里的教案接着变成了马赛克，教学节奏混乱、思路不清。当学生的回答偏离了“预定轨道”时，我的心已经跳出嗓子眼了。还有一名学生在课上因肠胃不舒服突然呕吐了，我一下子呆立在了讲台上……那堂课被我搞砸了，但大家的评课安抚了我的心情，真诚严厉却充满关切，饱含着对我的希望。

长风会破浪，云帆济沧海

成长总是从学习开始的。第一次听某位优秀教师的课时，我恍然大悟，原来课是这样教的。第一次参加区里培训时，我才知道再普通的课都能被诠释得多姿多彩。整个教学过程行云流水、干脆利落、精彩迭出，让我如梦初醒。我迫切地想去学习、去实践。

与此同时，学校成立了教师学习共同体，齐心协力的教研组对我帮助良多。从拼音识字到课文的讲解分析，从导入方法到环节设计，从教姿教态到语气变化等，我一条条地改进，一天天地成长。慢慢地，我能明白怎么上好课了，学生成绩也变得优秀了。

例如，去年开始学校推出 KPC 高效课堂①，这种新颖的课堂模式给大家带来了不小的挑战。为此，学校成立了三到五人一组的教师工作室，我们几个在一起相互磨课听课，思维碰撞，大家真诚地指出别人的优缺点，尝试不同的教学设计，有时严肃地讨论，有时因为一个好点子而欢笑。最终，我们都上出了心目中理想的 KPC 高效课堂，为课堂革新又添新貌。

和风搅亭竹，老干为扶持

十几年的班主任工作也是风起云涌的。让我印象深刻的是这段经历：第一次带高年级时，很多孩子进入青春期，个别男生称兄道弟，个别女生之间矛盾重重，偶尔也有家长沟通困难等。就在我每时每刻盯着学生时，却被幼儿园的老师找上门，告诉我几个学生放学后去欺负小朋友，这个消息如五雷轰顶。我不明白自己到底哪里出错了，是不是之前太宽松，给予了大量的爱心，却忽视了严格要求，才使得他们无所顾忌？反思后，我改变了方法，对他们耳提面命，每天板着一副面孔，严加管教，生怕他们再犯错。学生行为有所收敛，但从他们不耐烦的样子来看，很明显他们不是心悦诚服。

特级教师于漪说过，这一辈子有两把尺子，一把尺子量别人的长处，一把尺子量自己的不足。面对师生矛盾，我苦思冥想，去书中、网上寻找良药，听心理讲座，请教领导和同仁，掌握了以理服人、以爱感人的方式，并实践在自己班里。同时，学生问题的产生离不开家庭，我懂得了解家庭才能了解学生，开始积极地去家访，去和家长沟通。我的家访每多一个家庭，就能多一分希望。这样半个多学期过去，那几个学生的改变非常明显，师生关系也和

---

① “KP”即“关键问题”的英文“Key Problem”，“C”即“共同体”的英文“Community”，KPC 高效课堂即基于关键问题解决和学习共同体建设的高效课堂模式。

睦了许多，从他们身上，我收获了以德育人的成就感。

这段经历使我不断反思实践，随着经验的积累，自己对师生关系、家校关系也有了更多认识和感触，比如和孩子的心灵交流，和家长的真诚合作等。教育不仅需要一份责任心，更需要心思细腻、方法得当，如此，教师才能借力使力、游刃有余。

和进提效率，润心育人才

创造了第56号教室奇迹的雷夫曾说过："一间教室能给孩子们带来什么，取决于教室桌椅之外的空白处流动着什么……那是什么东西在决定教室的尺度——教师，尤其是小学教师。"

这几年，学校开展的各项课程建设、论坛研讨让我动力十足；"和润教育"理念的提出及践行，更让我对教育有了新认识、新思考。上学期，我与团队小伙伴，带着六年级用了一周的时间，以KPC高效课堂为依托，开发了"城市名片"班级特色课程。当看到摆放在学校里那精彩纷呈的作品时，我眼前又浮现出学生们欢乐的样子。疫情使学生们无法远游，但他们又渴望外面的天空。所以，我们组织学生以学习共同体为单位选择想去的城市，了解城市的历史、人文等，为向往的城市设计文创产品，向家人及老师介绍这座城市，推销文创产品。班级课程跳出课堂的约束，让学生们从知识的获取中、动手操作中，品尝到心灵旅行的快乐滋味！

看着渐渐懂事的学生们，看着高新区其他校园里同样甘于奉献的教师们，我内心常常涌起一股暖流。我感谢高新区的同仁们，正是大家的勤勤恳恳、团结友爱，让我有了学习的榜样。每当看到大家为学生开心、难过时，每当看到大家积极向上、不落人后时，我就感到浑身充满力量和勇气。让我骄傲的是，自己是高新教育中的一员。

故事感悟

窗前过马，十年不过眨眼间，成功失败、酸甜苦辣皆成过往。现将成长中的几点感悟与大家分享。

一是想遇见最好的别人，先要学会做最好的自己。在工作上要勇于挑战，不断吸取经验教训，不因一次又一次的挫折而怀疑自己。生命犹如逆行之旅，即便一叶扁舟也要向前起航。世界上最美的相遇，就是遇见最好的自己。

二是改变别人不如改变自己。一个人的改变带动一班人，很奇妙，也很美妙！也许当我们做好了自我修行，我们看待世界的眼光也会随之发生变化。我们会看见木兰花开满枝头，会看见自己的孩子，看见班级的孩子，看见这些鲜活的生命。善待生命中的每一个人，永远是赢得真心的最佳方式。

三是成长是一段漫长的旅程，是一场美好的相遇。人的能力并非与生俱来，需要我们在学习中凿光，在实践中锤炼，在困苦中磨砺，在挫败中成长。每一位教师都曾是花的种子，见证花开，需要等待，这个过程会有辛苦，会有汗水，但只要愿意用心去学习，用心感受，就能够一路生花，尽情绽放美丽的青春韶华。

在班级这个小小国度里，我的职业使我的言行具备了极大的能量。我期望自己能更加沉稳安宁，带给孩子最初的扶助、最初的温暖、最初的美好。我期望自己能学到更多知识，带给孩子广阔的世界、想象的天空、飞翔的翅膀。

作为教师，我微不足道；作为教师，我举足轻重；作为教师，我们用心耕耘过的岁岁年年，无人记录，自成史诗。

（赵文琪）

阅读评述

赵老师的成长故事语言隽永，像涓涓细流一样，绵长、简单而纯粹。谈及青年教师的成长，我想谈点看法。

与什么样的人同行，取决于你是什么样的人。赵老师刚开始把教师这个职业想象得过于美好，后来在教学及管理上遇到了各种挫折，也由此迅速成长起来。她有幸加入高新教育，有幸遇见了很多勤勤恳恳的同行，开始寻找自己教育的方式，开始研究学生、研究课堂，找到了教学的乐趣。我想这样的遇见绝不是偶然，而是必然，因为你遇到的人都是被你吸引来的。高新教育这个大环境，是非常有助于青年教师成长的。

只有你变得更好了，才能与期待中的美好不期而遇。

双向奔赴的幸福

故事聚焦

教师是学校发展的第一要素，而一所优质学校更是为教师成长提供了原动力。奥龙小学一直坚持"和合共进，润心育人"的核心理念，旨在"和谐发展，润泽成长"，不仅助力学生发展，还关注教师成长，让学校与教师之间双向奔赴的教育之路充满幸福的芬芳。

故事叙写

2022年是奥龙小学成立十周年，也是我来到奥龙小学的第十年。我看着奥龙小学一点点"长大"，奥龙小学陪伴我一次次"拔节"。我的每一次成长都离不开奥龙小学的助力，奥龙小学的成就里也有我的点滴贡献。2012年，当我第一次踏入奥龙小学，我心里默默地想：这里，就是我实现教育梦想的地方。教育梦想是什么？说实话，那时的我，并没有特别清晰的答案。

教育梦想1.0版

2012年，我来到这所新建的小学，首挑"大梁"，担任了一年级一班的班主任兼语文老师。那时的我，教育梦想是"教好每一个学生"。

说来惭愧，最初的梦想就是这么简单，心里想着未来的日子就是日复一日地重复昨天的故事，过着平静如水的教育生活。但是，奥龙小学的"诞生"，承载着太多人的期望。在这里的教育生活注定是不平凡的。

开学后，学校立即启动了独具特色的"Happy Friday"自主课校本课程的研究，旨在保障学生的自主发展和个性化成长。学生们每周五下午可以走班选课，打破常态下的年级和班级组织，依照自己的兴趣、爱好、特长，选择自主课程内容，实现人人有爱好、个个有活动，为自身发展增添新鲜、向上的活力。奥龙小学的老师们也极力开发自己的潜能，大家共商共研，都想发挥出自己的特色。

看着艺体老师们眉飞色舞地交流着运动类、艺术类、手工类等丰富多彩的学科内容，我既羡慕又着急。作为一名语文老师，平时离不开朗读、阅读，我决定先从朗读开启我的“特色课程”。于是，我申报了“春晓之声——朗诵与主持课程”。没想到，这个课程得到了学生们的热烈欢迎。看着爆满的名单，我惊喜之余又多了一份忐忑：我的一份爱好能不能支撑起我的课堂呢？

教育梦想 2.0 版

在学校课程研究的推动下，我的教育梦想有了新的变化，我在关注全体学生共同成长的同时，又希望“让每一个学生实现个性化发展”。

机会来了。第二年夏天，学校推荐我去参加山东省普通话测试员学习班以及山东省播音与主持专业考官的高级研修班。校长语重心长地告诉我：“这是一个机会，努力学习提升自己，只要学有所获就好！记住，奥龙小学永远是你最大的支持！”我谨记嘱托，认真学习做笔记，课下努力练习发音，随时向教授请教。终于，结业那天，我顺利通过了考试，成为山东省普通话测试员，更成为山东省青少年艺术水平等级考试播音主持专业的一名考官。

通过专业的练习，我在课堂上更加有底气，孩子们学得也更加投入。听着孩子们琅琅的读书声，我真为他们骄傲！与此同时，我还带着班里的孩子们参加了高新区经典诵读大赛，虽然只获得了优秀奖，但是台下的评委依然给了学生们最棒的点评：一年级的小娃娃就能够字正腔圆地朗诵经典，值得鼓励，值得表扬！听着评委们的肯定，看着家长们向我投来赞许的目光，我觉得一切辛苦都值得！因为，学生们得到了个性化的成长，每一张扬起的小脸都熠熠生辉。那时的我更清楚地知道：让学生们发挥特长、全面发展才是教育之道！

第三年，山东省校本课程优质课比赛吹响了号角。我带着自己的“春晓之声——朗诵与主持课程”参加了此次比赛，竟荣获了一等奖！我开心极了，更从中获得了信心，奥龙小学给了我成长的土壤，我一定要努力，不负众望！

从此，我还负责起了学校的推普工作。作为一名推普员，在校领导的殷切期望和关怀指导下，我的眼光开始从班级望向校园，视野渐渐开阔了，心里的想法也渐渐增多了。有了学校的支持，我更加充满热情地投入工作中。通过对校园文化的布置，对学校活动的规划与组织，我也从中得到了历练。我知道，在奥龙小学这个美丽的校园中，我如一朵洁白的玉兰花正努力绽放。

教育梦想 3.0 版

我最庆幸的是，我加入了学校课题科研核心团队。在 2019 年 7 月，学校成功立项山东省“十三五”教育规划课题“校本化教师专业发展共同体建设机制研究”，旨在通过“动态化专业发展共同体”的构建运行，研究学校教师专业发展共同体建设的有效和长效机制的问题，以最终实现教师队伍的“专业化全面发展”“个性化自主成长”和“校本化持续共建”。作为团队中的一员，我的个人发展目标和愿景越来越清晰，共同体中每个小伙伴都可以充分发挥各自优势，进行个性化的自主展示和提升。

在课题研究过程中，我对自己的教学也有了更深刻的思考。我希望我的课堂也能够带给学生启发，让每个学生的素养都得以提升。所以，我开始尝试将“教师共同体”机制的理念运用到我的课堂上，改变我的教育教学方式，创建班级内的学生“学习共同体”，打造 KPC 高效课堂，结合学习内容的重难点，通过设计具有一定思维挑战性、合作探究性和素养建构性的问题，组织学生以“学习共同体”的方式，相互研讨、自主合作，实现在探究中提升，在互助中成长。

作为学校教师发展中心的负责人，我想我是最先受益的。教师发展中心是学校开展教师教研、专业发展、团队建设的核心机构。在“师徒共同体”“学科工作坊”“名师项目制”的常态化学习中，我和我的小伙伴们一起智慧共建共享，突破业务瓶颈。每学期我设计的“N＋X”教师业务大练兵活动、“名师工作室”的课题项目，大大提升了自己的教研水平和专业能力。

在近两年参与的济南市优质课比赛、济南市班主任育人关键能力大赛、济南市一师一优课等竞赛中，我都斩获一等奖。我还有幸加入了济南市“立德树人”双领军团队和山东省家庭教育指导名师培养团队，逐渐实现了自我业务锤炼和水平突破。同时，我的努力也深深地感染着共同体中的每一位成员，很好地调动起了每一位老师参与研讨和学习的主动性，有效促进了学校教师梯队的建设和发展。

2023 年 6 月，我在教师共同体团队中与老师们共同商议研磨“在小学生‘学习共同体’视域下的整本书阅读策略研究”的新课题，带动与引领全体语文教师的共同发展。我相信：书香漫漫，一定能够凝聚成长的力量，陪伴更多奥龙少年向上生长！

十年来，奥龙小学默默地为我提供成长的平台，为我提供“拔节”的机会，我也终究没有让奥龙小学失望，在 2023 年 6 月，我被评为了“山东省语言文字工作先进个人”。

现在我的教育梦想，就是“切实服务学生全面成长”，这就是我的价值体现。在我成长的路上，奥龙小学一直在不断完善，为学生与老师的幸福发展提供更多可能，我和我的奥龙小伙伴们也一定会紧紧抓住每一次珍贵的机会，向阳生长，为奥龙小学一次又一次争得最高荣誉，让奥龙小学越来越辉煌！

故事感悟

一、秉持“和润”教育理念，融汇应用共同体机制

在学校“和润”文化的浸润中，在学校的“教师共同体机制”的平台上，我们将这样的机制运用到家校共育工作中，运用到教育教学活动中，促进自身专业成长的同时，更提升了共同体成员们教育研究水平，促进了学校各项工作高效运行。

教师是学校发展的第一和最重要的力量与资源，学校是教师发展的第一和最重要的土壤与平台。无论是教师共同体，还是学科工作坊，无论是学科课堂教研，还是名师项目式带动，总有一款成长方案适合你，只要你扎实教研，相信学校这个大舞台一定能够给你最耀眼的 C 位，让你站在知识发展的前沿，树立终身学习的理念，促进自身成长，完成教师最美的蜕变，实现教师梯队建设与发展。

二、涉及多领域多平台，有效促进可持续发展

在学校的“共同体”中，我与小伙伴们相互学习，自我反思，激发潜能，在同行中共进，在共享中共赢。除此之外，我在参与的双领军团队与省家庭教育指导名师团队中，也收获良多。我在多领域中充分感受到了“同伴互动互助”的力量，在言语交流和思想碰撞中生成教育智慧，形成教育策略，不断得以提升。在新教师培训、兄弟学校交流学习等活动中，我也多次做了经验分享，这也是一种历练的平台和有利条件，让我有更多的机会得以展示，从而

收获更多的成长。

习近平总书记说："从一点一滴做起，把小事当大事干，踏踏实实把正在做的事情做好。"①所以，我们应该在每一天平凡的教育工作中，凝结对教育事业的一份热爱、一份执着，不忘教育初心，方得育人始终，努力成为一个孜孜不倦的诲人者，更迭不止的思考者，勇立潮头的奋进者。我相信，我将在奥龙小学这片广阔的天空下，深耕细耘育桃李，与奥龙小学双向奔赴共成长。

（刘彬）

阅读评述

刘老师的梦想进阶是所有奥龙小学教师的一个缩影。每一位青年教师的成长都有学校发展的影子。可以说，"双向奔赴"很好地展示了学校与老师之间互相成就的良好关系。学校办学理念的浸润，一定能够将教育德行、精神与智慧有机统一，这也是教师发展的核心要义，更是教师素养提升和队伍品质优化的根本保障，也只有这样的学校，才能够促进教师价值坚守、情怀升温、动力增强，使教师充满教育激情、保持学习兴趣并乐于科研创造，成为读万卷书、行万里路的教育行者，成为有情感温度、思想深度、行动力度的教育智者。期待奥龙小学蒸蒸日上。

润"生"润"己"，师生共成长

故事聚焦

作为小学老师，我们平凡但不平庸。在三尺讲坛，我寻觅到了人生的内涵，在一件件平凡、琐碎的小事上，我收获了一次又一次的成长，收获了感动与幸福。

---

① 习近平：《在基层代表座谈会上的讲话》，《人民日报》2020年9月20日。

故事叙写

初登讲台

记得第一次被稚嫩的声音呼为“老师”时，我的惊喜与不安不知道该怎样表达。那是2013年的秋天，刚走出大学校门的我，面对一群稚嫩的一年级新生，一双双渴求知识的眼睛看向我，我内心充满了激动，但伴随着激动的是强烈的忐忑。我的双手无处安放，甚至都不知道开口第一句话要对他们说些什么。

“上课！”我鼓足勇气喊出了在家练习已久的话。但是，没人理我，气氛尴尬到了极点。我镇定了几秒钟，决定转换一下思路。我说：“孩子们，咱们今天第一次见面，互相都不认识，为了让我们尽快熟悉起来，咱们来个自我介绍吧！我先来说说我自己吧！”这回孩子们就积极多了，“我先说！”“我先说！”……大家你争我抢开始做起了自我介绍。我的内心也放松了很多，并且记住了大部分同学的名字。下课前几分钟，我请孩子们用画笔画下他们眼中的我，五颜六色的画笔，勾画出我的第一堂课。孩子们的画，我至今仍留存着。上面鲜活的陈老师，大概就是我初为人师的记忆了吧。

成长的路上，因为孩子们的陪伴，所有的一切都是那么的美妙幸福。当老师9年了，第一堂课的那一瞬间总是萦绕在我的脑海，久久难以忘怀。一枚枚蓓蕾仰着小脸，渴求着阳光雨露。每天清晨一句句“老师，早上好”的童稚问候，给我带来了一天的快乐和生机；每天傍晚一声声“老师，再见”，给我留下明天的希望之光。孩子们纯洁的心、圣洁的情、深厚的意，净化了我的心灵，使我不忍心亵渎，唯有真诚相待，倾尽自己的全部心血去引领他们成长。

荣升“宠儿”

心中装着学生，以一颗炽热的心对待每一名学生，播种爱，收获爱。潮起潮落，云长云消，岁月在平淡的生活中编织了多少美丽动人的故事。记得那是2018年的冬天，我得了重感冒，难受得要命。尤其是嗓子特别疼，沙哑得说不出话，像针扎一样。下午练字时，班里的同学来向我告状，说同学小A带零食到校。小A平时是一名风风火火、毛毛躁躁、不太稳重的小男孩，学习成绩不好，为此我没少给他“开小灶”。而且班里规定是不可以带零食到校的。我把小A叫过来，询问情况。小A看上去有点委屈，说他没有。我说：“男子汉敢作敢当，带了就是带了，怎么不敢承认呢！到底带没带？”这时，小A从口袋里掏出一个小铁盒，说：“老师，我看到你感冒了，上课讲课嗓子都哑了，于是中午回家给您带来了一盒润喉糖，您吃两块吧，特别管用，我嗓子疼的时候都是吃这个！这真的不是零食。”我语塞了，呆在原地说不出话。这次不是因为嗓子疼，是被小A深深地感动了。我摸摸他的头，从盒子里拿出一块糖放进嘴里，对他说：“这是陈老师吃过的最好吃的糖了。”他开心地笑了，那笑容至今让我无法忘记。

每一名孩子都是上天派到人间的天使。班里有一名学生小B，先天行动不便，一年级入学时说话仍然口齿不清。我很担心同学们会嘲笑她，也怕她会因此而自卑。虽然我不是班主任，但为了让小B迅速适应新环境、新同学、新老师，我课间经常和她聊天，尽管听不清楚她说了什么，但是我总是用微笑去回应她，用鼓励的话语来激励她。上下楼梯不方便，班主任在前面带队，我总是跟在队伍的最后，做保护她的“隐形人”，在她有需要的时候搀扶她一把。班里的孩子更是让我感到欣慰，孩子们没有对她冷嘲热讽，相反，同学们都戏称小B才是大家的“宠儿”。在小B有需要的时候，大家都及时地伸出援助之手。小B只是行为语言上有一点不同，但其实很聪明懂事。在这样一个有爱的团队中，小B的性格越来越开朗，她非常喜欢校园，也更加热爱学习了。一年年过去了，小B现在比刚入学时进步很大，能正常与人交流，上下楼梯也不再需要别人搀扶。但是她没事的时候仍喜欢拉着我的衣服和我聊天，要不然就是课间溜达着去我办公室转一圈，也不说啥，就是看看我，笑一笑。有一次中午配餐时，小B神神秘秘地走过来，手里拿着一个蛋挞，说“陈老师，你喜欢吃，我的给你”。孩子，你对老师的爱，我能感受得到，我何尝不是那个最幸福的“宠儿”呢！

“个性方案”

2020年，我自己的家庭出现了一点状况，这一年耗费了我很多时间和精力，孩子因身体的原因需要我尽可能多的陪伴。但为了不耽误学生们的学习进程，我一直坚守在工作岗位上，兢兢业业、尽职尽责地完成教育教学工作。就这样坚持了两个学期，我已经心力交瘁，感觉自己随时都要崩溃。当工作与家庭不能兼得的时候，我很无助，焦虑、迷茫、看不到希望，各种情感交织在一起。2021年年初，孩子的身体还是没有完全好转，我也着实无力继续工作，不得已之下，我向学校领导层提出了离职申请。学校领导处处为我着想，甚至针对我的情况作出了“个性化方案”：给了我一段“长假”，让我安心在家陪伴孩子，照顾家庭。请假的这段时间，学生们因为我的缺席，临时更换了好几位数学老师，效果都不尽如人意。我内心非常愧疚，也一直挂念着我的学生们。幸运的是，经过一学期后，终于看到了黎明的曙光，孩子在我的陪伴与照顾下基本完全恢复，也顺利地步入了一年级。2021年9月1日，我又回到了熟悉的工作岗位，当我走进熟悉的教室，看到那一群熟悉的孩子，听到孩子们热烈的欢呼声时，我的眼泪夺眶而出！那一刻我觉得自己是世界上最幸福也是最幸运的人。

故事感悟

作为老师，我想我是幸福的。教育教学道路上，不仅有来自学生的信任和关心，还有来自学校的关怀和鼓励。就是在这一件件的小事中，我逐渐收获了个人的成长，同时感悟良多。

一是虽然教无定法，但是教育的方法总是被一条线连着，这条线就是对学生的真爱。只要对学生投入真心真感情，就一定会点燃孩子们的心灯。与其说是我“教育”孩子，不如说是孩子成就了我成长的道路。来到奥龙小学的七年时间里，我逐渐从一名青涩的年轻小教师成长为一名时刻关注学生身体与心理健康成长的“老”教师，与学生平等相处，成为他们的知心朋友。

二是“和合共进，润心育人”是奥龙小学的办学理念，对奥龙人而言，它是一种境界、一种追求，更是一种行动、一种实践。困难之际，学校及时伸出援助之手，充分践行了“和合共进”的办学理念。在我的教育教学中，我也一直秉承着这种理念，及时发现每一个学生的困难之处，并给予他们润物细无声式的帮助，真正做到“润心育人”。

（陈晨）

阅读评述

“人类灵魂的工程师”“太阳底下最光辉的职业”，这无上的荣誉承载着多少人对教师的嘱托，同时也意味着教师的责任之重大。要挑起这份重担，就要热爱这一职业。

文中的陈老师就非常热爱这一职业，与学生共情，正向引导学生，以身示范，用自己的行动引导学生如何"关爱"他人。那一盒糖果，那一个微笑，那一个"个性方案"，不也正是陈老师用自己对事业的热爱之情和对他人的努力关爱"换"来的吗？他们平凡而不平庸，在一件件小事上，收获到了成长与感动，寻觅到了人生的意义！

相约幸福，收获成长

故事聚焦

有幸与奥龙小学相约，相伴一路成长。作为老师，陪伴学生一路成长；作为老师，携手"伙伴"共同进步；作为奥龙小学一分子，和学校分享收获的喜悦，是多么幸福的事。和我一起走进"幸福门"，回顾"我们"的成长历程。

故事叙写

第一次踏入济南高新区奥龙小学大门，印象最深的是"幸福门"，在脑海翻遍去过的或听闻的所有学校，还没有哪个学校会将幸福作为学校的"第一大门"展示。所以从我进入奥龙小学那天开始，我就开始寻找幸福所在。

幸福在哪里？幸福在你刚进入校门的那一刻。记得那是一年级新生报到，我以为就是简单的报到、分班，老师去发发书本，千篇一律的工作。可是在奥龙小学，我却见到了"与众不同"的新生报到——每一名同学都由自己的爸爸妈妈领着走进"幸福门"，作为老师的我们站在红毯的两旁静候奥龙小学新生的到来。这满满的仪式感，一下子让陌生的我们变成幸福的一家人。红毯上一个跑来跑去的小男孩格外引人注意，他，就是小周，"停不下来"是他给我的第一印象，同时也开始了我们六年的故事。

入学后果然如我所料，"停不下来"的有他，课堂讲话的有他，站队左右摇摆的有他。我们熟悉得最快，感情也最好。我们会经常大手拉着小手一起走在去操场的路上、去办公室的路上。我一度认为这个调皮的小家伙会是我的"噩梦"。没想到一学期下来，我却从语文、数学等各科老师那里了解到他全优的成绩，深感意外的我利用家访的机会特意去了小周同学家。进门后小周表现得彬彬有礼，竟还略显羞涩；自己的房间整理得井井有条……听着家长的评价，我不由想起小周在学校的表现：总是上课前跑去办公室，拉着我的手就往教室跑，这自然的动作让我们从未有过陌生感，哪怕那时我们才见了几面而已；体育课上总是一声“冲啊”，带着全班一起坚持长跑，我竟从未意识到这需要多么大的勇气。在见证孩子成长的同时，我更加明白了自己的工作：作为一名教师，要全方位地观察学生，换个角度，你会看到孩子身上更多的优点。

孩子进入中年级后，师生之间的“斗争”更是精彩纷呈。作为男老师，我总是每日大声疾呼，效果却“惨不忍睹”。尤其是小周同学，随着年龄的增长，有了更多的“小聪明”。记得在一次体育课上，小周同学悄悄地跟我说：“潘老师，今天咱们少跑点吧？”“老师，坐位体前屈压不下去啊。”我开始和他斗智斗勇：“什么？跑不完？行，那今天咱们班的游戏时间取消，我们一起练习。”“站不好队？那好，老师陪大家一起加强训练，看看我们能不能做好！”“啊？”我分明看到了他眼中的失望……高压的管理，貌似让孩子们的纪律意识越来越好了，可我总觉得和他们的距离越来越远了。我郁闷地和同事交流：这是为什么，怎么还不懂事？终于有一天，在一位女老师的课堂上，我又见到活泼好动的小周同学，上课讨论问题，左右招呼同学，积极的样子让我感慨颇多。从那一刻起，我决定改变，我想和学生回到最初。

时间匆匆而过，不经意间那帮小家伙已经幸福地长大了，要离开奥龙校园了。毕业典礼上，我竟第一次见到小周同学的眼泪。说真的，从来没有过的酸楚涌上心头。一张张相拥的照片，一个个简单的挥手，伴着毕业离别的音乐，看着他们走过熟悉的“幸福门”，就好像一个轮回，什么都没有留下，他们却真的来过。孩子们，我见证了你们六年的成长，你们何尝不是带给我六年改变和收获的人？在奥龙小学，师生共成长是对幸福最好的诠释。

故事感悟

一、我和学生共成长

幸福的工作是从心开始，当老师为孩子、家长用心付出后，其实已经在孩子和家长心中种下幸福的种子。这粒种子在老师的呵护下生根发芽，静待花开。教师也在这一过程中学习改进，真正做到师生共促进，幸福共成长。

二、我和伙伴共进步

作为奥龙小学教师团队的一员，我深深地被身边优秀的伙伴折服——人人都有自己的专长，同时他们又相互合作，共同进步。在“青蓝结对”过程中，我们看到“徒弟”一遍遍地磨课改进，也看到“师傅”一遍遍地精心讲解，目的就是不断提升大家的教学水平，打造优质课堂；在“教师专业提升”课程中，通过“N＋X”业务大练兵，每一位老师都能实现自我发展和自我超越；在“专家引领”下，老师们不断学习新理念，获取新的教学知识，向着成为一名学者型的教师努力。总之，奥龙小学有足够的空间让每一位老师幸福成长。

三、我和学校共收获

经过不断努力，奥龙人都收获满满。我们在常规体育工作中，坚持年级项目训练，力争在小学毕业时，每个学生都可以掌握篮球、足球、排球、跳绳、毽子、武术六项体育技能，并且在体质检测中做到人人达标，85%的同学取得“优良”以上的成绩。体育教研组提交的“线上教学年级体育系列项目案例”获得济南市特等奖的好成绩，并被推荐参加省级评选。奥龙小学还获得山东省文明校园、济南市文明校园、教书育人先进单位等诸多荣誉。个人的成长离不开学校支持，而每一位教师的成长又为学校的成功奠定基础。我相信，在大家的共同努力下，奥龙小学会越来越好。

（潘峰）

阅读评述

学生、教师、学校、家长密不可分，但是不可否认的是，随着学生主体性的突出，我们的教学工作和教师培养工作更多需要考虑学生的成长需要。同时，见证学生的发展就是见证教师的成长，这也是学校成功的重要保障。相约一起成长，就是对教育工作者不断学习的要求：想给学生一杯水，自己先要拥有一桶水。

巧用教育智慧，走出育人“捷径”

故事聚焦

教育源于良善，当我们面对“屡教不改”的个体，除了爱和耐心，是否可以化问题于无形，运用和合共进、润心育人的教育智慧，走出育人的“捷径”呢？

故事叙写

“子衿”这个儒雅脱俗的名字也恰恰是我对他的第一印象。然而事与愿违，性格内向、不爱讲话的他的诸般行为经常与儒雅脱俗背道而驰。那天刚回到办公室，班长就拉着他进来：“老师！张子衿他……”我马上意识到准是子衿又闯祸了，于是示意班长回去。我慢慢地转过头问子衿：“今天又是为什么来啊？”他还是老样子，慢吞吞地说道：“我刚才看见校园里一棵树上长了些小果子，想知道是什么，就把它们全摘下来了……”他边说着边从口袋里拿出了十几个没长好的青杏，拘谨地捧在手里给我看。撒落到地上的几颗杏子咕噜咕噜地滚到了体育老师脚下，让我有些忍俊不禁。这时，体育老师忽然说：“呦！这不会是那棵杏树结的果吧？”话音一落，大家一阵苦笑。学校创建绿色校园时，校长亲自在校园里种下了这棵杏树。一年来精心呵护，只等开花结果之时，共同分享收获的喜悦，结果……

想到这里，再回想起他的“斑斑劣迹”，我忍不住大声问道：“你为什么天天都有事？你是怎么想的？”本来话不多的他，头越来越低，嘴巴越抿越紧，眼泪开始打转。沉默许久，他依然不肯开口。我索性道：“既然不说，那你就写吧。回去把这件事情的前因后果写出来，明天交给我！”

第二天，他小心翼翼地走到我身边，看到我的眼睛又迅速低下头，小声说着：“老师，这个给你。”转身快速离开办公室，却不忘轻轻地关上了门。看着他消失的背影，我的心触动了一下。拿起桌上的纸条仔细看：“老师，对不起。树上的果子，有同学说能吃，我就摘了一个。大家摘完扔到地上，是我把它们都捡起来的！我想拿给妈妈看。”字迹潦草的纸条，已然有些破皱，想必是孩子刚刚一直攥在手里等着我吧！我隐隐后悔自己的武断，他虽然有错，但是有些行为还是值得肯定的。看着纸条，我突然想到一种与他沟通的适宜方式，回写道："前几天为什么要去抓小鱼呢？"

第二张小纸条上，歪七扭八的字迹，一笔一画却透着压力。他送来时冲我笑着挠头，然后一溜烟跑出去了。我辨认了好一会儿，才看明白大概意思："老师，金鱼不是我弄死的。我每天出去看它，那天去的时候它就不动了。然后同学们都围上来，说是我弄死的。真的不是我。你相信我吗？"孩子，老师有什么理由不相信你呢！

我开始对他的事产生兴趣。自此，开始了我们纸条上的悄悄话。我通过这种方式得知他不害怕马蜂，他为了保护女同学才去捅蜂窝；四片大叶子是大厅绿植自然脱落的，而不是他用力折下来的。我也不断地提示他需要改进和注意的地方。通过这种特别的沟通方式，他也在慢慢地改变自己。

你来我往，最后一张纸条，我写给他："子衿，你是好孩子，老师爱你！"他回："我也爱您！"还有一颗歪歪扭扭的小爱心。

时光匆匆，他还是办公室的"常客"，只不过不再是那个"惹事大王"了！

故事感悟

一、"润心"细无声

个别学生的闭锁心理及个性差异，造成了教师与学生之间交谈的困难。如何有效地消解学生对教师的抵触心理，成为摆在我面前的一道教育难题。经历了这件事后，我也有了新的成长和感悟，才真实体会到学校在"班主任共同体"研讨时，常常提到的"师生和合共情"并不是一句空话。如同消融寒冰的春风，我在与学生交谈时，如果始终把自己放到和学生平等的地位，能以心换心、推心置腹地交流，愿意与学生相知相容，相信学生也一定从心底信赖自己的老师，从而取得更好的教育效果。

教育的极致是行为的塑造，我们老师的一言一行在不经意间都会在学生幼小的心里泛起涟漪。尤其是对于我现在执教的低年级学生而言，出现问题时简单的说教、粗暴的态度只能暂时震慑，想从根本上解决问题还需要更有效的沟通和教育方式。同时也更加深刻地认识到教育静水流深、润心无声的意义。日常教学中我们更应该关注学生的内心世界，弯下腰听听他们的声音。学会尊重学生，平等对待学生。尤其是在沟通方面要能走进学生的心灵，让学生愿意对你敞开心扉，让他视你为所珍视之人，我们的教育才能更好地影响他。要真正做到用爱心滋润童心，用阳光浸润童真，用智慧丰润童行。

二、“育人”有章法

遵循教育规律，巧用育人方法。教育心理学告诉我们，好奇心是源自主体对陌生事物的疑问而构成的探究其源的最初内驱力。好奇是孩子的天性，“纸条上的悄悄话”这种特殊言说的神秘感让学生感受到不一样的新奇，因此快速打开心门，增强了想与老师沟通的意愿，起到事半功倍的作用。每个孩子心中最渴望的就是信任和赞美。信任与赞美是一种肯定、认可，会在他们的心灵深处植入信心和力量，播下奋进的种子，找到努力的方向。奥龙教师用宽容、善意以及无条件的爱去点亮每一位学子心中的光芒。

在解决问题的同时，教师也要善于抓住机会进行引导，在实际的教育教学过程中，教育机智的运用往往也起着重要作用。教育机智是教师娴熟运用综合教育手段的能力，建立在教师对学生个体行为习惯和个性心理特征的深刻了解之上，更是建立在教师对教育事业无限热爱的基础之上。

（一）巧妙地因势利导

教师在遇到棘手的突发问题、处于窘境时，要能够审时度势，即按照学生的需要和实际水平，利用积极因素，消除消极因素，因势利导，从而使学生扬长避短，增长克服缺点的内在力量。

（二）能够灵活地应变

当出现扰乱正常教学秩序的情况时，利用智慧，巧妙处理，机敏地摆脱窘境，不仅表现了教师高超的应变能力，也使教学、教育活动顺利进行，为建立良好的师生关系创造了条件。

（三）注意对症下药

教师能够敏感准确地判断问题所在，善于从学生的实际情况出发，采取灵活多样的方式和方法，就能有的放矢地进行教育。一种教育方法如表扬或批评，对这个学生有效，对另一个学生可能就不那么有效，对第三个学生可能起反作用。这在很大程度上取决于教师是否从学生的具体特点出发，采取有针对性的教育措施，用不同的处理问题的方式，给学生以巧妙的对待。只有对症下药，才能取得良好的教育效果。

（四）要善于掌握分寸

掌握教育分寸就是要注意度的问题，即讲究教育的科学性。教师在教育学生和处理问题时，能实事求是，通情达理，且说话合度、行为得体、方式适宜，对学生要求适当，就可以使学生口服心服，反之就可能事倍功半或适得其反。无论表扬还是批评，考虑学生年龄、性别、经验、认识水平以及性格脾气等，选择合理合度的方式方法，就能以最小的代价取得最佳的教育效果。

我们要认识到每个学生都有这样或那样的优点和长处，蕴藏着等待诱发的积极因素。应当因势利导，发扬优点，克服缺点，为达到最好教育效果不断探索。以人的生命和谐成长为目标，将"合和共进，润心育人"的智慧运用到教育教学中，让我们对教育教学过程中可能出现的问题有迹可循，解决问题有章可依，发挥出学校育人的最大作用。在学校教育的润养中，让奥龙学子成为有梦想、有力量、赢未来的阳光少年！

（苏舒婷）

阅读评述

当孩子犯错的时候，当老师板着脸批评学生的时候，请想想这个孩子可爱的一面吧！在批评的时候别忘了鼓励一下我们的孩子。千万不要吝啬表扬，因为一句小小的鼓励、一句欣赏的话语，都会对孩子产生不可估量的作用。巧用教育智慧，春风化雨润物无声。"纸条上的悄悄话"可谓四两拨千斤。面对实例，老师们还是要贴合不同学生的实际情况，巧妙寻求方式方法。教育之路，唯有用心发现，用爱呼唤，智慧与真心双管齐下，才会走出育人"捷径"，绽放出灿烂之花。

第二章　和合共进，共建共享共成长

陶行知先生说过，要有好的学校，先要有好的教师。教师成长是为实现高质量教育奠基。奥龙小学坚持“和合共进，润心育人”核心理念，倡导并推进教师队伍“和”字方针，和合共进，各美其美、美美与共。学校系统规划教师队伍整体建设，通过推进梯队培养和共同体运行机制，打通教师专业发展“快车道”，既要促进教师整体建设，也要鼓励教师优势成长，人人体会到教师职业的幸福感与专业力量，相互协作、相互赋能、共同带动，从而实现彼此接纳、彼此成全和共同抵达。

名师引领，强师骨干辐射带动。强校必先强师，为此，学校通过发挥名优骨干教师的示范和引领，带动青年教师的专业发展与提升。学校将全体教师按一定标准认定为“种子教师、新秀教师、骨干教师、首席教师、领军教师”，进行梯队建设活动，通过“N＋X”业务大练兵、特色项目推进、特色课程开设等系列活动，结合教育教学常规工作进行“捆绑”推进与实施；鼓励每位教师找准自己专业成长提升的优势和“生长点”，确立专业成长的新目标和方向，帮助每一位教师有序做好自我成长规划，逐步走向优秀、走向卓越。同时，通过有效推进优质教育资源的整合和共享，引领教师减负提质增效，取得了很好的实效。其中，基于山东省“十三五”课题引领的“教师专业发展共同体一体化机制”成果，荣获济南市教育教学成果奖特等奖的好成绩，更是切实推进和带动了学校的教师队伍整体建设，使奥龙小学强师之路走得铿锵有力。

团队共建，共同体推进助提升。教师发展共同体已经成为奥龙小学教师专业成长的基本运行单位和常态化模式。师徒共同体、学科工作坊、同伴互助共同体、各类特色项目共同体的建设与实施，不仅带动学校各项工作的高效实施，更同步促进了每一位教师专业成长的快速发展。各共同体的构建本着师傅牵头、团队成员自主结合、自愿组队的原则，实现动态、自主、灵活调整。师傅带领团队成员定期开展活动和研讨，全员参与，人人献策；通过业务大练兵、课堂研讨等，共学、共行、共练、共研，加强了对青年教师业务能力的培养。每一个共同体成员都可借助团队的力量，在专业发展中相互关怀与促进，实现真正的共生共享，共同发展。又比如我们的“青蓝共同体”，每年在师傅团队的引领下，我们把每一位青年教师的传帮带工作落到实处，通过挖掘骨干教师（师傅）的优势特色，发挥其“传、帮、结、带”作用，促进成员之间相互协作、相助相长。

聚焦“重、难、疑”，工作坊研讨齐突破。学科工作坊是教师专业素养提升的直接路径。围绕每学期学科教学育人的重点、难点、疑惑点，由经验丰富的工作坊“坊主”带领大家定期开展聚焦研讨和突破创新，是教师专业成长的最近路径和策略，也是高效实施学科教学育人的重要方式。通过“坊主”的带领，每月一个专题，开展学生良好习惯培养、班级评价设计与实施、学生干部培养等，既促进了班主任工作专业素养的提升，也带动了各班级日常管理和建设，全员参与，智慧“众筹”，一举多得，事半功倍。

在奥龙小学，“和合共进，润心育人”不只是口号与倡导，更是行动与实践。正是这样的理念，引领、带动着奥龙小学教师队伍行稳致远，丰富了奥龙小学的内涵，更承载了一届届奥龙学子健康茁壮的成长！我们也将会继续在这条专业成长道路上，笃定前行，持续奋进！

以“生”为镜，可正己身

故事聚焦

学生就是老师的一面“镜子”，折射出来的是我们的教育教学行为是否恰当、有效。这面“镜子”可正行为习惯，可正教育方法，可验教学成果。

故事叙写

精心准备，遭遇尴尬

2019年，我有幸成为奥龙小学的一名美术教师。还记得刚踏进校园时的意气风发和踌躇满志。对于新的职业，我没有丝毫的陌生感，因为在从事小学教师以前，我已经有了九年的职业中专教学经验，所以我自信地认为教小学生对我而言是“小菜一碟”。但没多久现实就狠狠地打醒了我，以至时隔三年后的今天，我仍然清楚地记得自己的开学第一课，那是非常尴尬却对我有特殊意义的一节课！

那天，我一踏入教室，学生们便将我团团围住，我以为是一年级小学生热情的“欢迎仪式”，没想到却是我“自作多情”了，接着扑面而来的就是源源不断的声音轰炸：“老师，我没带剪刀。”“老师，有人抢我的画纸。”“老师，我的画笔丢了一支。”“老师，我的彩笔帽打不开了。”“老师……”

因为是开学第一课，我“青蓝共同体”的师傅和同伴们都来听课，我急于做课前准备：拷贝课件，准备美术工具、范画等，于是先让学生返回座位，不一会儿上课铃声响了，我便开始了慷慨激昂的讲课。

“同学们好，今天的美术课我们要一起种一棵神奇的智慧果树，每个同学都要积极参与哦！”

转身，我在黑板上写下本节课的主题“神奇的智慧果树”。当我再次转过身来，却被眼前的景象惊住了：坐在第一排的小轩已经离开自己的位置，跑到了第三排小凡的身边，两个人在窃窃私语；小贤和前桌小夕在抢一张画纸……

这时，我只感到怒气从脚底直冲到脑门，心头那一把怒火已经焰气腾腾得按捺不住，于是我大声呵斥道：“你们在干什么？知不知道要遵守课堂纪律！”

“老师，我向小凡借剪刀。”

“老师，小夕拿了我的画纸。”

“不是，老师，我从地上捡的。”

“老师……”

还没等我反应过来，一波又一波声音轰炸来袭，从学生“你一言我一语”

变成了“全班沸腾”，隐约我还听到一句“老师好凶啊……”。

我不得不停下讲课来解决这些问题。等问题解决了，我发现已经过去了10分钟，一想到花费一个星期加班加点、精心准备的开学第一课就要讲不完了，还给学生留下“凶神恶煞”的第一印象，心里既失落又着急。

我迅速调整情绪，把学生“拽”回课堂。当讲到“果树”时，我问同学们：“你们最喜欢吃什么水果呀？”同学们都争先恐后地说起来，这时群声中传来一阵大笑“哈哈……你竟然喜欢吃榴梿，太恶心了，像‘粑粑’一样臭……”“哈哈……”很快场面又变得很混乱，被嘲笑的小骏同学涨得满脸通红。

有了刚才的“污名”，我想这次绝对不能“吼叫”了，于是我微笑着对同学们解释：“同学们，每个人对味道是有‘偏见’的，不同的人品尝同一种食物时，都会有不同的体验。有人偏爱柠檬，是‘柠檬精’；有人偏爱榴梿，是‘榴梿精’，都是正常的。其实悄悄告诉你们，老师也是一个‘榴梿精’！”我边说边表演动作，逗得同学们哈哈大笑，小骏同学的脸上也露出了灿烂的笑容。看到问题解决了，我紧绷的神经稍稍放松下来，但是这时离下课时间不足15分钟了。眼看时间余额已不足，我加快了速度，狠心越过了部分精心设计的环节，在5分钟之内完成了讲课，最后留出10分钟的时间创作。

本以为这堂课就要圆满地画上一个句号，可当我在教室里巡视指导时，又大吃一惊，怎么会这样：

有的学生并未动笔，说只是吃过某某水果，却记不清它长什么样子；有的学生连涂色也不会，涂得像一团乱麻；有的学生连剪刀也不会用，只能歪歪扭扭地剪折线，一不小心还会把图画书剪掉一个角。

那一张张空白的纸，一个个胡乱涂抹的线条，一本本缺角的图画书仿佛狰狞的笑脸对着我哈哈大笑。我又气又急，却什么话也说不出来。

这时，下课铃响了，我像泄了气的皮球，灵魂出窍一般“飘”出了教室。

师傅领路，同伴相助

下课后，我焦急地去请教自己“青蓝共同体”的师傅张甜甜老师，她先是安抚我焦虑的情绪，让我思考一下自己的问题所在，然后组织“青蓝共同体”的老师们一起召开校本教研会帮我“诊脉支着儿”。

在校本教研会议上，我先根据两个不同学段的学生特点反思了这节课失败的原因：在职专任教时初中生居多，学生们早已经养成了上课的纪律习惯，他们对知识的接受能力较强，教师的授课内容更偏向于职业技能，因此上课时我会重点关注学生知识技能的掌握情况。而一年级的小学生刚从幼儿园升入小学，他们年龄小、好动、注意力不集中，课堂常规的培养也是教学的一个重点，同时教学设计和容量都应该符合一年级的学生特点。学情分析不到位是这堂课失败的重要原因。

"青蓝共同体"的同伴们诚恳地提出建议，针对我课堂中出现的问题纷纷出谋划策。例如，教我如何控制情绪、控制课堂，如何建立美术课的行为规范，如何利用多媒体素材激发学生的创作灵感；教我对学生的要求必须具体、明确、细致；教我"以身示范"往往比"口头要求"更有效……大家将这些"锦囊妙计"都写在便签纸上，再分类粘贴到一张大纸上，最后汇集成一张"教学妙招"的思维导图送给我。我如获至宝，反复研读，受益匪浅。

最后总结时，张甜甜老师说了这样一句话令我醍醐灌顶："学生就是老师的一面'镜子'，折射出来的是我们的教育教学行为是否恰当、有效。这面'镜子'可正行为习惯，可正教育方法，可验教学成果。"

师傅的这句话我内化于心、外化于行。慢慢地，我也养成了"照镜子"的好习惯，一直用学生这面"镜子"调整自己的教学方法、检验自己的教学成果。

以"生"为镜，促进成长

在学校"N＋X"教师发展机制的引领下，在"青蓝共同体"的带动下，在学生这面"镜子"的映照下，我不断地学习、反思、实践，迅速地成长。

我的美术课不仅深受学生喜爱，而且获得了全校教师的认可。现在学生们早已养成了良好的常规习惯，课前3分钟会自觉准备好美术工具并按要求分类摆放整齐，课后会自觉收拾纸屑垃圾，做好原样交接。课堂上我也能掌控有度，既温和幽默又不失原则，对学生临时生成的问题或突发事件也能够做到灵活解决、从容处理；经过精心备课和不断打磨，我的课堂生动有趣、环环相扣、循序渐进，获得了良好的教学效果。学生的课堂作品或拙朴有趣、或造型优美、或奇思妙想，百花齐放、各有所长。

在不断地努力下，我也收获了各级各项荣誉，无论是优质课比赛的一等奖，还是精心制作"空中课堂"的学习资源；无论是指导学生参与的班级文化艺术节，还是原创故事绘本《小白兔变形记：发现更棒的自己》，都凝聚着同伴们对我的指导与帮助。

经过三年的历练，我已经从一名“新手教师”成长为了一名“新秀教师”，成长的蜕变源于学校教师发展的优良机制，源于师傅和共同体团队的无私帮助，源于学生这面“明镜”真实的映照！

听，“我最喜欢上美术课了！”那是学生对我最美的赞誉！

看，艺术节上展出的一幅幅学生作品，那是我最大的荣耀！

故事感悟

每个新手教师都有自己独特的成长经历，反思我的成长过程，有以下三点感悟：

一是以“生”为镜正己身。伟大教育家苏霍姆林斯基说过，每个瞬间，你看到孩子，也就看到了自己，你教育孩子，也是在教育自己，并检验自己的人格。作为新手教师，我们更要学会“照镜子”，在学生的“映照”中发现自身的问题，在反思中正视问题，在实践中解决问题。

二是师傅引领促成长。新手教师一定要拜一位师傅作为自己的“领路人”，这个“师傅”可以是一名经验丰富的骨干教师，也可以是一个共同体团队。他们往往能给你分享最宝贵的经验，对你进行最有效的指导，帮助你少走弯路，促进你的成长。

三是同伴互助共成长。新手教师在教育教学中往往会暴露出各种各样的问题，通过发挥共同体“共建共享共进”和同伴互助的作用，可以聚焦问题、碰撞思想，群策群力地研究问题、解决问题；同时，还可借鉴彼此的优秀教学经验，了解彼此在教学中存在的不同观察角度和观点，取长补短，从而得到不断发展，实现相助相长。

（白丽）

阅读评述

以“生”为镜，育己育人。教师应该不时以学生为鉴，常常“揽镜自照”，看到自己的“瑕疵”，便于在以后的教学中做到有的放矢。该案例以“失败的第一课”为切入点，讲述了“以生为镜”“师傅引领”“同伴互助”对教师专业成长的重要作用。案例真实可信，反思到位有效，写出了自己的成长和成才的策略，具有借鉴意义。

一次支教，一次挑战，一次成长

故事聚焦

十年从教路上，最担心的是出现“遇到问题无路可走”这种情形，幸运的是每次遇到这样的挑战，我都有惊无险地平稳度过，收获成长。回顾十年，每次成长都是奥龙小学这个平台给了我机会，奥龙小学的同事给了我帮助。

故事叙写

2020 年 6 月，在国家中西部对口扶贫的政策背景下，作为千千万万执行者中的一员，我以济南高新区奥龙小学对口帮扶学校支教教师的身份，来到湖南西部的山区古丈县进行支教。

到古丈县第三完全小学后，我负责的是一个班级的数学教学。当时疫情影响了同学们在校的学习时间，而期末临近，教学任务很重。在这个时刻，我新接手这个班级的数学教学，心里诚惶诚恐，肩头也如挑上了千斤重担。自幼接受的“位卑未敢忘忧国”的祖训和尹怡华校长的殷切嘱托，让我的内心产生了强烈的责任感，学生们渴望的眼神也给了我无穷无尽的动力。

接下来，我开始着手解决这些问题。首先与奥龙小学数学教研组的同事进行交流，在他们的建议下我开始了解目前的实际教学情况。山里的留守孩子较多，且很多孩子没有上网课的条件，学习资料短缺，学习环境不理想，结果自然是学生学习基础不扎实。而数学学科重视逻辑基础，知识是一层层叠加起来的，一旦中间衔接有所缺失，数学学习能力就会下降，学生的学习兴趣也会减退，接下来的学习将变得非常困难。

掌握了学生的基本情况后，在奥龙小学教学处的协调下，我与同事们进行线上教研，制定了以口算为基础、以应用题为提升途径的教学策略。从此以后，我每天让学生练习数学课本 4—5 页的除法计算，每节课增加 5 分钟的口算提问，试图通过每次数学课上不断的重复来夯实学生的运算基础。经过一段时间的“狂轰乱炸”之后，效果开始显现了，学生们每次的除法运算测试的准确率大幅度提高。

临近期末，老师们组织了期末检测，考查学生们本学期学习情况，为下学期的教学做好准备。我所教的班级成绩还算不错，优秀的孩子有35名，不及格的控制在了5名以内。班主任和其他老师对此表示了肯定。得到这样的效果，我的心里踏实多了，平顺地走完了支教的第一段路。

接下来的挑战是暑假学习，如何保证以留守儿童为主体的学生的数学学习继续进行呢？如何在不增加学生作业负担的情况下保证数学学习的质量呢？我继续与同事交流沟通以获取帮助，最后制定了继续进行口算练习、夯实基本的数学运算的策略，把疫情期间的短板尽可能补回来，这样才能保证学生运算能力的提升。基础知识与技能的学习就是反复练习，除了准确地掌握之外，没有捷径，这也是我要解决的问题。很多孩子是由爷爷奶奶陪着学习，学生口算练习效率会比较低。学生手里除了随堂练习本和课本习题资料，没有多余的材料。同时我阅读了马尔科姆·格拉德威尔的《异类》、阿比吉特·班纳吉和埃斯特·迪弗洛的《贫穷的本质》、理查德·塞勒的《"错误"的行为》等几本图书，了解到在全世界很多贫穷地区，正是因为假期，家庭贫困的孩子没有更多的学习时间保证，导致成绩下降得厉害。我担心自己的学生陷入这种"假期的怪圈"。

为了走出这种"怪圈"，我制定的假期学习策略是为学生提供额外的学习资料，弥补因疫情而损失掉的学习时间。在听取了奥龙小学同事的意见、翻阅了各种资料进行对比后，我选择了性价比比较高的口算练习，并决定自己出钱给孩子们每人买一本口算书。根据多年的教学经验，为充分地利用这些学习资料，我制定了逐步推进的策略。

首先，让同学们愉快地、最大化地利用好口算书才是最主要的。一般来说，孩子们是不喜欢给自己强加一些作业的，即使是可以免费获得学习资料。所以，当我告知学生们这个信息后，学生们的反应与我预想的基本相似，除了得到几个学生的肯定之外，大部分学生开始抱怨。我告诉他们，这些练习册是花300多块钱买的，强调了300多块钱的购买力，让孩子们对口算书的价值有了新的认识。其次，我告诉孩子们，只有表现好才能获得这本口算书，并让获得口算书的孩子谈谈自己的感受。就这样，孩子们认识到，口算书是个好东西，只有积极细心地做题，把题目做对，才能够从老师手中得到口算书，积极性也就调动起来了。最后，孩子们经过努力，每人获得一本口算书，之后我继续进行"心理助推"，让孩子们在暑假完成自己的目标。

我利用一节课的时间给孩子们讲解如何做好个人规划，如何根据自己的情况制定学习时间表，并让孩子们写下约束自己的计划和目标。

逐步预热和助推之后，孩子们的热情高涨，都很认真地写下了自己的计划，并要求老师拍照记录。看到学生们这样的表现，我知道他们在假期做口算练习的抵触情绪减少了不少。暑假后，所有学生的口算书都上交了，全部完成的有 21 人，基本完成的有 18 人，所有同学都做完了 20 页以上。看到这个数据我还是挺高兴的。开学第一课，我进行了口头提问式检测，学生们回答流畅，效果很好。看到孩子们的表现，我非常满足。在支教的这段时间里，我付出很多，也收获满满。

故事感悟

一、有好的团队基础，才能把事情做得精彩

这十年一路走来，我一直在良好的团队氛围中浸润，身边总是有很多的教育案例值得我学习。许多学生在老师的帮助下，通过点滴积累，成绩渐渐上升，学生的整个生活状态发生了巨大的变化。我在支教过程中，奥龙小学的同事们给了我教育教学上巨大的支持，让我迅速解决了支教过程中遇到的困难，让我把事情做得更加精彩。

二、站在巨人肩膀上，才能找到更多方法

奥龙小学建校十年，积累了丰富的教学案例和教学方法，无论你遇到什么样的教育问题，都能找到解决问题的方法。我在湘西山区里进行支教，能够出色地完成任务，是因为获得了同事们的诸多帮助。在此也要道一声“谢谢”。

（桑成宝）

阅读评述

根深才能叶茂，源远才能流长。桑老师在山区支教的故事，充分说明他善于利用团队优势，巧妙地找到了解决问题的方法，并能够出色地完成支教任务。这说明奥龙小学教师团队非常优秀，是学校经过一系列教师成长课程长期淬炼的结果。

同伴互助，助力成长

故事聚焦

共同体协作，是人类驶向未来的“诺亚方舟”，也是教育教学中的康庄大道。“教师共同体”中的“同伴合作”作为一种重要的职业成长方式，是教师社会性发展的重要组成部分。教师通过协作和互助，能有力促进个体的成长进步。

故事叙写

勤学善问，努力成长

新学期，梦想逐渐绽放，我终于成为一名班主任，兴奋、激动之余，更感重任在肩，任重道远。我开始“泡”在班里，如果说以前和学生的交流更多限于学习，那此时的交流就可以说是全方位的了。了解每个学生的学习情况，形成良好的家校互动，是我和孩子们相处的日常；在对自己的教学有了信心后，继续虚心向同年级石老师和潇潇老师学习，继续精研探讨，是我在办公室的日常。当日积之功在努力与合作中获得养分，成长之树也逐渐抽枝拔干，所获日丰，所得日厚，其路迢迢，也不觉辛苦，反觉自己就是这个世界上最幸福的人，觉得每天的生活都那么美好，这也许就是职业带给我的获得感与满足感吧。

同心同德，效能翻倍

美好仍在继续。一转眼，到了三年级上学期，像往常一样，学校开展了“青蓝共同体”教师队伍专业发展“N＋X”业务大练兵项目。活动重在通过挖掘骨干教师（师傅）的优势特色，发挥其“传、帮、结、带”作用，促进该共同体内青年教师迅速成长。我一听这消息，真的可以用“欢呼雀跃”这个词来形容。当时心里就想，学习进步的机会又来了，一定把握住这次机会。所以石老师、潇潇老师和我以迅雷不及掩耳之势选了我们学校最好的师傅蔡老师。

随后，在“N＋X”业务大练兵之“每人一堂公开课”活动中，我跟师傅、石老师、潇潇老师聊起，我打算讲一堂古诗课。她们都很惊讶，也很不解，古诗那么难讲，为什么给自己出难题呢？我说：“我很久之前就很喜欢苏轼，读过《苏东坡传》，看过关于苏轼的一些资料，更加喜欢、敬仰这位大家，所以想讲他的《饮湖上初晴后雨》。”课题虽已敲定，至于怎么讲，却没有任何的思路。如果按照常规，按部就班地去讲肯定缺乏新意。我的初衷是，即便在大家眼里沉静的古诗，也能像小说一样，激发学生浓厚的兴趣。要拒绝填鸭式的教育，让整堂课贯穿着学生的自主学习，还要让学生通过这堂课一步步加深对古诗的认知。从哪下手呢？师傅说：“你看，咱们的‘青蓝共同体’通过小组式学习探讨，都能碰撞出火花，你也可以尝试给学生分几组，组成‘学生共同体’来学习这首古诗。说不定，有意想不到的惊喜呢？”师傅的一席话，让我豁然开朗。这之后的几天，石老师和潇潇老师这两位热心负责的同事天天陪我加班，一块儿分析教材，探讨教学过程，一遍遍地磨课，反复地试讲。一次磨课，一次试讲，就是一次学习，也是一次成长。每每拖着疲惫的身体，骑着我的小电动车，疾驰在晚上 10 点的大街上，就觉得这一天值了。我经常跟石老师和潇潇老师说：“我怎么这么幸运，认识了你俩？”有这样得力的同事相助，深觉自己像掉进了幸福窝里一样，比吃了蜜还甜。

有一天早晨，石老师突然对我说：“金，我突然有个小灵感，你给孩子们编一本苏轼小诗集怎么样？课前孩子们端着你编的小诗集诵读，应该会爱上古诗，爱上苏轼。”我喜上心头，觉得这是个不错的主意，于是开始着手制作苏轼诗词集。我找适合的封面和封底，潇潇老师开始找小学阶段学生都能学到的苏轼的诗词，调版、校对、打印、装订，经过我们仨的群策群力，一本可爱的小诗词集就这样面世了。孩子们拿到手时，不断地赞叹，视如至宝。在小诗词集的启发下，我还准备了 31 张苏轼的小书签，小书签的正面是苏轼的画像，背面是苏轼的诗词，以此作为上课时孩子们回答问题的奖励。通过这些努力，我为孩子们营造了更加火热的学习古诗的氛围，把孩子们学习的积极性一下子调动了起来。

众人拾柴火焰高，在同事们的帮助下，这节课终于和大家见面了。听课的老师们无不眼前一亮，没想到古诗也可以讲得这么精彩。尤其是小组内把这首诗读出来、唱出来、画出来，再用毛笔写出来时，孩子们的审美视野怎能不扩展？孩子们怎能不获得更高层次的审美经验？孩子们怎能摸索不出自己的审美标准？整首诗描写的是西湖的美景，我当时想在课堂中加点思政的元素，于是还讲了苏轼的做官生涯，让同学们去感受苏轼乐观的天性，学会去大自然中汲取力量，拥抱自然，享受自然，正视自己人生中的小挫折。

这堂课结束，听到共同体老师给予的评价，听到领导给予的肯定，觉得所有的付出和努力都是值得的。心里默默地感谢学校发起的“青蓝共同体”“N+X大练兵”等活动，感谢学校给我提供了一个成长的平台。同时我也深深地感谢石老师和潇潇老师的倾囊相助，是共同体内这两位同事的鼓励，给了我太多的信心；是共同体内这两位同事的帮助，给了我太多的智慧的启发；是共同体内这两位同事的陪伴，才让我有勇气走到最后。

团队合力，高效课堂

近两年，奥龙小学各学科致力于打造以“KPC高效课堂”为主的课堂模式，即基于关键问题解决的学习共同体建设的高效课堂。其中，“KP”是“关键问题”的英文单词“Key Problem”的首字母，“C”是“共同体”的英文单词“Community”的首字母。这一模式主要是指结合学习目标和重点内容，设计具有一定思维挑战性、合作探究性和素养建构性的关键问题，通过共同体合作探究学习方式，生成高效、优质的课堂。基于三年级上学期我在古诗课例的小试牛刀，四年级上学期的KPC高效课堂中，我准备再次挑战古诗《出塞》。挑战决心虽大，但心里也没底。这一次，我深知比前一次有更大的难度。新的课堂教学模式，怎么上？该抓哪个点上？办公室的两位同事也说：“古诗本来就不好讲，更何况还想尝试用KPC高效课堂？”念念不忘，必有回响。有一天早晨洗漱时，我突然想起，其实凡事万变不离其宗，古诗教学也是有规律可循的。古诗教学无非就是解诗题、知作者、明诗意、抓字眼、多诵读、悟诗情，这几个方面是否可以给其定义为学习古诗的“六步法”？

我带着不成熟的想法，跟石老师、潇潇老师交流，她俩都说可以试试，并纷纷表示，只要我讲古诗，一定继续一如既往地支持我、帮助我。顿时，我的斗志又被点燃，瞬间有了信心，心里一下子清亮了许多。这之后的日子，仿佛昨日重现，我们仨又开始反复地分析教材、确定教法、反复试讲。一步一步，教学思路越来越清晰；一点一点，信心越来越大。最后，课堂上，从学生们阅读“飞将军”的拓展内容，到我追问孩子们眼中的“龙城飞将”是一个怎样的人，诗人想到“龙城飞将”是想表达什么情感，再到联系实际，让孩子们说说自己心中的英雄，并说明理由，这些关键问题的引领也就成了这节课的精彩之处。就这样，整堂课通过“古诗六步法”加关键问题的引导，我带领孩子们学习了边塞诗《出塞》。授人以鱼不如授人以渔，通过学习方法的迁移，学生共同体内也自主学习了另一首边塞诗《凉州词》。整堂课继续运用“学生共同体”优势，通过关键问题，充分调动了学生学习的积极性。大家理解了诗句的意思，深刻体会了作者对良将的呼唤、对英雄的崇拜、对和平的渴望、对朝廷的批判、对家国的热爱等深挚的情感。这堂课结束后，我心里对两位同事的感激之情不言而喻，仿佛她们两位又陪我打了一场胜仗，她们真是我一辈子的贵人。这一次的经历，其中的酸甜苦辣也只有我们三个更清楚。但是累并快乐着，自己心里的成就感也又多了几分。

故事感悟

一、“KPC 高效课堂 ”模式助力学生成长

这样的课堂模式更聚焦关键问题，通过引导“学习共同体”成员的合作探究，让平时难学难教的古诗变得简单易懂，让学生充满兴趣，也让学习变得高效且愉快。在共同体的学习过程中，孩子们的语言表达更为流畅与自如，思维品质得到了良好的提升，在对中华优秀传统文化的审美鉴赏中，受到五千年璀璨文明的辉耀与濡润，更加对中华文明涌动起不尽的归属感。

二、“教师共同体”模式助力自我成长

学校的“教师共同体”的建立是让老师们通过建立同伴互助的关系提升学科教研的效率，同伴合力研究出的教学方法在自我教学的应用中收效甚大。尤其是在思考“KPC 高效课堂 ”中关键问题的设计方面，同伴们的鼓励和支持更是自己成长的最大动力。古诗教学中如何设计具有挑战性的关键问题，学习共同体成员要怎样进行问题的讨论和成果的展现，这些无不是教师共同体的同伴们与自己交流碰撞出来的火花，让自己对古诗教学、高效课堂的构建有了更深层次的理解。在此，对学校的“教师共同体”的建立深表感谢，对“教师共同体”内的同伴对自己的倾力支持和帮助深表感谢。这让我更加坚信——择善而从，美美与共，纵使山高水远，又有何惧？

（张金）

阅读评述

“合作”是张老师课堂的主旋律。在学生学习上，引导学生通过“自主、合作、探究”的学习方式充分地思考、讨论、表达，从而使课堂教学充满自主性、互动性、创造性、动态化、生活化；在教师教研上，教学内容的丰富、教学过程的完成、教学形式的新颖都是团队的智慧与合作的彰显。

眼中有学生，心中有未来

故事聚焦

“有理想信念、有道德情操、有扎实学识、有仁爱之心”，这是习总书记对新时代“好老师”的定位。而我认为一位好老师必定是眼中有光、心中有爱；必定能眼中看到彼岸，心中遇见未来。

故事叙写

坐在案前，写下这些文字的时候，时光已在不觉间到了7月。明媚的阳光洒满案几，依着柔柔夏意，铺一纸素笺，凝于笔端，与时光对言……行走于尘世间，当所有的过往都沉淀下来，时光流逝中，念念不忘的仍然只有成长的美好。

今天，我不想用那些华丽的辞藻去描述学习的美好和意义，只想分享一下我的成长故事。2019年，通过教师招聘考试，我终于梦想成真，成了一名光荣的人民教师，怀揣着美好的理想和憧憬来到了我现在的学校——奥龙小学，在这里开始了我的职业生涯。像其他新老师一样，我怀着满腔热血，雄心勃勃地想着从此以后一定要把我所学的计算机专业知识传授给学生，把我们学科发扬光大。

学校为了让我们尽快地熟悉业务、完成角色转换，给我们每一位新教师配备了一位经验丰富的师傅，进行青蓝师徒结对和教师共同体的组建。同时，专门聘请专家为新教师进行了一系列的培训学习。初出茅庐的我觉得这种培训没什么意义，尤其是那些教育教学理论培训，只要多提供几堂精彩的示范课，让我们模仿就可以了。因为我们真正感觉迷茫的是面对教材时的束手无策，不知道课堂上该讲什么、讲多少，所以特别希望师傅给一个能“立竿见影”的做法或模式让我们参照，甚至照搬。

我是这样想的，后来也是这样做的。这样确实省劲不少，一切都不必费心，对于教材的处理、教学环节的设计等，一切都比着葫芦画瓢，照师傅的要求去做就可以了，无从下手的困扰没有了。每天上完课回到办公室，感觉是那样的轻松，那时的我以为教学就这样简单、容易呢！渐渐地，随着孩子们与我越来越熟悉，我发现孩子们上课兴致索然，缺乏了以往的新奇感和积极性，课堂秩序也不如以往有序，除了少数几个学生在比较认真地听讲之外，其他学生表现出很淡漠的样子，有一些甚至在课桌下偷偷忙活自己的事情。每当我提问问题时，下面几乎都是一片沉默。这样的教学效果当然不好，教学质量根本无法保障。这可把我急坏了：这样下去怎么实现把我的计算机专业知识传授给学生以及发扬光大学科的理想呢？我十分沮丧，再去听师傅王欣的课，看到课堂上那热烈的气氛，活跃的场面，我感到不解：一样的讲解方式，为什么效果却差这么多？王欣老师对我说：“教师和教师不一样，学生和学生也不一样。不同班级的学生，有不同的学习特点；不同的上课地点，有不同的上课常规。再说了，教学本就是一个互动的过程，需要教师根据具体情况加以变通和取舍。别人的教案，别人的课堂，只能作为一个参考，教学还是得有自己的东西。”

一席话说得我茅塞顿开。我仔细地分析了一下师傅及其他老教师的课堂：他们了解学生，教学设计总是以学生为中心，对学生学习中可能出现的问题具有预见性，并能够准备好一套或几套解决方案；他们善于调动学生的学习兴趣，课堂语言生动，讲解详略得当；他们注重课堂常规的培养，使学生知道在课堂上什么应该做，什么不应该做。有了良好的常规，教起来轻松，教学质量得到保障。从此，我在课堂教学中开始眼睛关注学生，注重有学生参与的教学设计；巧妙设计教学任务，注重调动学生兴趣。不久，我重新看到了学生们昂起的小脑袋以及闪着光的小眼睛，全神贯注地追逐着我的操作演示。当我提问时，也重新看到了学生们快速举起的小手，听到了那一声声的“老师，我会”“老师，叫我”“老师，提问我们组”。我终于明白，工作只凭热情是不行的，教育教学工作时刻需要心灵的介入。仅靠简单模仿不可能掌握教学规律，它需要的是教师长期的体悟成长，需要的是教师真正看到学生以及用心投入，需要的是教师眼中有学生、心中有未来。

于是，我在心底暗暗下定决心，一定要像师傅一样，做一名眼中有学生、心中有未来的教师！

故事感悟

一个眼中有学生、心中有未来的老师，要有理想信念。习近平总书记提出，新时代四有好老师的第一条就是要“有理想信念”。理想信念就像是我们教师职业航行的彼岸，我们只有眼中看到彼岸与目标，心中才有光亮与未来。当我走上教师岗位时，我便为自己定下了传授计算机知识并发扬光大学科的理想。正是这样的理想信念的引领，让我在遇到课堂活跃度不高、秩序不好时，能够积极主动地向师傅、老教师们寻求解决问题的办法，最终保证了课堂质量和效率，学生信息素养得到进一步提升。

一个眼中有学生、心中有未来的老师，还要不断学习。初上教师岗位，学校便为我们新教师搭建了很好的学习平台和渠道，即组建师徒共同体，进行青蓝结对，开展一对一指导。师傅带领我们，每周定期进行共同体教研，大家将本周教学中遇到的问题进行交流研讨，师傅及时给予我们引导和反馈，同时对下周教学任务进行提前准备和预演。在共同体陪伴学习和师傅的精心指导下，我从刚开始的懵懂无措转变为此刻的有条不紊，从束手束脚到此刻的放胆去做，今后，我还要继续跟着师傅学习，争取获得不断的成长与提高。

一个眼中有学生、心中有未来的老师，一定充满爱。德国哲学家雅斯贝尔斯说，教育是人们灵魂的教育，而非理性知识和认识的堆积。教育的本质意味着，一棵树摇动另一棵树，一朵云推动另一朵云，一个灵魂唤醒另一个灵魂。有灵魂的教育也是有爱的教育，这爱蕴含在教师的音容笑貌、性格处事之中。在今后的教育教学中，当我在面对脾气秉性、行为习惯都各不相同的孩子时，要做到用师爱去包容每一个孩子的不一样，用师爱去润泽每一个孩子的心灵，春风化雨般地“润心育人”，让每一个孩子都能融入集体“和合共进”！这是我从师傅身上领悟到的学习点，也是我今后职业发展的生长点和重要着力点。

“学苍竹到老虚心留劲节，敬苍松久经风雨不知寒。”作为一名年轻老师，我深知在教学上存在诸多不足。在今后的工作中，我会不断地锻炼自己、提高自己、充实自己。我会更努力地工作，工作中会更加用心。努力争取做一名眼中有学生、心中有未来的老师，不忘初心理想，不断砥砺前行！最后，以教育家肖川的警语自勉：

带着信念去追求，
带着希望去寻找，
带着爱心去探索，
带着自信去上路。

（刘彦萍）

阅读评述

每个教师的成长都要经历一个由不成熟到成熟的发展过程，教师的发展空间是无限的，成熟只是相对的。教师应该在现代教育理念的指导下，借助区域、学校为教师专业成长搭建的“脚手架”，如教师培训、青蓝工程、师徒共同体机制等，不断学习成长、与时俱进，向着“眼中有学生，心中有未来”的教师目标迈进。

青蓝结对助成长

故事聚焦

独行速，众行远，教师个人的专业成长离不开团队的力量以及老教师们的帮助，和合共进，方能润心育人。

故事叙写

还记得那是一个炎热的下午，那是我的第一堂公开课，我站在开阔的操场上，双拳紧握，额头沁出了滴滴汗水。这些汗水不是因为那刺眼的阳光，而是来自我那颗紧张的心。面前是学生们天真稚嫩的笑脸，四周是学校领导和同事们关切的目光。磕磕绊绊的一节课中，我数次看向手中的计时器，一方面希望时间过得再快一些，好让我紧张的情绪得到缓解；另一方面又希望时间过得再慢一些，再给我些时间让我更加充分地上完这一堂课。不出意外，评课的结果并不理想，这也是我初入职场受到的第一次批评。无数次赛场上的春风得意曾让那时的我多了一丝年少轻狂，而这次失意像是让我在职场的起跑线上摔了一跤。

正当我沉浸在“起跑”摔跤的沮丧中而不知如何是好时，我的师傅潘峰老师和艺体工作坊的其他老师向我伸出了援助之手。在一次语重心长的谈心后，我的“磨课”时间开始了。那天晚上，他们不仅是我的同事，更是向我传道授业的“师傅”。潘峰师傅主要指导我的教态和语言文字状态，他让我重新回到操场，以试讲的形式再现课堂，针对我在教学中出现的问题一点一点进行指导。“这个地方你可以放轻松一些，肢体动作不要那么僵硬。”“这里语言需要再精炼一些，规则要说清楚。”“这里你可以让孩子们开展小组合作，引导学生主动学习。”……就这样，潘师傅带着我一点一点地磨课，我一个环节一个环节地改进，几遍过后，我自己也明显感觉出教学过程更加流畅了。潘师傅让我知道了教师的个人素质是上好一堂课的基础，正如他所说的“只有你进入状态了，孩子们才会进入状态”。王旭老师针对教学技能也给了我指导意见：首先体育老师要有过硬的专业技能。对于每堂课要教授给学生的动作要领，自己要反复推敲琢磨，明确如何才能让学生更准确地掌握。其次是教学技巧的运用，要根据不同学生的特点和发展水平采取不同的教育方法，要形成自己的教学特色，实现教学的创新。王旭老师让我明白了，教学方法的灵活运用是提升一节课质量的关键。而一旁的美术大师桑成宝老师则从“美”的角度给我的课提出了很多意见和建议，让我明白体育课站队也可以站出艺术的美感。不知不觉间，月上枝头，夜明星繁，蝉鸣也不再刺耳，我与老师们教研磨课、学科交融、知识共享。这次学校教师梯队建设“青蓝结对”的经历，让我学到了更多的教学知识，增长了实用的教学经验。

不久，我迎来了自己的第二次公开课。虽是同样的教学内容，这一次的我却有了不一样的教学状态。当我站在操场中央，回头望向听课席时，看到潘师傅冲我坚定地点了点头，其他老师们也朝我竖起了大拇指，我深呼一口气，走向学生队列……“稍息，立正！同学们好，上课！”洪亮的口令响彻了整个校园。再没有了第一节课时的紧张窘迫，这一次的我昂首挺胸、自信满满，将课中的每一项内容从容不迫地展开。整节课轻松自在、井然有序，同学们似乎忘记了时间的流逝，而我也是乐在其中。这节课将要结束时，我甚至有些恋恋不舍。当讲出“下课”二字之后，我知道自己已经摆脱了以往的紧张，我已经重新整装待发，又朝着“赛道”前方加速奔跑。我未来的“赛道”还很长。在未来漫长的教学生活里，每当我想起那些“磨课”的时光，那一次次苦苦的求索，都会变成甜甜的回忆。

故事感悟

一、青蓝结对，共同成长

学校“青蓝工程”给了我们新老师前进的方向。初入校园的新教师，就像在黑暗中探路，一直摸索前行，这一路上的磕磕绊绊虽然也会让我们成长，但付出的代价却是教学质量无法保证，这是决然不行的。学校的“青蓝工程”，让我们新老结对，互为师徒，既有老教师的丰富经验，又有新教师的新潮理念，两者互相碰撞之下才有了共同的进步。而对于新教师而言，这种进步无疑是飞跃性的，给了我们莫大的鼓励，也让我们好像在黑暗中抓到了一条指引光明的绳索，能站在前辈的肩膀上眺望远方。

“教师一旦今日停止学习，明日就将停止教学。”作为青年教师，我们只有不断学习，才能使自己跟上时代的步伐，才能以全新的思想、观点指导自己的教育实践，我想这也正是学校实施“青蓝工程”的初衷。在未来的某一天，我也会成为“青蓝工程”的师傅，那时我也会竭尽所能地帮助年轻一代更快更好地成长。

二、和合共进，团队促进

所谓“团队协作精神”，简单来说就是大局意识、协作精神和服务精神的集中体现。团队精神的基础是尊重个人的兴趣和成就，核心是协同合作，最高境界是全体成员的向心力、凝聚力，反映的是个体利益和整体利益的统一。所以团队精神就是教师集体智慧的结晶，它的实质是“整体大于部分之和”。

基于对团队精神的认识，学校在青年教师培养的工作中倡导团队协作，实施“教师共同体”项目。在团队里我看到了其他老师身上的闪光点，同时也发挥着自己的长处；在团队里我们互相商讨共同进步；在团队里我们目标一致，工作效率大幅提升。就像学校倡导的教育理念“和合共进，润心育人”，我们坚信只有充分发挥团队的力量，才能不断提升教师的整体素质，才能不断地创新教学方法，形成教育特色。

（林昊）

阅读评述

该案例聚焦团队合作对教师个人成长的作用，用一个小故事揭示了最朴实的道理。每个人的成长历程或多或少都伴随着苦痛，这涅槃后的喜悦何尝不是一次美丽的经历。教师应以身作则，充分发挥同伴互助的作用，以自身在团队中成长的经历带动学生更好地协作成长。和合共进，润心育人，在团队中共同进步，才能让每个人有更好的发展。

第三章　润育心灵，遇见温暖和智慧

“润物无声，教育无痕”是教育的最高境界。“润”的教育样态，意在形成一种静水流深的大教育气象。“润”的教育样态，是培养学生之“品性”，润化学生之“心灵”。同时，对老师而言，“润”的样态，又何尝不是涵养自身素养、启迪教育智慧、助力专业成长的有效路径呢！

“润”首先是热爱，它是涵养教师专业情感的基础。爱是一种信任，爱是一种尊重，爱是一种鞭策，爱更是一种能触及灵魂、动人心魄的教育过程。教育者应该要学会俯下身去关心爱护每一个学生，加强与学生情感的双向交流。关爱学生，教师既要了解学生的过去和现在，又要了解学生成长的家庭环境以及经常接触的各种人和事。比如学校一直重视家校共育，坚持“和合共育，润育成长”的理念，通过全员家访、家长大讲堂、家长进校园等一系列活动，促进教师与家长的联系和沟通，是加强学校教育与家庭教育结合的重要途径。正是基于“爱”的基础，教师对学生的理解、对教育的理解、对自身责任感和使命感的理解，都在深深影响着其对自身工作的态度和情感，这也是一名优秀教师教育初心与定力的不竭动力。所以，有爱的润育，是对生命和自身专业情感最好的涵养方式。

“润”也是尊重，它是引领教师专业成长的基本路径。教育家爱默逊曾说过，教育成功的秘密在于尊重学生。尊重学生人格，尊重个体差异，尊重学生成长规律，尊重学生主体性，让学生感受到被人尊重的愉悦。对生命的尊重，对事业的尊重，对自己专业的尊重，都来源于热爱，这是引领生命成长的真实力量。在教师共同体的运行过程中，我们倡导各团队尊重每一位教师的专业优势和个性化需求，尊重每一位成员的思考和智慧，各美其美，和合共进，这就是基于尊重的成长力量，可以激发每一位老师成长的内驱力。再比如学校在构建高效课堂的过程中，以学生学习共同体的构建为核心，开展相关的探索和研究，基于实现学生学习机会平等、资源平等的学习氛围和风气，充分尊重每一名学生，既激发了学生积极参与的热情，又提升了课堂育人的实效，同时教学相长，增进了教师的教育智慧，促进教师课堂实践水平的全面提升。

“润”还是包容，它是促进教师专业成长的关键要素。每一个儿童，还有我们每一位教师，都是独一无二的生命个体。尤其面对年龄较小的学生，我们要允许差异的存在，允许个别情况的发生，带着对每一个生命个体的理解与尊重、爱与包容，去影响和引领他们“关键期”的成长，这是真正的“润育”。这样的过程，既是实现高效育人的过程，也是教师个人素养的磨炼过程。日常教育教学过程中，特别是对于有情绪压抑、性格孤僻、暴力倾向的个别学生的关注和引导，不仅可以很好地改变一个学生生命成长的轨迹，还能够丰富教师的实践，在边学边做、边实践边反思的过程中逐渐提升能力。这也是一名教师所应具备的优秀品质和素养。每年 5 月为学校的“心理健康月”，重点通过主题升旗仪式、主题班队会、每节课前五分钟指导、心灵成长导师辅导、绘画筛查摸排、成长日校长大讲堂、班主任心理好书分享等多种形式和路径，聚焦学生健康成长，研判并协助指导学生的阶段性共性问题，关注重点学生等，培育学生健康的素养。这既是学生心理健康的重要内容，也是提升教师心理健康指导水平的有效路径。

“润”育的力量，在影响学生的同时，也在影响教师自身，是教师专业化素养的重要内容和路径，是一个循序渐进、良性循环的过程。这个过程可启迪教师的教育智慧，提升教师的专业实践水平。

做一个温暖的教育行者

故事聚焦

教育需要时间，需要智慧。在教育上，我们来不得半点急躁，要找寻合适的方法，引导学生一点点进步。

故事叙写

一大早，课代表来找我告状："老师，他又没交作业，这一星期都第三回了。"没交作业的孩子叫大圣(化名)，人如其名，活脱一个猴性子，做事风风火火，但是上课注意力不够集中，作业经常完不成，成绩也不理想。接班时，上任老师就特别提到了他。对此我虽然已经有了心理准备，但没想到他竟然这么"大胆"：刚开学还没一个月就开始不写作业了，太不像话了。我决定这次要好好批评教育一下。一顿批评教育后，大圣的作业交上来了，可是根本没法批阅——作业简直是一片"乱草"。没过两天，"旧病复发"，作业又不交了，后来连试卷里的作文也不写了。

常规的批评教育已经对他不起作用了，既然批评不行，那就换个角度。美国著名心理学家威廉·詹姆斯研究发现，人类本性中最深刻的渴求就是受到赞美。人人都需要他人的赞美，处于问题"沼泽"中的学生尤其需要。赞美学生是人文精神在教育教学过程中的渗透，要求老师看到人性的美好，看到每个学生聪明、好学、向善的一面，让学生在"我是好学生"的心态中成长。大圣这孩子也有很多优点，爱劳动，尊敬师长，团结同学……他也有一颗积极向上的心，只是有时候管不住自己。我要做的就是放大他的优点与进步来鼓励和表扬他。于是上课时，我挑简单的问题让他回答，回答正确，我给他点赞，同学们给他掌声鼓励。只要他交上作业，我就夸他态度更端正了，书写有进步了。经过半学期的努力，大圣的学习态度改变了，学习积极性提高了。下半学期我持续关注，贴心提醒，让他把每个园地的"日积月累"重复背诵默写，每一次进步时都及时地表扬鼓励。期末考前的基础题练习，他主动要求做，主动问不会做的题。我耐心讲解，反复给他听写，直到他懂了会了为止。我在班里开玩笑地说："大圣都出师了，都能当小老师了。"多次的表扬和认同，多次犯错后的提醒、引导，使得大圣在期末考试中取得了很大的进步。

乘胜追击。"大圣，咱下次定个更高的目标吧，你一定可以的。"为了进一步增强他的学习积极性，我通过一系列班会课说明了一名班干部需要的是尽心尽力为班级服务的奉献精神，有时候不一定非得看成绩。在我的"运作"下，大圣成功地当选了卫生委员。他也确实争气，自他上任，我们班的卫生流动红旗没有一次落空。又该期末考试了，他跑来问我："老师，我能考到优秀吗？”我笑着回答：“当然了，你这么努力，没问题的。”于是，他拿来课本，让我帮他圈重点，努力地背诵基础知识，把不认识的字记录下来，不会的向我请教、向同学请教。最后，大圣真的考到了优秀！他蹦着、跳着、叫着：“我优秀了！”同学们都笑了。看着他高兴的样子，我也欣慰地笑了。激励表扬的方法奏效了，这也让我在今后的教育教学中能够更加从容有效地应对这一类的问题。

故事感悟

一、及时停止收效甚微的批评教育

小学生活泼好动、调皮贪玩。针对学生上课注意力不集中、不交作业的情况，我的第一反应是指出问题，对学生进行教育批评。刚开始效果还是不错的，但渐渐地学生犯错误的频率越来越高，批评教育就收效甚微了。于是我静下心来思考：小学生本来就自制能力较差，单纯依靠监督和批评教育很难达到持续性进步，要让学生从内心接受认可，从“要我做”变成“我想做”。

二、多一些赞扬，营造温暖的氛围

我反省了之前的处理方式，觉得自己对于学生比较严格，对于学生的错误总是持否定态度，缺少包容和耐心，而小学生身心正处于发展阶段，犯错也是难免的。于是我决定要多多赞扬学生，正如明代思想家王守仁所说，“种树者必培其根，种德者必养其心”。想要让学生转变思想，养成良好的习惯，首先就要发现学生的闪光点，多赞扬学生，营造冬日般温暖的师生氛围，让学生感受到老师的关心和爱护，从而认可自己，激励自己做得更好，让心灵之花美好绽放。

三、心守暖阳，静待花开

有时，教育没有轰轰烈烈，唯有默默守候。教育的等待就是一种慢的艺术，需要坚持，要静待花开，相信花儿一定会开得鲜艳灿烂。在等待和守候中坚持，教育的奇迹一定会发生。教育好学生需要多方面的因素，但耐心不能忽略，就像烧制一个花瓶，在前期制作中不小心出现了残次品，要使残次品成为合格品，就更费时间和耐心来修复了。教育是有温度的，它蕴藏在教师的脸庞上、性格中，和学生相处的点点滴滴中。每个学生个性有差异，这就需要老师有足够的耐心、爱心、细心、信心、宽容心去感染、去润泽学生们的心灵。和合共进，润心育人。大圣变得优秀了，也让我在对于此类学生的教育方面交上了一份优秀的答卷。

（范学智）

阅读评述

鲁迅先生曾经说过，教育根植于爱。教育是一项讲求良心的事业，更是一项“仁者爱人”的事业。教者仁心，温暖生命。追求教育的温暖。教育不是把篮子装满，而是把心灯点亮。教育不就是让孩子努力做更好的自己吗？播下一粒美好的种子，教会他吸收阳光雨露，慢慢生根发芽，终会把花儿绽放。在学生的成长中多给他们一分耐心、一个机会、一些赞美，让学生感到自己的存在得到老师的重视，学生才会显露他的“向师性”，才会在老师的关怀、引导、殷切期盼下成长进步。教师应牢记教育的初心，怀着生命之光，学而不厌，诲人不倦，用心陪学生，用爱传光明，做一名温暖的教育行者。

消失的笔袋

故事聚焦

童年是人一生中最美好的时光，也是人格形成的重要时期。苏霍姆林斯基说过，教育技巧的全部奥秘在于如何爱护儿童。让儿童在爱的浸润下，拥有美好的童年，点亮一生的希望。

故事叙写

笔袋消失

刚接五年级这个班时，班上的一个女生小敏让我眼前一亮，因为她个子是班里最高的，长得也非常漂亮。接触过一段时间后，发现她的优点更多了：学习成绩十分优异，能歌善舞，钢琴等级考试过了八级。她的性格文静，在班里人缘非常好，大家都喜欢和她做朋友，我也打心眼里喜欢这个女孩。

一天，室内操刚刚结束，女学生小诺就哭着跑来找我，说她的笔袋不见了，上节上美术课时还在她桌子上，里面有她收集的十几支喜欢的笔，有很多都是“限量款”，现在都买不到了。下课才一会儿，这么大的一个笔袋会“飞”到哪儿去呢？虽然一个笔袋对大人来说算不了什么，可对学生来说，里面装着她最重要的学习工具，如果有学生习惯性地拿别人的东西，而教师也不加以纠正引导，后果不堪设想。我马上让全体同学回到教室，跟大家说：“咱们班小诺的笔袋找不到了，大家有没有看到的？或者跟你的相似而拿错了？请大家帮小诺找一找。如果有的同学是跟小诺搞恶作剧，逗她玩儿，现在也请你拿出来还给她，因为她现在非常伤心……”我刻意避开了“偷”这个敏感的字眼，小心呵护着每一个孩子的心灵。感受到被尊重的孩子们都翻找起来，但是最后谁也没有找到。这时候放学时间到了，我也只好让大家收拾书包放学了。

送走学生后，我给小诺妈妈打去了电话安慰孩子，得知小诺回到家后非常伤心地大哭了一场，我告诉小诺：“我非常理解你的心情，那里面的笔一定是你花了很多心思收集起来的。”听着我的安慰，小诺的情绪渐渐稳定了下来。我答应她，第二天一定会继续帮她找。

另有隐情

第二天来校后继续寻找笔袋无果，无奈之下我只好去查看了教室内的监控。看监控之前，我一心认为是我们班某个调皮捣蛋的男生搞的恶作剧，但是监控里的画面却让我震惊，笔袋竟然是乖巧文静的小敏拿走的。小敏和小诺是前后位，她们俩平时关系不错，我经常看到她俩下课一起玩，是很好的朋友。视频中小诺离开教室后，小敏看四周没有人关注她，便从小诺的桌洞里拿走了笔袋，放到了自己的书包里。从她的表情中没有看出做坏事的紧张，反而是一副坦然自若、沾沾自喜的表情。

苏联教育家赞可夫说，漂亮的孩子人人喜欢，而爱难看的孩子才是真正的爱。看到视频后的我既感到不可思议，又十分气愤，但更多的是努力思索：如何处理这件事，才能既不伤害到学生的自尊心，又能让学生养成良好的习惯？这时，我们班小雨同学经常挂在嘴边的一句话点醒了我——“理解万岁”。对！理解万岁，学生的这种错误需要老师、同学的理解。小敏家境优越，她不会贪图别人的几支笔，也许另有隐情。凡事不能只看表面就妄下定论，即使是小敏拿的，也不能伤害她的自尊心，让她在同学面前抬不起头来。事情要解决，她的自尊心更加需要保护。

想到这里，我便利用课间把小敏单独叫到一间空教室里，她立刻知道是为了什么，紧张的表情无法隐藏。我问她："小敏，你知道我为什么叫你出来吗？"她立刻回答："笔袋！"看来她已经知道我查过监控了，没有任何撒谎的必要了。我接着问她："你和小诺是要好的朋友，为什么要这样做？"这时她的眼泪已经在眼眶中打转，听到我的问题后她立即反驳道："她才不是我的好朋友呢，我烦死她了！"听闻她的话，我很吃惊，在我的继续询问下，我才知道了事情的原委。小诺是我们班的副班长，她平时性格活泼外向，在班里很有威信。小敏虽然经常与小诺一起玩，但是内心却有一丝嫉妒，觉得小诺什么都比自己强。美术课上小诺制作的手工作品又受到了老师的表扬，小敏看到小诺得意扬扬的样子很不爽，就想拿走她的笔袋让她着急，从而杀杀她的威风……

爱的感化

听到这里我明白了，原来我认为非常优秀的小敏，也有自卑的一面。面对比她更优秀的小诺，小敏嫉妒心作祟，做出了这个出格的行为。我理解她的感受，并没有批评她。我告诉小敏，你嫉妒小诺表现好，说明你是一个很有上进心的孩子，也想在各个方面做得优秀，但擅自拿走笔袋的行为是非常不对的。不过你只要知错能改，我相信小诺还会继续跟你做朋友的。我让小敏把藏起来的笔袋带来，又把小诺也叫到了空教室。小诺很吃惊地看着失而复得的笔袋，不敢相信这一切竟然是小敏所为。我对小诺说，小敏只是想跟你开个玩笑，希望这件事不要影响你们的友谊，也希望这件事只有我们三个人知晓。小诺接受了小敏的道歉，也答应此事不再外传。

事情到此已经得到了解决，但是对小敏来说这就结束了吗？她还会不会再次产生这种不成熟的嫉妒心理呢？班里其他同学会不会也遇到过类似的情况呢？想到这里我决定召开一次班队会，会议主题就叫作"夸夸他"。会上我给每个同学发了五张便笺纸，告诉他们：你们的好朋友身上肯定有你欣赏或者值得学习的地方，现在给你一个"表白"的机会，请告诉你的朋友或同学，你欣赏或喜欢他的什么特质，也可以直接来说说他的优点。学生们很高兴地完成了，最后我把便笺纸收起来再发给被"表白"的对象。学生们每人手里都拿着好几张便笺纸,小敏甚至收到了十几张。看到他们脸上的笑容,我忽然感觉,被别人欣赏和肯定是多么重要!当你快要迷失自己的时候,需要的就是这份真诚的称赞吧!它会是你自信心的源泉,是洒向你心灵的一片阳光。

故事感悟

一、了解孩子,尊重规律

作为教育工作者,我们要了解学生的心理特点,当遇到突发问题时,可以有针对性地对学生进行引导。在青少年的成长过程中,产生嫉妒心理是一种正常现象,关键是要引导学生正确对待嫉妒心理。一个人在嫉妒别人时,总是注意到别人的优点,却注意不到自己比别人强的地方。其实任何人都有不如别人的地方,当别人在某些方面超过我们时,我们可以有意识地想一想自己比对方强的地方,这样就会使自己失衡的心理天平重新恢复到平衡的状态。小敏自身很优秀,可是她却感受不到,反而觉得小诺处处比她强。这是自我认知障碍的表现,让别人来夸夸她,是帮助她认识到自己的优点,直面自己的优点,增强自信心,从而避免类似事件再次发生。

二、细心思考,慎重处理

教育上的错误比别的错误更不可轻犯。教育上的错误正如错配了药一样,第一次弄错了,绝不能借第二次、第三次去补救,它们的影响是终身洗刷不掉的。这是大教育家洛克对我们的告诫。对孩子的教育,一定要细,切不可简单应对。对孩子错误的处理,一定要慎之又慎。一个人犯错在所难免,更何况是处在青春初期的孩子。要保护好孩子的内心,给孩子改错的机会。运用教育智慧,组织有针对性的教育活动,不仅帮助了犯错的小敏同学,同时对全班学生进行了自我认知教育,收到良好的效果。

三、智慧积累,师生相长

师生之间是一种彼此独立、富有个性、共同发展的和谐关系,同时又是一种相互学习、彼此需求、共同成长的伙伴关系。陶行知先生曾说,我们最注重师生接近,人格要相互感化,习惯要相互锻炼。人只晓得先生感化学生锻炼学生，而不知学生彼此感化锻炼和感化锻炼先生力量之大。在经历本次事件后，学生们得到了积极向上的心理健康教育，教师提高了教育意识，丰富了教育经验，这是一个师生相长、共同进步的过程。这正是遵循着学校所坚持的“和合共进，润心育人”的育人理念，构建“和润”生态，助力学生生命成长。

（姜健）

阅读评述

教育者对教育对象所犯的错误，一定要善于抓住时机，巧妙施教。在这件事中，如果老师不能站在学生的角度去理解她，那这位同学就可能会被其他同学贴上标签，成为一个“坏孩子”。老师看到监控视频时，最开始是震惊和生气，但是回想到学生经常说的“理解万岁”这句话，又有了醍醐灌顶的醒悟，继而按捺住心中的怒火，平静且有策略、有智慧地去处理此事。当得知学生扭曲的心理状态时，没有去直接揭发、严厉批评，而是巧妙地运用一次班会课的契机，让学生正视自己的优点，增强自信心，同时也让其他有共同困惑的学生获得一次自我认知和增强自信的机会。这次事件的处理方式，不仅仅体现了教师的教育智慧，更多的是让我们看到了老师对学生真心的爱护。教育如同雨露，教育者只有怀揣一颗真挚的爱心，才能浸润学生的心田。

热爱着，成长着，幸福着

故事聚焦

真正热爱孩子，你就会懂得：与一段蓬勃的生命共生、共成长，是多么幸福！与他们的那些故事是多么令人回味与心动！

故事叙写

正面教育，迎难而上

陶行知先生说，看他开花，看他成熟，这里有极大的快乐。李镇西老师说，在陪伴孩子成长的同时，我也开花，也成熟，同样有极大的快乐。真正热爱孩子，你就会懂得，与一段蓬勃的生命共生、共成长，是多么幸福！

自进入6月以来，济南的天气变得阴晴不定，变幻莫测。这一天，小雨淅沥沥地下着，一朵朵伞花在校门口拥挤、怒放。

“老师，二年级一班的小然同学放学了吗？他怎么还没出来？”

“老师，她期末考试考得怎么样啊？假期她还需要补习哪方面？”

“妈妈，看，这是老师发给我的奖状，老师说我考得非常好！”

……

放学时的校园总是异常热闹，放暑假的那一刻更是热闹非凡，在沸腾的人群中，我却享受着此刻属于我独有的浪漫！曾经那个调皮捣蛋、撒泼耍浑的小男孩，此刻接过我手中的雨伞，温柔地对我说：“老师，该让我给你撑伞。”那温柔又带有青春期变声时的特有磁性的声音，竟让我心头一震，“哟，小伙子长大了！”抬起头，望着眼前的这个高大挺拔的“大默默”，心中感慨万千。转身我便向同事炫耀道：“看，还是我们家孩子懂事吧！”

看着他渐行渐远的身影，我自豪，现在的默默是多么的沉稳与温暖。现在的我也是更加稳重与自信！

我与默默初识是在他升入二年级时。我当时刚休完产假，回到学校后第一次带低年级，看到一个个小豆丁，心里异常欢喜。可这种感觉，在接任第一天就彻底幻灭。上课铃响了，学生们还在校园的各个角落，摔跤的、追逐打闹的、在地上“游泳”的，你一过去，立马散到一边，老师像捉小鸡一样一只一只逮到“鸡笼子”里。默默就是其中一个，今天把同学推倒了，明天又把学校新栽种的花草给拔了，学校果树上的果子还没成熟，就已经被他摘得没剩几个。每天我都在解决这些问题，筋疲力尽。回到家看到自己嗷嗷待哺的小宝宝，便想打退堂鼓。这时候尹校长看出了我的困扰，关心了解我新班级的情况，倾听我遇到的问题，及时给予我力量。尹校长激励我：“敢于迎难而上也是一种成长。”在领导的悉心指导下，我逐渐恢复了信心，主动翻阅教育学相关书籍，虚心向老教师请教，沉淀自己。

教育家雅斯贝尔斯在《什么是教育》中说，教育的本质意味着，一棵树摇动另一棵树，一朵云推动另一朵云，一个灵魂唤醒另一个灵魂。回想自己的学生时代，不也是这样打打闹闹一路走来的吗？教育者要有一颗包容万象的心，优秀的班集体都是在一次次磨炼中蜕变的。我重整旗鼓，认真分析了自己的班级：42名学生，23名男生，19名女生，各个聪明活泼，但是缺乏规则意识，各个以自我为中心，虽然已经步入学校，却不可避免地延续着幼儿时期的一些心理发展特征。作为老师，我要根据小学低年级儿童的这些心理特点加以引导，给孩子们一个适应的过程。为此，我的班级规则从一系列的游戏中建立。根据学生的性格特点、学习情况、交友情况，我把他们分成了六个小组，每个小组的成员都被赋予不同的职责。每个同学都是一个“小官”，在不同领域发光发热。“小官”若管理得好，自己就有一定的特权——发放“兑奖券”，如纪律券、劳动券、友爱券、进步券、体育券、美术券等，集齐一套奖券，每周一班会课会进行兑奖活动。这个办法一实行，学生们课上、课下就安稳多了，课上坐住了，课下安静了，就连音体美课堂上也有条不紊了。

正当我觉得“孙猴子们”已经戴上金箍，一切都在我掌控当中的时候，默默妈妈找到了我。默默妈妈给我留言说，孩子回家后很高兴，说老师特别喜欢他，什么活动都让他来组织。前几天让他当小监督员，负责同学们的课间安全，还让他管理图书，负责整理图书角。他干得非常带劲儿。昨天回家后，默默说班级的运动会老师也让他负责，他还跑了第一名。默默妈妈想找我确认一下，孩子真的跑了第一名吗？看到信息后我也是一头雾水，默默妈妈说的这些事情，都没有发生过。了解了这些情况后我对默默更加关注了。默默说到的这些虽然没有发生，可是能看出这都是孩子比较渴望的，他喜欢与老师打交道，喜欢管理别人，为此我为他“量身定做”了一个职位——办公室“小助理”，老师有跑腿、发书等任务时，都由他全权负责，默默干得不亦乐乎。

苏霍姆林斯基说过，每个孩子都是一个完全特殊的、独一无二的世界。每个学生都是一个丰富多彩、与众不同的个性世界。作为教师，我们要善于发现每个学生的不同个性，敢于迎难而上，走进他们独特的个性世界，对他们加以引导和帮助，给予悦纳和确认，予以延伸和发展。

乐于发现，真诚培育

有这样一个孩子，她身体弱小，整天无忧无虑地生活在自己的世界里。

“小花天生智力有些问题，妈妈也是这样，平时多注意她的安全，作业需要老师多费心。”教过她的老师这样交代着。刚接新班就遇到这样一名同学，我心里直犯嘀咕，这样的学生怎么教呢？课上让她回答问题，她装听不见,其他学生也说“老师,她就这样,她听不懂”。就这样,以后课上我们“井水不犯河水”,相安无事。

一次偶然间,我看到小花课上也在写写画画,不过是用左手写。我走到她跟前,想要拿起笔教她用右手写字,俯下身的那一刻,我惊住了。“爸爸,妈妈”,这四个字猛然看并不是,但是当你把纸反过来看,竟然全都正确。这时候我拿起纸来,向同学们展示,同学们也大吃一惊。我兴奋地说:“同学们,小花同学是天才,也许她与我们看起来不一样,但是在学习上,她比我们还厉害。”同学们好奇地看着小花写的字,不由得发出赞叹:“她太厉害了!”小花听到同学们的赞扬只是“含着”手指头,静静地笑着,但我从她的眼神中看到了一丝光,老师和同学们的关注让她有了希望。从此,课下我会单独教小花写字,课上找机会向同学们展示她的生字。她每写对一个生字,同学们还会掌声鼓励她。慢慢地,她还有了自己的小老师,同学们不再忽视她,一有时间就教她写生字。

小花也变得开朗活泼了许多。看到她和同学们的成长,我心里也是泛起层层涟漪。要想改变学生,老师先要改变观念,要相信每个学生都有无限的可能,每一个学生都有着美好的未来。花叶相伴相惜,师生相助相长,学生的成长也使我成长。

善于赞美,和合共进

小风是一个聪明多动的同学,作业总能在学校“完成”,龙飞凤舞的字迹,“缺斤短两”的页数,使他成为办公室的常客。擦掉、重写,补全、加量,这些招数司空见惯,所以他也就轻车熟路,每次也能勉强过关。一次,小风的作文突然画风一改,田字格满满当当,虽有凑字数的嫌疑,但是也有几分认真的态度,我也就顺水推舟给了“A”,并顺手写了评语“作文有进步”。没想到,发作文的时候,他像中了彩票似的在班里惊呼道:“我的作文是A,我居然也能拿A!”那节课,他全神贯注地听课、记笔记,并多次把这件事写进了日后的作文里。我想,我或许没有能力改变他的一生,可是却希望他的一生恰恰是从这次的“A”开始有所改变。

著名心理学家威廉·詹姆斯研究发现,人类本性中最深刻的渴求就是受到赞美。赞美学生比批评学生的效果来得好。人人都需要他人的赞美,处于成长中的学生尤其需要。所以,我一直告诉自己,为人师要学会赞美学生。

故事感悟

一、热爱是坚持的动力

热爱教育，让我面对困难时一次次地选择了坚守；热爱孩子，让我有机会与他们共生、共成长，一起感受教育带来的幸福。每当我遇到困惑时我便想起尹校长的那句“敢于迎难而上也是一种成长”。那是一种慰藉，也是一种激励。每当班里孩子“调皮捣蛋”时，我便想起默默同学的那句“老师，该让我给你撑伞”。成长可能就在某一瞬间，在那之前请记得热爱与坚持！

二、耐心是赢得成功的一种手段

故事中的小花成绩虽然没有想象中突飞猛进，但是在小老师教写生字的过程中她也收获了友情，在与老师的相处中她打开了心扉，笑容逐渐增多，性格也变得开朗起来。高尔基说过，凡事皆有终结，因此，耐心是赢得成功的一种手段。我们每天都面对着千差万别、性格各异的学生，教书育人，为人师表，特别需要有耐心。教师要乐于发现每个孩子的生长点，耐心培育，做每一个学生的优秀引导者。

三、期盼是更深层的爱

每一个学生从心底里都希望得到老师的肯定、赞扬、鼓励。哪怕是一次不经意的“A”，哪怕是一个与众不同的眼神，都能让学生获得成功的体验，获得心理的满足。小风的转变也让我逐渐成长。他让我明白了，老师积极的期盼能引起学生积极的变化。我们期盼性的语言、期盼性的行为、期盼性的课堂评价都能感染、激励学生，使他们获得强烈的积极的成功愿望。作为一名教师，我愿把这种爱的期盼播撒到校园各个角落。

（吉仁亭）

阅读评述

陶行知有言：人像树木一样，要使他们尽量长上去，不能勉强都长得一样高，应当是：立脚点上求平等，于出头处谋自由。故事案例中的老师充分把握了学生的身心发展有不平衡性的特点，教育工作中抓住了学生发展的关键期，因材施教，显示出了教师的教育机智，表现了老师对教育工作的热爱。同时老师也在教育活动中不断成长着，从最初的遇事慌张、易退缩，到现在的沉稳、积极、有担当。对于教师来说，经历就是成长，只有经历过才会更深刻，成长得才会更茁壮！

我和小九的“二三事”

故事聚焦

班主任工作既简单又复杂，在了解班上所有学生情况的同时，更要准确甄别学生之间的性格差异，从而开展个性化教育。

故事叙写

孩子与孩子之间是不同的，有的活泼大方，能言善辩；有的沉默寡言，安安静静；有的从小被书香浸染，懂得许多知识；有的玩心过重，喜欢到处乱跑。小九就凭借着自己的过分活泼，从一众小可爱中“脱颖而出”，变成我的重点关注对象。

小九的日常活动

小九是个活泼得有些过头的小男孩，记得刚见小九时，他非常腼腆，我笑着跟他打招呼，他却躲在妈妈身后，不敢与我对话。随着彼此慢慢熟悉，小九的话就多起来了，再后来，他就“暴露本性”了：上课时，别人端端正正地坐好听课，他却在凳子上随意乱晃，让凳子发出“吱呀吱呀”的声音。听到这样的声音，同学们都很不舒服。为了维持秩序，我第一时间走到他跟前，温柔而坚定地提醒小九：“小九，好好坐，不要让你的凳子发出声音了。”听到我的话，他“嘿嘿”一笑，立马坐好，两只手叠放在桌子上，不再晃动了，但过了5分钟，又开始晃动。“小九，坐好！”我再次提醒他。安静了不过5分钟，他又开始晃凳子。我索性不再理他，继续上课。小九见我没再提醒他，就不晃动凳子了。下课铃声一响，他“啊”地大叫一声，像脱缰的野马一样一下子冲了出去，在楼道里疯跑。我赶紧放下手边的事务，冲到楼道去提醒他。他发现我以后，冲我笑了笑，停了下来。我接着把他叫到办公室，告诉他："这样做，对自己，对别人都不安全，容易受伤，知道吗？"他很认真地冲我点点头，但当他走出我的办公室后，又开始疯跑了。

小九在慢慢转变

为了帮助小九改掉一些坏习惯，我决定再次与他进行一次"深刻的谈话"。小九来到了我的办公室后，一脸天真地问我："老师，我是做错了什么事吗？"我摇摇头，然后友好地示意他坐在我对面的凳子上。他眼中透露着茫然，似乎很意外。我说："我找你，是想跟你聊一聊。"他恍然大悟一般点了点头，坐了下来。

"你觉得自己近期的表现怎么样呀？"

"不太好。"

"哪里不好？"

"哪里都不好。"

"那你觉得怎么做才能慢慢改正呢？"

他怔住了，似乎想不到我会这么问。我看到他眨了眨眼睛，像是在认真地思考。"我知道啦，我使劲闭着嘴巴，就不会乱插话了。我把手使劲按在桌子上，就不会乱动了。"说完，他整张脸上露出得意的神情，像是在说"嘿，我聪明吧"。我没有否定小九这个有点"受罪"的办法，这确实是他认真思考后的结果。小九见自己的办法得到了我的肯定，非常高兴，嘴角都咧到了耳后根。我看见他听进去了，接着引导："韩老师一直都觉得小九是个非常不错的孩子，只是现在因为一些小问题，别人没有看到小九的闪光点。我可是把小九当好朋友的，有不明白的可以随时来问我。"这时，我看到小九的眼眶有些湿润，他的眼神却非常坚定，就像一个战士，抱着必胜的决心，要跟自己打一场硬仗。看到小九的神情，我开始反思自己对小九的态度，之前都是厌烦、焦虑居多，如果以后经常肯定他，他会不会慢慢改变呢？

从那以后，我借助各种机会对他进行正向引导，也会把他叫到办公室，问问他对一些问题的看法。起初，他默不作声，偶尔笑一笑。后来，他对我熟悉了，态度有了一些转变，愿意与我交流了，也愿意与我分享在家发生的趣事。我抓住时机，适时地和他交流。他很直爽地告诉我，自己也想好好学习，但就是坐不住。我知道要想提高小九的成绩，首要的是解决他的思想问题，改掉他的坏习惯。于是，只要他有好的表现，我立马在班里表扬他；他一犯错，我就找他谈话。次数多了，他也被我的诚心感动，开始约束自己，尽量不违反纪律。看到他努力的样子，我十分欣慰，没想到，他还能在关键时候带着同学们一起前行。

有一次公开课，我执教《蜘蛛开店》，当时听课的老师非常多。我提出了一个有些难度的问题。问完后，我满心期待地看着同学们，等待他们像平时那样积极举手。但是，平时发言积极踊跃的孩子们此刻却畏畏缩缩，迟迟不举手。看到同学们这个状态，我有些着急了，这样下去可不行，得让课堂活跃起来。

就在我思考如何调动同学们积极性的时候，一只小手高高地举了起来，我一看，竟然是小九。他用坚定的眼神告诉我：老师，你叫我吧，我可以。我就点了小九的名字，没想到小九的发言非常精彩，我微笑着点点头，并让同学们给予小九掌声鼓励。之后我每次提问，小九都高高地举起手。在小九的带动下，紧张的气氛慢慢消失了，同学们纷纷举手发言，你一言我一语，活跃的课堂又回来了。课后我问小九原因，他说："那么多老师都在后边看着，如果回答问题不积极，这节课气氛不好，老师们会觉得咱们班不行。"听了小九的回答，我非常感动，面对那么多人，他都"无所畏惧"，着实让我刮目相看。

在之后的学习生活中，小九都尝试约束自己，不插话，不乱晃。后来，他基本能做到安静上课了，再后来，除了回答问题以外，他不在课堂上插话了，学习上也取得了较大的进步。

小九带给我的启示

我跟小九，从相识到相知，我们都成长了很多。我转变了对小九的态度，由批评转为引导。在这个过程中，小九慢慢找到正确的方向。我们在一件件事情中学会了互相理解，学会了爱与被爱、感恩与关心他人。

和合共进，润心育人，教育就是这样，结合身边一点一滴的小事，用榜样的力量和教师自身的魅力，慢慢浸润学生的心田。今后，我还会与小九互相帮助，彼此陪伴，走更多更远的路。

故事感悟

陶行知先生曾说，真教育是心心相印的活动，唯独从心里发出来的，才能达到心的深处。从小九身上，我感觉到作为班主任，我们在教育学生时一定要注意以下几点。

第一，要了解每一个学生的特点。由于每一个学生的先天素质与自身努力程度不同，因而他们的思想状况、学习成绩及性格爱好等也不一样。因此在日常管理中，一定要注意方式，以鼓励的态度为主，特别是要根据学生的性格特点选择合适的教育方式，做到因材施教。

第二，善于发现学生的闪光点。班主任要能看到"完完整整"的学生，根据学生的个性特点开展相应的教育，扬长补短，把"短板"变成"长板"，提高学生的自信心，从而使班级这个"木桶"的存水量到达最大值。

第三，多给予学生正向的评价。在工作中，对每个学生都要仔细观察，认真研究，调动学生的积极性，可借助学校的"红领巾争章"活动，为勤奋好学、成绩优异的同学颁发"润学章"，为行为规范、文明有礼的学生颁发"润行章"；同时结合学校的"学习共同体"机制，异质分组，优生带头，带领本组学生一起前进，并根据小组表现颁发"和合章""和进章"等，及时地奖励学生，以正向的评价促进学生的成长。

第四，实现教学相长。首先，通过与小九的相处，我在对待学生的问题上由一开始的焦虑转变为站在学生角度、帮学生一起想办法。其次，我在与学生谈心时不再"暴躁"了，从原来的批评指责变为温和地指出问题所在，用学生喜欢的方式与他们交流。我发现学生更容易接受这种方式且更信服老师。

作为人民教师，我们只有爱自己的学生像爱自己的孩子，尽情欣赏学生的创造力，发现学生的闪光点，并根据学生和自己的表现不断反思，不断研究，才能获得成长，才能感受到为人师者的幸福。

（韩潇潇）

阅读评述

班主任工作复杂多样，老师要先接纳学生的个性，再针对他们的特点采取有针对性的教育策略。韩老师结合自身的班主任工作经历，记叙了她与小九之间的故事。从一开始对小九的头疼，到从多个角度对小九进行教育，韩老师始终站在学生的立场上，尊重学生、关爱学生，在与学生谈话时，以学生为主体，充分调动学生的内驱力，引导学生多说多想，让学生感受到自己被关注、被保护，从而调动学生的积极性，变“被动改变”为“主动改变”。韩老师的做法如春风化雨般，慢慢浸润小九的心田，师生一起成长起来。

以人为本，是教育的出发点也是最终归宿。这种教育艺术就表现了学生主体地位和教师的主导作用，使得教师与学生之间产生了良好的互动关系，在和谐的人际关系里产生了良好的教育效果。

老师，请让我得个“D”吧

故事聚焦

被看见，是生命个体最本能的渴望，每个生命都值得被看见。作为教育工作者，我们更需要具备“看见”的能力，看见每一个学生身上的“闪光点”，这才是教育的真正意义所在。

故事叙写

作为老师，我们肯定听到过学生提出的各种要求，比如：“老师，今天英语课多学一首歌吧！”“老师，今天的口语打卡能不能取消呀？”“老师，让我得个‘A＋’吧！”诸如此类。但是，你听到过这样的请求吗：“老师，请让我得个‘D’吧！”

记得那是去年期末的时候，我正在组织进行一年级的英语口语测试，孩子们按照学号排好队，5 人一组抽签检测。孩子们的表现都很不错，简单的问候后，我们开始考察课本上学过的单词和句子，然后是故事的朗读或者表演。一组，两组……一切都很顺利地进行着，孩子们配合得很好，大家都很开心，整个教室充满了欢声笑语。

轮到第三组的时候，我发现这个组只有 4 名同学，我很疑惑，抬头扫视了一下，发现是小杰没有站到队伍里来，我开始点名：“小杰，轮到你测试了！”没有回应。

我清了清嗓门，提高音量："小杰！"依然没有任何回应。

原本愉快的课堂氛围开始变得紧张起来，小杰周围的同学开始催他："小杰，你抓紧过去呀！""小杰，再不过去老师要生气了！""小杰，快点……"

"老师，他不去！"大家七嘴八舌地开始议论。

此刻，我已经有点生气了，本来一节课的测试时间就很紧张，他这么一耽搁，更影响测试速度了。即便如此，我还是耐着性子等了一会儿，可他依然坐在自己的位置上，低头不语，丝毫没有想要移动的意思。于是我不得不走到他面前："老师亲自来请你了！"在我的一再要求下，小杰才磨磨蹭蹭地走到讲台前，慢吞吞地站到了测试队伍里面。

测试继续进行，轮到小杰时，平时"厚脸皮"的他却怯生生地说："老师，我不想读！"说完头埋得更低了，脸也涨得通红。

"为什么呢？"我问他。

"我不会读……"他回答。

"老师才不相信呢，come on！"我又热情地鼓励他。

只听他轻轻地嘟嘴说了一句："老师，我不会，请让我得个'D'吧！"

这句话一字一顿地被他说出来，再传到我的耳中，我的心瞬间沉了下来。但我还是没有放弃，我跟他用英语打了招呼，并问他是否准备好，他应答自如。我大声地说："你看，你会很多啊，怎么可能得零分！"

此时的他，头越埋越低，我看到他的眼泪在眼眶里打转，小脸儿憋得通红。那一刻，我看出了他极度的窘迫和不自信，就像一只即将溺水的小羊羔，当洪水如猛兽般袭来的时候，他丝毫没有挣扎和求生的欲望。那种自卑和自我放弃，让我感到无比震惊和心痛。

"同学们，小杰是不是回答得很好呀？"我转向同学们大声问道。

"是的！"同学们异口同声地回答。

"你看，同学们都相信你能行的，老师也相信你……"

我已经记不清当时还说了什么，但当时我眼前浮现的是他一个人在食堂吃饭的样子，默默坐在角落，安静而乖巧。当其他同学抱怨食堂的饭菜不可口，或者在餐盘里翻来覆去地挑肥拣瘦的时候，他会把餐盘里的菜津津有味地吃个精光，并且把桌面擦得干干净净，从来不挑食，不抱怨。还有他默默扫地的样子，动作麻利，而且打扫得很干净……

我凑到他耳边，悄悄地说："小杰，告诉你一个秘密，你是老师最喜欢的学生！”听到这里，他猛然抬起低下的头，眼圈泛红但是闪烁着光，用不可置信的眼光看着我。“真的吗？”他小声问。

“当然是真的，老师真的很喜欢你，是因为你很优秀，所以要相信自己，好不好？”我话没落音，他已忍不住大声地哭了出来，爆发出所有的委屈和无助。我也落泪了，用力抱了抱他，温柔地摸了摸他的头……

后来在我的鼓励和坚持下，我们还是进行了测试，他虽然读得不是那么流畅，发音也存在一定的问题，但也说得过去，最后我给他一个“A”，希望下学期他能通过自己的努力获得更大的进步。我们还拉了钩，他向我承诺一定会好好学习英语，成为更加优秀的自己。

从那以后，英语课上总能看见他端坐的身影和高高举起的小手，期末的时候，他兑现了自己的诺言，得了“A＋”……

故事感悟

一、每个孩子都需要被“看见”

小杰那一句“请让我得个‘D’”的请求，使作为老师的我有了很多思考，第一次我那样近地感受到一颗受压抑的幼小心灵的“爆发”，这其中应该有多少被关注的渴望、被鼓励的需要呢？

苏霍姆林斯基曾说过，教育者的关注和爱护在学生的心灵上会留下不可磨灭的印象。我想，我当时鼓励的话语和肯定的眼神，一定给予了小杰力量，至少在他幼小的心灵里埋下了希望的种子，才有了后来一个更加优秀的他。

二、每个孩子都值得被“看见”

牡丹华贵，菡萏清雅，人皆爱之。然泱泱自然，更多的是籍籍无名的小花小草，先别说是否爱它们，只自问一声：你看见它们了吗？作为老师的你，教室里一个个鲜活的生命，你都一一看见了吗？

每个生命都值得被“看见”，每个生命都值得被尊重，每个生命都值得被善待。每个生命就像闪耀的星星一样，熠熠生辉。这种“看见”，不应该只是口号，而应在每位教育者的实践之中。

三、每个老师都应该去“看见”

作为一线教师，我们的关注多了，学生的放任就少了；我们的赞美多了，他们的自卑就少了。只有我们一百分地陪伴，才能更好地回应他们“请让我得个‘D’”的请求。

回想十年的教育生涯，遇到过不少被忽视的孩子，他们内心渴望被爱与被关注的欲望往往比那些优秀的孩子更加强烈，他们是我们作为教师所要去关注的生命体。所谓“润心育人”，作为教师，我们首先要做到的便是润泽学生的心灵，尤其是那些容易被忽视的心灵，用爱和温柔温暖这些心灵，给他们点亮一束光，一束希望的光，为他们的成长提供养分，照亮他们的成长之路！

（任洪娟）

阅读评述

每个生命都是渴望被“看见”的，“看见”是对生命的肯定，被“看见”背后真正的需求，就是对爱的需求。作为教育工作者，我们更需要具备“看见”的能力，“看见”每一个学生身上的“闪光点”，这才是教育的真正意义所在，也是该案例的价值所在！

不能说的秘密

故事聚焦

爱迪生说过，教育之于心灵，犹雕刻之于大理石。每个孩子，在成长的过程中，都会或多或少地遇到心理上的问题。往往越优秀的孩子，越容易陷入“害怕犯错”的误区，也就是心理学上的“瓦伦达效应”。这时候，如果教师能够及时关注到孩子的心理状况，俯下身来，用心引导，便能谱写不一样的乐章。

故事叙写

每一名一线教师，一定都有许许多多的教学故事。与学生朝夕相处的每一刻、每一天都像是一帧帧图画，记录我们在三尺台上台下的点点滴滴。从教六年多，我带过几百名学生，每天重复着同样的教学日常，却总是发生着不同的故事。

活泼开朗、自信阳光、成绩优异是我对小林的最初印象，哪怕是教了他一年之久，我也一直这么认为，直到后来发生了一件事……

我的学生都知道我有一条原则和“底线”：对待学习，实事求是。一天，我们和往常一样进行默写。我告诉孩子们，默写结束后，过关的同学可以自由阅读或者写作业，没有过关的同学，要继续完成过关再做别的事情。于是，学生们便开始埋头默写。几分钟后，我看见小林时不时地抬头看我，眼神闪躲，好像很害怕我会发现他的这种异常，这让我想到了“瓦伦达效应”。于是，我假装在班里来回踱步检查进度，当走到小林身边的时候，我看见他的课本放在腿上，而且是翻开着的。我相信任何人看见这一幕，都一定和我一样，第一反应就是他在偷看。当“既定的事实”和小林这样一名一直以来品学兼优的学生放在一起的时候，我内心有一种“三观炸裂”的破碎感。而他此时也低着头，涨红着脸，好像在等着一场躲不过去的“审判”。他额头碎发间细密的汗珠以及发抖的手把他内心的慌乱出卖得淋漓尽致。

作为与小林朝夕相处了一年多且对他无比信任的“朋友”，我真的很想立刻问问他，为什么要偷看。但作为一名老师，理智告诉我，我不能当着全班同学的面拆穿他。于是，我没有声张，伸手去把他的课本拿起来，顺便说了句“我可以借一下你的课本吗？”他猛地抬起头，带着一丝不可思议的表情点了点头。“谢谢！”说完，我便拿走了他的课本。

下课后，我以让小林去办公室拿作业本为由头，叫他和我一起去办公室。在路上，我一直在想，我该怎么问他，才能既不伤害他的自尊，又能让他说出偷看课本的原因。我假装不经意地看了一眼小林，他还是低着头，呼吸短而急促。很明显，他猜到了一会儿到办公室后我要问他什么。看到我眼中一直以来那个熠熠生辉而此刻却“六神无主”的小林，我突然觉得自己好像已经陷进了“墨菲定律”的漩涡——觉得小林确实偷看课本的心理倾向，让我忘记了，我应该先去相信他，而不是纠结于怎么让他承认他偷看了课本。况且，就算他承认自己偷看了课本，我又能达成什么样的教学目标呢？与其陷入自我臆断的牛角尖里，不如想个更贴切的方式去检验他今天的默写目标是否真的达成。想到这，对于是否偷看课本这件事，我决定不再询问他。

到了办公室，我把作业本给他，从他的反应来看，我相信他这一路上已经做好了我要对他进行说教的准备，但他没想到我只字未提。我把作业本递给他："要按时发给同学们呀，谢谢！快回去吧！"听到这里，他不知所措地接过作业本，愣在原地，满脸写着"不敢相信"四个字。"怎么？还有事吗？"我故意问道。他摇摇头，朝门口走去。忽然，他转过身，满眼泪水："老师，我没抄！"

就这简短的几个字，在那一刻，我有种押上一切赌赢了的感觉。我克制住心里的波澜，冲他笑着点了点头。"老师，谢谢您没有在全班同学面前说我抄书，也谢谢您相信我。"小林继续说道，"这次默写，我只是怕自己出错想复习一下，结果还没来得及把书收起来就开始默写了。我很害怕被您发现我的书开着，害怕被您在全班同学面前说我偷看课本，害怕您和同学们因此会另眼看我，我特别紧张，但没想到真的被您发现了。"

"小林，你觉得我是个优秀的人吗？"我问他。"当然了！"他不假思索地回应。"告诉你个秘密，我三年级的时候，有一次数学考试睡着了，只考了55分，被同学们笑话了很久。但可以肯定的是，他们虽然笑话我，但不会只因为我考了55分就觉得我能力不行。你也一样，偶尔的失误，绝对影响不了你的优秀，也影响不了你在老师和同学们心中的地位。相反，如果你过分地在意、害怕失误，往往就会中招。我们要在意的并不是失误本身，而是自己为了避免失误而做的努力。但是我的这个秘密，你可不能外传啊，当你每次害怕自己会失误的时候，你就想想曾经数学考了55分的王老师。过了自己那关，你会更加优秀的。"说完，我们俩都笑了。

这件事情已经过去几年了，但我一直印象深刻。在我与小林的故事中，我用"不能说的秘密"引导他走出了患得患失的阴霾，他又何尝不是"教会"了我摒弃那些我自以为是的"心理倾向"，跳出牛角尖，及时止损。后来，小林毕业时，给我写了张明信片："谢谢一直陪伴我的55分的英语老师，谢谢您让我正视我自己。我一定记着您的鼓励，深耕尘土，不负韶华，让自己更加优秀！"他终于找回了那个自信的自己！

故事感悟

一、撑篙为渡人，润物细无声

所谓教书育人，不仅仅是传道授业解惑，更要育人心灵。知识的传授是为“教”，而内心的改变则为“育”。心理教育就像一把无形的利剑，可所向披靡，亦可万劫不复。我们每个人都会或多或少遇到一些心理问题，学生亦然。而且由于年纪尚轻，阅历较浅，他们往往缺乏足够的应对心理问题的技巧和能力。因此，我们在日常的教育教学中，要时刻关注学生的心理健康，把心理健康教育润物无声地融入日常工作中，以身作则，引导他们学会正视并调节自己的心理。同时，摒弃那些所谓“经验”“我认为”带来的心理暗示。沉舟侧畔，枯木逢春。我相信，我们所有“从心出发，关注孩子”的举动，他们都能真真实实地感受到，并报以最本能、不加修饰的回应。

二、庠序成教化，春风沐芳华

德国教育家第斯多惠说过，教学的艺术不在于传授本领，而在于激励、唤醒和鼓舞。幸福的童年可以治愈孩子的一生，而孩子大部分的童年时光都会在小学里面度过。学校的教育理念对孩子的影响是潜移默化的。多年来，我校一直秉持关注每一名孩子心理健康教育的理念，通过心育“十个一”、“六一”幸福成长日、心理健康教育日、教育月等一系列活动润泽生命，并倡导每一位教师用心去关注孩子的内心，从心出发做教育。心理的“育”，看似无声无息，实则铿锵有力。学校本着“和合共进，润心育人”“和润童年，点亮一生”的教育理念，架起爱心、耐心、责任心的围栏，让每一个孩子都能不惧风雨，向阳而生！

三、育人亦育己，路向美而行

六年的教育时光里，与学生相处的点滴，喧嚣或静谧，激昂或平淡，都是我此次旅途中不可或缺的风景，而这一旅程教会了我更好地去做教育。我的每一个教学故事，与其说是我的财富，倒不如说更像是我的武器，给予我更多的教育智慧。正如“一千个读者就有一千个哈姆雷特”一样，这些故事教会我的，不仅仅是坚强、果敢、刚毅的品性，更是物来顺应、未来不迎、当时不杂、既过不恋的睿智。对孩子而言，我是一名传授知识、抚育心理的老师；对我而言，孩子们则是助我勇往直前的甲士。我于教育，是一名向导或领路人；而教育于我，则是一次担着爱与责任的自我升华。

（王娜）

阅读评述

赞可夫有句名言：漂亮的孩子人人喜欢，而爱难看的孩子才是真正的爱。每个孩子都有独特的个性特征，因此，学校和教师要重视学生的心理健康教育，从心出发做教育，让学生获得认同感和归属感。教师只有在教育活动中做到求同存异，走进孩子的内心世界，关注孩子的内心成长，才能使师生关系更加融洽，教育也因此更有了人性化的基础。

第四章　深耕课堂，研究促成长

课堂是学生学习的主阵地，更是教师教学的主战场。课堂教学是教师专业素养的全面展示，涵盖教师的教学理论观念、教材理解能力、教学设计能力、课堂语言表达、课堂调控能力、信息技术运用等诸多方面。课堂教学研究，就是将教师的教学活动与教学研究活动有机地统一起来，从而有效地促进教师专业成长。研究课堂是促进教师专业成长的主渠道。

一、坚持常规磨课，助力提升自主反思

回归课堂、关注课堂、研究课堂，旨在引领教师更多地关注课堂教学共性规律，提升课堂教学效益。“不可重复性”是学校教育教学的基本特点。所以，日常每一节课的经历，都值得每一位教师及时回顾与反思，在自己的课堂中做研究，也是每一个人自主研习、自主提升的最好方式和路径。每一位教师在研磨自身的课程中可以更快捷、更有效地促进自己专业成长，通过反复研磨和完善，在理论—实践—反思—再实践的循环中深入地学习与研究。通过备课、说课、上课等环节将教育教学的理论与实践有机结合，提高自身的课堂设计能力、资源整合能力、高效实施能力等。以学校每学期的教学研究月为例，教学处负责牵头组织落实，各部门和各教研组协同推进；全校教师每人一节课，全员参与，校长和教学主任全程听评课；各学科教师相互听课评课，教研相长，推进高效课堂教学探索与实践。这是促进每一位教师专业成长的基本路径。

二、开展专题研讨，促进团队齐头共进

定期开展学科主题研讨，就课堂教学的相关问题进行聚焦研究，是提升教师教育教学实践能力的重要举措。聚焦日常教育教学中的一些重点难点，提出新的举措，进行智慧分享，彼此思维碰撞创造出和谐的教研氛围，形成浓郁的学习、研究、协作的教研文化。通过专业引领、团队骨干带动，促进课堂教学实践能力的有效提升。学校通过多种形式开展校本研究，以各学科定期工作坊研讨为例，语文、数学、英综、艺体、班主任五大学科工作坊的“坊主”，根据各自学科特点与发展实际制定研讨计划，分别开展各自学科课堂教学的主题研讨，为老师们提供相互学习交流、探讨展示的平台，这也是促进课堂教学效益的新路径。这种集学习、实践、研究、合作为一体的校本教研主题活动，内容聚焦，主题明确，成效较好。

三、完善共同体机制，凝聚智慧共建共享

共同体合作机制，是一种合和共进的协作研修和学习成长的高效模式。各共同体团队确立某个阶段共同的目标追求，彼此尊重，平等协作，在研究—学习—实践—反思—再实践的过程中相互交流，群策群力，形成合力，共同成长。以学校每学年的师徒共同体教研模式运行机制为例，充分挖掘校内骨干教师（师傅）的优势特色引领，由学校认定的名师、骨干教师为师傅，全体教师自主选定师傅，组建成各个共同体，各自为自己的团队命名、定目标、喊口号。在一学年的业务学习尤其是课堂研究活动中，各位师傅发挥“传、帮、结、带”作用，带领各团队共同磨课、说课、评课。每一位教师结合自己的优势“生长点”，实现最优化成长。

总之，研究课堂是教师专业成长的必经之路，也是最直接、最高效之路。不管是通过个人的日常教学经验和个人反思，还是通过校本教研团体共研，无论是教师个体层面，还是研究群体层面，都能够得到不同程度的成长与提升。

一番研磨，两处生花

故事聚焦

课堂是学校教育教学的主阵地，“KPC 高效课堂”教学模式是基于关键问题解决的共同体学习模式的探索与实践。各学科工作坊、各共同体团队积极开展深度研讨活动。这个过程不仅促进学校课堂教学的改革创新，更促进教师自身专业素养的提升，为学生素养的培育与全面发展提供了更有利的教育环境。

故事叙写

又到期末复习的关键时刻了，学校各年级、各学科开始教研“怎样上好复习课”，我们二年级组老师也开始积极研讨准备，我也承担了一项非常重要的任务——上一堂熟记生字的复习示范创新课。

如切如磋，如琢如磨

为切实充分发挥“师傅领路”“共同体共建共进”的作用，尹校长组织二、三年级的语文老师们当天召开了教研会。苏舒婷老师是我在学校“青蓝结对共同体”的师傅，她最擅长培养小老师，在组织调动学生积极性上给了我很多建议；吴菲老师、焦雅卓老师则针对教学内容提出了一些策略。

我快速找出自己之前执教的《风娃娃》一课的识字教学环节的教案，深入分析如何巧妙运用 KPC 高效课堂模式设计一节识字复习课。认真研讨后，我在本课教学设计里确定两个关键问题：(1)借助识字方法对一、二单元的易错字进行归类。(2)运用识字方法自主熟记三、四单元易错字。为了解决这两个关键问题，我首先创设情境，结合观察方法让学生加深对生字的理解。其次，创设学生学习共同体，通过同质分组和异质分组，引导学生归纳出六种识字方法，再设计一系列问题让学生自主完成探究。最后环节是共同体合作交流学习、汇报。这节课旨在鼓励学生自读自悟、合作探究，充分发挥学生在教学中的主动性和创造性。

在语文低年级组共同体中，我们进一步碰撞研讨，初步捋出了教学设计思路，但很快又遇到了困难：对于关键问题，如何深入挖掘并高效落地？学生学习共同体如何开展自主探究？这几个难题令我们愁眉不展。关注教研进度的尹校长此时再一次组织高、中、低段骨干教师群策群力，从不同角度教研探析。

下班后，语文共同体组长姜健老师给老师们具体分工：苏老师、焦老师查找典型、有特点的字，姜老师、蔡老师设计拓展运用题，吴老师、刘老师和我一起组织教学思路。就这样一连好几天，大家白天忙教学，晚上一起加班研讨修改思路。我深深地被语文共同体的集体力量感染着，终于在大家的帮助下完成了初稿，可谓高效又及时。回想初稿形成的过程，就像游戏里打怪升级一样，一关一卡的通过尽显奥龙教师的集体智慧，而我则在老师们集体智慧的碰撞后像抽丝剥茧一样逐字逐条捋清了思路。

课堂观察引反思，同伴互助促成长

充分地备课之后我开始了第一遍试讲，语文共同体的老师们在课堂上展开了观察。一堂课下来，老师讲得多，学生反馈得少。老师一直牵引着学生的思路走，第一次试讲不理想。刘彬老师根据她独到的课堂观察对我的教学设计提出了建议，我们针对复习课上究竟出示多少字、以单元还是以类别分组、学生如何自主开展小组合作学习等凸显问题展开了进一步探讨。

这就是课堂观察的益处：同伴的观察启发可以帮助讲课的老师深入反思。随着探讨的深入，刘老师不断地启发我，我发现对教材的挖掘还要进一步深入：除了已归纳的几种识记方法，每一个生字还会有另外的识记方法，如何让学生在短时间捋清学习思路的问题又摆在了我的面前。我的胸口顿时像堵了石块一样，前行的路又走不通了。眼看着周末要到来，刘老师提出："雪花，周末我陪你一起加班吧，咱们把问题彻底搞清楚。"疲惫中夹杂更多的是感动，我使劲地点头。

没想到周末尹校长也一直在学校处理事务，她针对学生学习共同体提出真知灼见："可以采用同质分组、异质分组的形式，分组后每个学习共同体选出一个主持人引领大家分工、合作、探究。"这样一来，学生便不再只依赖老师的指令，而是根据自己的兴趣点在"主持人"的带领下学习、探讨、汇报。刘彬老师又针对关键问题重新设计了一个个小问题，环环相扣，引领学生。

与此同时，在吴菲老师的帮助下，我重新逐字筛选分析了每一个生字应分别使用哪类熟记方法。

又是整整两天的研究与打磨：我们改了一版又一版的教学设计，对每一句过渡语字斟句酌，还准备了满满一筐子的字卡道具，就等周一来了试讲，实践我们的教研结果。这一次学生顺畅地理解了每个指令，异质分组后每个学习共同体都活跃起来，学生们开始有自己的发现。发现熟记生字方法的孩子们兴奋地把字卡贴到相应位置，小组汇报交流时侃侃而谈，平时发言少的孩子也活跃起来，急着跟大家分享他的发现。此时，老师不再是课堂的中心。这节课得到了观察课堂的老师们的肯定，尹校长也露出了欣慰的笑容。

回忆磨课的过程，打磨的辛劳还历历在目，校长的引领、共同体老师们的帮助、课堂观察同伴激起的反思，我都记忆深刻。最欣喜的是学生也初步领会了共同体的学习形式，共同体内思考力最强的那个孩子无形中也对身边的同学产生了积极的影响。孩子们对识记生字的方法理解得更加深刻，此后对每课的生字他们都会自主研究识记方法，并讨论交流展示，大大增加了对学习生字的兴趣。我与学生都得到了知识与方法的提升！不禁要感慨：一番磨课苦，两处生花甜。

当然最要感谢的，还是敦促我进步的尹校长、学校学习发展中心主任刘彬老师及语文共同体的所有老师们！自此我更是不断勉励自己，一定要用耕耘换来收获与成长。

故事感悟

一、教师专业发展共同体促进教师个人专业成长

在此次备课磨课中，我所在的语文共同体集体研讨，我们在共同体中将不同理念、不同观点相互碰撞，产生思想和智慧的火花，不断地完善教学理念，改进教学设计，为实现 KPC 高效课堂共同努力着。这也正是我们学校为实现教师专业发展提供的重要路径：为切实充分发挥“师傅领路”与“共同体共建共进”的作用，把推进全体教师的专业成长发展落在实处，学校成立了“青蓝结对共同体”，这也是“教师专业发展共同体”的核心共同体机构。

我也深刻地感悟到，一个老师的专业成长离不开学校教师共同体的发

展。在师傅指引下，每个人在共同体共建共享中都有所成长。学校的首席教师在这个过程中发挥了传、帮、带的作用，引领着全校青年教师快速、健康成长，实现了学校教师队伍“师徒相长、以老带新、以新促老、共同提高”的目标，从而提升了每个人教育教学基本功、综合研究和创新实践能力，打造了一支高素质奥龙教师精英团队。

二、课堂观察促使教师个人进一步反思成长

我个人的专业成长得益于“课堂观察”的有效性，以及同伴互助式的聚焦落地。通过不断的反思成长，我对教学方法、教育理念也理解得越来越深刻，并能更好地把握课堂，与学生的沟通交流也更高效。

在这节复习课中，语文共同体的老师们多次进入课堂，关注学生如何学习、会不会学习以及学得怎样，在一定程度上也引发了学生行为上的改变。他们还观察课堂中的其他行为或事件，如教师教学、课堂文化等，通过教师行为的改进、课程资源的利用或课堂文化的创设，直接或间接地影响学生的学习。

课堂观察不仅促进了教师的专业发展，还改善了学生的课堂学习。

（邵雪花）

阅读评述

古语有云：是故学然后知不足，教然后知困。知不足，然后能自反也；知困，然后能自强也。文中的邵老师能在一遍遍磨砺中不断提升自己的专业能力，并能与学生教学相长，很难得。

从邵老师的成长过程中也可以看出学校“青蓝工程”的重要作用，青年教师在共同体团队的帮助下，专业能力得到了提升和发展。“青蓝工程”切实发挥了“师傅领路”“共同体共建共进”的作用，确保了推进全体教师的专业成长发展的学校战略落在实处。

玩转体育课堂

故事聚焦

现在，学生喜欢体育却不喜欢体育课的现象比较普遍。这是为什么呢？思考了很久，我发现孩子们最喜欢的就是玩，但往往传统的体育课重视安全、纪律，很少会放开让孩子们玩，短短的一节体育课要想既学习技能又玩得尽兴就很难实现了。怎样让孩子在玩中学，真正爱上体育课？这就要改变以往的教学方式，创新体育课堂，让学生在快乐的课堂氛围中收获体育素养。

故事叙写

每次上课前，总有一些学生围着我问："老师，这节课玩什么？"我心里一度觉得不是滋味。难道我一个体育专业毕业的研究生仅仅就是一个带学生玩的"孩子王"吗？学生们对体育课的认识难道仅仅就是玩吗？但是我还是和颜悦色地告诉我的学生今天玩什么——踢足球、打篮球、跑步……

后来我终于意识到：体育活动、体育竞赛不就是在玩吗？只是大人们"狡猾"些，把这种玩冠以"体育"二字，便玩得一本正经，玩得名正言顺。人们正是在玩中学会了许多做人的道理，体味到做人的快乐。玩，更是孩子们的天性。体育活动虽有许多严格的规则可循，但为什么就不能称之为"玩"呢？随着一个小小的"玩"字在我们心中日渐生根发芽，我们的教育观念也在发生着巨变。我们不再是高高在上的权威，放下了架子之后，想一想自己假如是学生，希望实现怎样的体育课堂？换位思考后，与学生同学共练，师生就都成了体育运动的受益人。

有一次，在一节 30 米快速跑的教学课中，带学生练习完基本动作后，我组织学生进行一场小小的比赛来验收一下学习成果。学生们上了跑道，我组织好队伍，学生们就摩拳擦掌、斗志激昂地准备比赛。比赛开始了！"加油！加油！"助威声此起彼伏，学生们个个争先恐后，技术动作也比以前好多了。一轮比赛结束，有的为取得胜利手舞足蹈，有的为失败而沮丧不已，我抓住时机，让学生思考怎样才能跑得更快。学生们开始讨论，有的认为摆臂姿势很重要，有的认为步子要迈大一点…… 学生们你一言我一语，气氛非常热烈，教学效果非常好。

“老师，我能不能横着跑?”一个稚嫩的声音在我耳边响起，随之而来的是学生们哄堂大笑。

“这不是捣乱吗?”我纳闷了，循声望去，小明正满脸疑问地看着我。

“为什么要横着跑?”我装着不生气的样子，耐着性子又问了一句。

“我喜欢横着跑。”小明理直气壮地回答。

“咦，怎么有这种道理?”我暗暗发笑，却又觉得无可奈何，不知如何是好。忽然灵机一动，有办法了，我说道：“同学们可能觉得他的想法很好笑，但是老师觉得他很聪明，平时很注意观察。我们的确还能横着跑，接下来，第二轮比横着跑，我们先请他给我们做一下示范。”大家鼓起掌来。小明走出队伍，侧身对着跑道，像小螃蟹一样张开双手开始示范。虽然他跑的动作看上去有点古怪、滑稽，但确实挺快的，其实他的动作就是篮球训练中的滑步动作。大家不由自主地开始模仿小明的动作。

看到学生们学习兴趣浓厚，我转念一想，不如就让他们亲身体验一下哪种方式跑得快，可能我讲十遍都不如他们自己尝试一次效果好。“同学们，老师还想让大家思考一个问题，到底哪一种跑法最快?”我又给学生抛出了一个问题，学生们三三两两地聚在一起开始热烈地讨论。以小明为首的一组学生自信地喊道：“横着跑得快!”而其他同学则坚持向前跑得快。就在他们争执的时候，班里的一个女生站出来说：“那我们比一比不就知道了!”“好！那我们就一跑较高下!”我附和道。于是我又组织了第二轮比赛：两队同学同时赛跑，一队选择向前直跑，一队选择横向侧跑，看哪一组最先到达终点。

第二轮比赛开始了，比赛气氛比第一轮还要激烈，每一个孩子都铆足了劲想要争个第一。横着跑的同学更是不甘示弱，但是由于动作的不协调，跑的动作令人发笑，有的跑成交叉步，有的还差点摔倒。

一轮比赛结束，我又让两组同学交换跑步方式，让同学们体验不同的跑步方式。两轮比赛下来，同学们都气喘吁吁。我特意观察了小明这一组，小明在两次采取横着跑的比赛中，都是最后一名。结论可想而知，大家都觉得直跑是跑得最快的方式。这时候的小明躲在队伍的最后，低着头，貌似他也觉得横着跑不是最佳的方法。

这时候，我微笑着说道："同学们，今天我们学习了快速跑的动作，也知道了跑得最快的动作。但是，我们还应感谢小明，他让我们有机会学会了横着跑的动作，这也是一种跑的方法，在篮球和排球比赛中需要用到，而且还非常考验同学们的协调性呢！如果没有他的创新跑法，我们还学不到这种跑的方法。所以，老师希望同学们以后在学习上敢于创新，敢于发表自己的想法。"

此时，小明脸上流露出的是洋洋自得的神情，学生们也投去羡慕的目光，有的甚至给小明竖起了大拇指。

通过这一节再平常不过的体育课，我感受到了学生们前所未有的热情，平时不太爱表达的孩子在这节课上也忍不住和同学们热烈地讨论哪种方式跑得快，每个孩子的额头和鼻尖都顶着颗颗晶莹的汗珠，脸上洋溢着灿烂的笑容。我也收获了满满的成就感，感觉比教会学生一项运动技能还要开心。这让我明白了，上体育课就要站在学生的角度，带着一颗童心，把体育课堂玩出花样，变成孩子们真正爱玩、爱学、爱拼搏的体育课。这个小小的目标对我个人的专业能力提出了更高的要求，也让我意识到，想成为一个人人喜欢的体育老师，我还要付出更多的努力，不断思考、不断创新教学内容，采用生动有趣、丰富多样的内容与方式开展体能教学，就像这节课里的结对互助的练习和比赛，激发学生的学习动力和兴趣，促进学生体能全面、均衡发展。

故事感悟

教育，应该是启发一个人的思维，而不应该只是灌输知识；教育，应该是激发一个生命的求知欲，而不是规定对方按照自己的方式学习；教育，是教学相长，互相成就。

让孩子热爱体育，更热爱体育课，这将是我一直追求的目标。在我今后的体育课堂中，我将致力于创造更多的体育游戏并将其融入体育项目中，根据学生的年龄特点，创设生动形象的情景并开展游戏化教学，让少年儿童能快乐地享受学校的体育教学，在一个愉快、融洽的体育环境中学习技能，健康成长。

每个孩子都是一朵会开的花，或迟或早，或短或长。我们要关注并鼓励每一个孩子的奇思妙想，让他们主动地探索运动的乐趣，在玩中学，充分释放儿童爱玩爱学的天性，使他们真正成为体育课的主人，在运动中学会拼搏，学会坚韧，学会合作，积极应对挫折和失败。

（徐飞）

阅读评述

在这位老师的课堂中，我看到了教师对学生的尊重和包容，不仅认可每一个学生的创造力，而且让学生在讨论与尝试中分辨对错、学会技能，这就已不是单纯靠老师的教了。这位老师能设身处地地从孩子的角度思考，让孩子主动参与，学生的“小叛逆”也得到了老师的认可和鼓励，并在尝试之后得到最佳方法。这是一个眼里有学生、心中有爱的老师的信念与实践：玩转体育课堂，让孩子真正爱上体育课！

成长之路，有你有我

故事聚焦

所谓“亲其师，信其道”。教师的一句赞美，或是一句批评，都会在无形中对学生的发展产生影响。作为老师，我愿与你一起进步，共同成长。

故事叙写

“丁零零……”数学课开始了。“请同学们打开数学课本，翻到第 50 页，用两分钟时间预习例题。”同学们根据我的指令安静地预习、思考。我边走边巡视，走到教室后门时，那个场景又出现了。只见一个学生两手抄到裤兜里，嘴里叼着水壶，慢悠悠地向教室走来。我真是看在眼里，急在心里，于是带着严厉的语气朝他喊道：“小轩，快点，上课啦！”

数学课总是在老师问学生答、融洽有趣的气氛中度过。“孩子们，今天的内容就讲到这儿，下面请大家完成课本第 51 页的相关练习，完成后请击掌示意。”我的话音刚落，就听到小轩的击掌声，随后他说：“老师，我完成练习题了。”说完就趴在桌子上，拿起水壶开始习惯性地喝水。“这么快就写完了？老师帮你批改一下。”当我走到他身边，一团乱糟糟的数字映入我的眼帘，随之一股怒火抑制不住地涌上心头。“写得乱七八糟，不符合标准，擦了重写。”当我想大声吼出来的时候，脑海中突然浮现了“发挥优秀生榜样带动作用”这个小妙招，于是我在班里找了另外一个同学书写工整、格式规范的作业给小轩看，“你自己先看看这两份作业，然后告诉老师它们的不同点在哪里”。小轩看了几眼后，随口说道：“她写的字很工整，格式也比较规范，我写得太不好了。”“那接下来要怎么做呢？”这时小轩一双炯炯有神的大眼睛投向我：“明白了，老师，我马上改。”他低下头迅速改错，三分钟后就交给了我复批，虽然字迹还是比较丑，但是能看出这一遍他是本着认真态度完成的。为了鼓励他，我随手在小轩的课本上写下了我比较喜欢的一句话：“每天进步一点点，成长足迹看得见。加油！”

从这以后小轩的书写有了起色，行为习惯也变好了。比如：听到上课铃响立马回教室，走路的时候昂首挺胸迈大步，书写时有意识地改正姿势。如果当时我选择在全班同学面前朝他吼，可能现在的小轩还是原来的样子。所以在学生出现问题的时候，作为教师，我们应该学会采用教育智慧去帮助他们解决问题，在帮助学生的同时，也让自己有所成长。

那是一次列竖式的作业批改，为了帮助小轩记住竖式规范的重要性，我在规范的竖式旁边画了一个笑脸。发下作业后，小轩拿着本子来找我，迫不及待地问道：“老师，这个笑脸是什么意思？”我笑了笑说：“笑脸是对你写得规范的竖式的奖励，也是对你的期望，期望你的书写越来越规范。”小轩听到我对他的期望后，脸上乐开了花，说了一句“谢谢老师，我会加油的”，说完拿着本子，像小兔子一样蹦蹦跳跳地离开了办公室。

后来的日子里，我尝试用各种方法委婉地指出小轩学习上的问题。在我善意的批评下，小轩的行为习惯越来越好，课堂上的表现欲也越来越强。一次数学课上，我们讲的内容是“推理”，为了启发思路，我采用了同学们比较喜欢的“小组学习共同体”形式，让每个同学在自己的小组里说出答案和思路。当其他共同体都在热火朝天地争论答案时，小轩所在的共同体却比较安静，大家都说不出来。我走近他们问：“需要帮助吗？”小轩说：“老师，我觉得这个信息很重要（乙带学生找数学老师辅导数学），说明乙不是数学老师。”其他同学听完这句话时异口同声地说：“哦，老师，我知道了，我知道了，我来讲，我来讲。”随后他们这个共同体也开始了头脑风暴的讨论。

在小轩改变的过程中，我发现他头脑机灵，思维缜密，语言表达能力强。记得一次“现场讲题大赛”活动中，小轩积极报名，认真准备。回家后他和妈妈一起选题、做题、做课件、试讲，还用 QQ 发给我课件和试讲视频，并留言给我："老师，您能给我提提意见吗？不行我再改。"他根据我的反馈反复修改了 3 次。通过那次活动，我看到了小轩对数学的热爱与追求真理的努力，作为他的数学老师，我心里有说不出的开心。

疫情过后，全体同学都参加了课后延时，同学们在这个时间内自主学习。小轩坐在第一排，每次在我的延时课上，我都能看到他完成当天任务后拿出一本阅读书，"两耳不闻窗外事，一心只读圣贤书"，直到延时课结束。小轩的改变和进步，让我的心里既感动又满足，我想，这就是为人师的价值所在吧。

故事感悟

一、尊重规律，正视差异

正如陶行知先生所说，真教育是心心相印的活动，唯独从心里发出来的，才能达到心的深处。作为教师，我们要做到全面看学生，善于发现他们身上的闪光点，然后倾注爱心、热情和期望，对他们取得的点滴成绩给予及时的表扬和鼓励。

二、认真思考，智慧解决

教师对学生来说是一个引路人似的朋友，是心灵、智慧的双重引路人。对年龄尚小的学生，如果利用老师对学生心理上的优势迫使学生听话，效果往往不理想，不仅仅损害了教师在学生心目中的形象，还伤害了学生幼小的心。当学生出现问题时，作为教师的我们要学会用自己的教育智慧帮助学生解决问题，促使学生健康快乐地发展。

三、和合共进，共同成长

师生之间既是一种彼此独立、富有个性、共同发展的和谐关系，又是一种相互学习、彼此需要、共同成长的伙伴关系。班级内的每名学生都是独立的个体，作为教育者的我们要尊重个性，用欣赏的眼光看学生，用宽容的心态面对学生。帮助小轩进步的过程让我感受到了学校的"和合共进，润心育人"理念的真谛：构建"和润"生态，助力学生生命成长。

（丁萌萌）

阅读评述

“各美其美，美人之美，美美与共，天下大同。”老师充分利用学校“和合共进，润心育人”的先进育人理念，帮助学生一点点改变、进步，并陪伴学生一起成长，不仅用“爱”感化学生，还有一颗坚持学习的初心，诠释了“教与学互相影响，互相促进”的关系。

教育，一场渡人渡己的修行

故事聚焦

学习是快乐的，通过学习，一个个未知的世界在我们面前展开，一个个疑难困惑在我们心中释然。如果能从“教”中有所“学”，那将是一件多么让人开心的事情啊！

故事叙写

本学年开始，我校全体教师深耕课堂，积极探索构建“KPC高效课堂”，即基于关键问题解决和学习共同体建设的高效课堂。该模式旨在引领教师快速成长，提升课堂教学效益。面对这陌生的教学模式，一开始的我是矛盾的，是否要放弃我一直以来所熟悉的传统教学模式，而采取一个新的教学模式呢？“KPC高效课堂”的教学效果也真能如预期吗？对于这种新的教学模式，孩子们还能适应吗？种种的疑问，让我感到迟疑。而新学期我接手了四年级，作为一个新的开始，在与孩子们的接触中，我发现了问题，进而去解决问题。当个性问题成为共性问题时，必然要去寻找更高效的方法，这也给我探索“KPC高效课堂”提供了契机。

因材施教，唤醒成长

初来乍到，我自然想做出一点成绩来。在快速地测试了学生的数学水平后，我了解到同学小W在做题时十分“费劲”。之后我把小W请到办公室，她轻轻地敲了敲门，我示意她进来。她低着头，两只手紧紧地抓着裤子的两边，轻声问我：“老……老师，您找我什么事啊？”我示意她坐到我旁边的凳子上。小 W 的脸上带着怯懦的神情，她慢慢地挪到凳子旁边，小心地坐下去。我不禁“扑哧”一笑：“别害怕，孩子，老师找你来是想问问你，在数学学习方面有哪些疑惑？有什么我能帮得上忙的吗？”她见我一脸微笑，就不那么紧张了，我们开始交流起来。她告诉我，她觉得数学学习的确很困难。对于课上讲的题目，她都很努力地去听，可还是听不懂。我回忆了一下课堂内容，对她说：“小 W，郭老师有个‘小妙招’，让你马上就会这个知识，信不信？”我采取了另外一种更加直观的方式，边画线段图边用她理解的语言去描述，直到她真的理解了这部分知识。从那以后，再遇到小 W 存在问题的知识点时，我就会在课后将她叫到办公室，采用我们之间独特的“小妙招”，给她进行一对一的讲解，用她能理解的方法去解决问题。随着时间的推移，我们之间的关系也发生了些许微妙的变化，小 W 从一开始的怯懦、怕我，到慢慢习惯，再后来她会主动跑来问我，我们甚至成了无话不谈的朋友。

“小妙招”的采用，还带来了意外收获。小 W 不仅学会了应会的知识，还增长了对于数学的兴趣，数学的成绩越来越好。通过这件事，我更加体会到了“因材施教”的重要性。同时我发现，针对某一类型题存在问题的点非常类似，只不过在问题的严重程度上有所差别而已，难道我要一个一个课后沟通吗？纵我有三头六臂，但奈何分身乏术。这让我明确了，一定要在提高课堂效率的基础上去因材施教，这样才能事半功倍。

高效 KPC，提质增效

“田忌赛马”是数学综合实践与应用领域的内容，是比较系统和抽象的，按照传统的教学模式来讲授，对于孩子们理解学习“对策论”“最优化”等知识和方法还是有点困难。面对这种共性问题，我想应该去调整一下自己的教学模式了。接下来我认真学习课标，精心钻研教材，求教师傅，请教同事，在学校领导的指导下尝试着探索“KPC 高效课堂”。

在讲述完“田忌赛马”的故事梗概后，我直接抛出一个贯穿整节课的关键问题：田忌以弱胜强的策略是什么？讲台下鸦雀无声，孩子们没有什么反应。这个问题确实太过宽泛，孩子们无从入手，一双双迷茫的大眼睛无辜地看着我，甚至连我们班思维最灵活、发言最积极的小舟同学都当场愣住。所以我采用了“游戏引导＋小组合作”的方式，通过一轮一轮的扑克牌游戏，让学生在玩中学，每一轮游戏结束后请同学们在小组内研究讨论，再汇报交流。学生们通过头脑风暴，思维碰撞，小组交流、质疑、解疑，我问你答，相互启发，获得了多种解决问题的方法。在交流中，学生们不断地解决问题，同时又产生新的问题。我乘胜追击，提出了两个细化的问题：为什么要以弱对强？这个策略是田忌唯一可以获胜的方法吗？面对这两个细化的问题，孩子们侃侃而谈，这个过程也变得顺畅了很多。

这一小小的改变，激发了学生求异、求新、求变的兴趣，他们跳出了自己的思维定式，学会了用另外一种思路来看待问题，并最终解决问题。通过游戏，同学们自己发现了制胜的关键，最后凭借着自己的经验总结出以弱胜强的两点策略：一是对手先出，二是用最弱对最强。在孩子们收获知识的同时，我也对高效课堂有了更深入的认知和理解。从此以后我也养成了一个好习惯：在深挖教材的同时去寻找每一节课的关键问题，这让我的教学目标更加明确。相信深度学习构建"KPC 高效课堂"教学模式，会帮助老师们在课堂研讨活动中更高效地促进自身专业素养的提升。

故事感悟

苏霍姆林斯基说过，世界上没有才能的人是没有的。问题在于教育者要会发现每一名学生的禀赋、兴趣、爱好和特长，为他们的表现和发展提供充分的条件和正确引导。最为理想的教学状态，应该是针对每一个学生的特点所进行的。因材施教也绝对不是说说而已。学校致力于"KPC 高效课堂"的模式打造，也为我们提供了一个非常好的机会。它要求问题是具体的，目标是明确的，思维是发散的，操作是自由的，结论是待定的，学生始终是积极主动的。这样学生在自主探究的过程中真正理解和掌握了数学知识、数学思想和方法，获得了成功的体验。同时在探索的过程中我也收获了很多。

一、创设氛围，找到关键问题

要为学生创设一个民主、和谐的课堂气氛，形成一个无拘无束的思维空间，让学生处于一种轻松愉快的心理状态，能够积极思维，任意表达，敢于标新立异。在一个和谐的氛围中，抛给孩子一个关键问题，然后抛出二至三个细化的问题作为支架，让孩子们始终围绕着这个关键问题去探索发现。

二、因材施教，引导学生思考

教学有法，教无定法。针对不同的学生，采用的教学方法也不尽相同。有时换一个角度，就能激发学生的思维灵感，让他们感受到缤纷的数学世界，从心底赞叹它的多彩与美妙，进一步唤醒学生学习数学的热情。

三、学会放手，促进问题解决

在多次的探索实践中，我明确了要创造性地使用教材，挖掘教材中的关键问题。设计教学方案要根据“因材施教”“尽量放手”的原则，培养学生合作学习的能力与主动探究的精神，建立“KPC 高效课堂”的教育模式。依据我校“和润教育”理念，将教师的教和学生的学有机整合在一起，根据布鲁纳建构主义理论，给学生一个适宜的“脚手架”，潜移默化地将数学知识浸润到学生心里。凡学生能够做的，老师绝不包办代替，把老师的主导作用发挥在精心设计一个有思想价值、能引导学生深入思考的关键问题上，从而去探索与实践“基于关键问题解决”的 KPC 高效课堂。

（郭艳妮）

阅读评述

在如今大班授课的“现实”教学模式下，“因材施教”是很难实现的。但正所谓“教学有法，教无定法”，文中老师针对小 W 采取了更为直观的“小妙招”，想方设法在“现实”上下功夫，比如说课后花费更多时间与学生交流，不仅完成了知识的教学，更是激发了学生学习数学的兴趣。除此之外，在教学中，能够发挥教育智慧，改变教学模式，采用学生更易于接受的“KPC 高效课堂”模式，在体现教学智慧的同时，更是有效地实现了自我的成长。

“因材施教”也好，“教学相长”也罢，其来源和归宿都是学生；学生的反馈越丰富，效果越好。教师在与朝气蓬勃的孩子们的交往中，也会学习到很多知识，感悟到生活中的很多真谛，这是多么幸福的一件事。

丹心春华，不负韶华

故事聚焦

“以情润心，用爱育人。”我满怀对教育事业的一片赤诚，在教学中和孩子们相互启发，相互影响，相互促进，共同进步。韶华蝶梦，我愿用温暖的育人情怀与教学艺术，陪伴孩子最美的成长年华。

故事叙写

用心聆听，积累教育智慧

第一次给一年级学生上课，我期待着和孩子们度过开心的35分钟。我预想的第一节课——孩子们刚刚踏入小学校门，对校园、老师、周围的小伙伴既陌生也好奇，所以孩子们可能多数时间是沉默的。为了让陌生的课堂气氛活跃，我精心设计了课前律动。没想到的是，律动还没开始，我就被孩子们“上”了一课。

大概是孩子们对号令的概念还不太明晰。上课铃响了，整个教室仍如课间一般热闹。第二遍铃声响时，伴随着几个女生边跑边喊“上课啦！上课啦”，小男生们也慢悠悠地回到座位，就差最后一个小男生了。同学们回到座位的行为并没有影响他，他甚至比课间跑得还欢，沿着最外圈的课桌又转了一圈，我的目光也随他的身影来了个360度旋转。时间过去了半分钟，我只得提醒：“同学们，上课铃响啦，请快速回到自己的座位，端正坐姿，我们要开始上课啦！”

话音刚落，孩子们歪歪扭扭的坐姿立刻端正起来，可转圈的这位仍不为所动，继续他的第二圈。我的注意力全然放在了这个“洒脱”的身影之上，而同学们的目光也如探照灯一样齐刷刷地随着他稍微慢下来的速度再次环绕教室一周。这时第一排的一位小男生说：“老师，他上其他课也是这样，他经常不坐下。”

“这位同学，我们要开始上课啦，请你快速回到自己的座位好吗？”我语气缓和地劝说着。他扭头瞥了我一眼，又迅速地把目光移开了，没理我，也没动，挨着教室后面的空调机晃悠起来。我快速移动脚步来到他身边，俯下身说："回到你的座位，我们要上课了。"我的眼神虽诚恳，但语气开始有点着急了。他看了我一下，拧着身子，晃悠着回了座位，满脸写着不耐烦。暂时安抚了他，我回到讲台前的几步路上没忍住："最后一位同学也很配合老师呢，能告诉我你的名字吗？"这时，大家争先恐后地说："老师老师，他叫国国。"呵，这个名字第一个印在了我的脑海里。

音乐课终于正常进行，但我内心久久不能平静。我想：大概是国国察觉到了我命令式的语气，所以勉强顺从了我吧。下课后，我并没有离开教室，而是试着和他沟通："上课铃响后，你应该快速回到座位，认真听讲，这是令自己增长知识和本领的时间，也是对老师和同学的尊重，你认同吗？"

国国一脸不情愿地回应："知道了。"

事情看似解决了，但回想起来，国国好像并没有认识到自己的行为有何不妥，或者他并没有觉得自己有错，只是因为我是老师，"敷衍"我罢了。

一番思索后，我拨通了班主任的电话……

了解得知，国国的性格特殊，主要是由于生长环境引起的。国国的爸爸妈妈工作特别忙，妈妈是做学术研究的博士，工作强度可想而知，爸爸频繁出差，时常见不到人，平时国国都是老人在照顾。一直以来，孩子心理缺乏安全感的表现也越来越明显，至此，我对国国由疑惑转为了同情，是时候听一听孩子内心最真实的想法了。

用力探索，创建高效课堂

瞅准了中午放学的空档，我留下了他。

"你觉得老师讲课怎么样？你能不能给我提点建议？"

"嗯……这节课学的歌，我会唱，可是你讲的'节奏'我没太懂。"

这孩子又要给我"上课"了。

"那下节课我换种方式，你听完再给我点建议好吗？""行"。

寥寥数语，我竟有意外收获，要知道孩子们的切身感受于我个人成长来说最具有说服力了。我开始有点喜欢这孩子了。

我认真地着手准备，权当是为这小小约定。翻阅教参，网上听课，反复揣摩，根据当时的教学环境，结合奥尔夫教学理念，我编创了一个小魔术《titi

和 ta》。

在情境渲染中，主人公 titi 和 ta 不断变换队形，一生二，二生多，由此演变出节奏型。孩子们快速地理解并掌握了要点，甚至还能举一反三。其间，我特意邀请国国这个“小魔术师”同我一起表演，这一堂课的结果令我欣喜异常。

国国不经意的一句话，从他的角度提醒了我，令我认识到了教学中的不足。在问题解决中探索和进步，我们做到了。“是故学然后知不足，教然后知困。知不足，然后能自反也；知困，然后能自强也。故曰：教学相长也。”

用情演绎，共创华彩乐章

和国国共同表演魔术的那堂课后，从他的眼神和表现来看，国国越来越喜欢我的课。我终于不再按捺自己的思绪，和他深入沟通了一次。“你还记得我第一次上课，你的表现吗？”他有点扭捏：“记得啊。”“为什么这样？”“有时候上课我举好几次手，老师也不叫我。”透过他并不清晰的表达，我恍然大悟，其实他特别想要被关注罢了。

进行到期中的时候，我发现孩子们越来越喜欢创编环节，尤其是有小乐器发放的时候，每个人都想用那身材矮小的打击乐释放自己强烈的情绪，或是兴奋，或是不满，不胜枚举。为了让该环节有序可循，我提议同学们进行小组合作，并积极到讲台上展示自己的创意。

找准时机，我邀请了国国那一组。看得出，国国对音乐的感觉是蛮好的，只是小男孩多少有点腼腆，一遍过后我鼓励他们：“这一组节奏创编得很有特点，速度保持得很稳定，能不能再来一遍，让我们大家学习一下呢？”得到鼓励的国国顿时像充满电一般，边唱边演，表情也丰富起来，他们的表现赢得了全班同学热烈的掌声。

而后的日子，我也会经常关注到国国。国国的性格逐渐开朗起来，交到了很多好朋友，字也写得越来越漂亮，也很少再听到其他老师说他上课纪律不好。下学期，国国综合成绩均为优。看着他开心的笑容，真替他感到高兴。

故事感悟

我时常在想：作为音乐老师，我最该带给孩子们的是什么？是知识素养，还是优美的歌声、优雅的舞姿，抑或是阳光的心态、自信与自强？我觉得首先是“爱”。而在这个过程中，孩子们对我的反馈使得我们互相启发，互相影响，共同进步。

一、聆听与沟通

喜欢乖巧懂事的孩子，是每个老师的“通病”，但探索引导“不完美”的孩子，是我们成长进步的必走之路。孩子们每一个行为的背后，或许有着不同的故事。作为老师，我们应该善于倾听，多做了解。教育教学是一条不断探索进取的道路，我想我需要做的，是在教学实践中用心聆听孩子们的声音，互相促进、互相鼓舞，用爱润育孩子们的成长。

二、探索与反思

列夫·托尔斯泰曾说，与人交谈一次，往往比多年闭门劳作更能启发心智。从国国身上我领悟到，这话同样适用于师生之间。国国看似不经意的一句话，让我反思自己的教学，如何将简单的问题轻松地授予一年级的孩子，这是一门教学的学问。在探索中成长，在反思中感悟，在最好的时光陪伴孩子们童年的脚步，让每个孩子拥有一颗灵动的心，拥有感受阳光与美好的动力，能充满自信地探索生命的奥秘，这是我作为一名教育工作者的使命。

三、鼓舞与赞赏

我虽无教育家的育人智慧，却也在教学的道路上不断摸索，在实践中总结经验，让每个孩子都能在鼓舞中前行。

音乐是人类最原始的心灵的呐喊，是童年天真烂漫的笑靥，是最纯真美好的情感。愿我的孩子们在音乐的洗礼中敞开心怀，拥抱美好的人间，在未来的人生道路上恣意驰骋，无羁无绊。

（崔灵）

阅读评述

本文故事内容生动，细节处语言描写把握得当。从该故事中可以看到作者在聆听与沟通、高效率课堂探索等方面师生相长、共同进步的过程。在处理这些问题时,能看到作者及时改进教育方法,及时反省自己。文章体现了不同的教育智慧和对学生无尽的“爱”。

一堂体育课的启示

故事聚焦

《义务教育体育与健康课程标准(2022年版)》(以下简称《新课标》)强调,从“以知识与技能为本”向“以学生发展为本”转变。体育教学中更倡导教师想方设法为学生提供自主学习、合作学习、探究学习的机会,激发学生的学习热情,使学生在教师的引导下养成自主学习的能力,身心得到全面、协调的发展。

故事叙写

一次跳短绳测验课给我留下了深刻印象。五年级一班全体同学在测验完“跳短绳”后,继续进行“跳大绳”活动。我把全班同学分为两大组,男女生各一组。

我先让会跳长绳的同学做了示范,并简单讲解了跳长绳的动作要领,然后就让学生们开始分组练习。就在我整理短绳的时候,回头一看,刚刚有序的分组练习却乱了套:有的同学只顾着在一边玩,有的同学跳得不认真,有的同学不排队,非要插队跳,还有的同学凑在一起谈笑风生好不快活。

看到这样的情景,我很生气,同时又很疑惑:跳小绳一直是他们最喜欢的运动,更是这个班学生的强项,难道跳大绳就变得如此不一样了吗?

有几个学生看到我严肃的表情,立刻安静下来,大家迅速站好队伍。体育委员红着脸跑到我身边,小声地说:“谷老师,对不起,我没有管理好队伍。”看到学生们这番表现,我一扫刚才的怒火,顿时也冷静了下来。根据五年级学生的身心特点,盲目的批评会很容易让学生产生抵触和厌倦的心理。这个时候更需要冷静地分析原因、解决问题,发挥学生学习的主动性,才能从根本上让学生去自主练习并掌握动作要领。

看到同学们一个个“任凭发落”的样子,我心平气和地说:“下面,我再认真地为大家做一遍示范，请同学们仔细看清楚。”我让两个比较高大的学生帮忙摇绳，而我则从起跳到跑到长绳中间跳跃，最后跑出，将这一系列动作慢慢做下来。一遍做完，我又做了一遍，边示范边讲解，很多同学都在模仿动作，在原地进行练习。我也不时地点名表扬，邀请会跳长绳的几名同学一起跳。大家看到我们配合默契的跳跃，不禁连连发出了赞叹声。同时我还鼓励学生们：“不要怕失败，老师刚开始的时候也不会跳，但经过认真观察和反复练习，很快就学会了。跳小绳是咱们班的强项，老师相信，跳大绳，咱们一班也一定是最棒的！有没有信心？”孩子们激动起来，挥舞着胳膊喊着：“对，谷老师说得对！五一最棒，一定没问题！”孩子们又重新练习起来。

跳完一轮之后，我发现班里的一个小男孩迟迟不敢加入进来，同学们都在着急地催促他。他更加紧张了，脸涨得通红，脑门上挂满了汗珠，两只小手一直攥成拳头，身体也随着摇绳的节奏轻微摇晃着。这个同学平时非常安静乖巧，看来我还要再帮帮他！我走过去，拉着他的手：“来，别害怕，老师带你一起跳！看好绳子摇动的节奏！跑进去，跑到中间去！听口令，1、2、3，进！”他顺利地跑到了绳中间，成功地跳了一个！两个！三个！周围的同学都拍掌鼓励他！他又“趁热打铁”多试了几次，一次比一次顺利！没想到，短短几分钟，他就取得了很大的进步。也许是受到了他的感染，同学们练习得更加投入，直到下课铃响起，还依然在快乐地跳跃。

课后我找体育委员进一步了解了情况，原来一开始班里只有30%的学生会跳长绳。每次跳的时候，他们都抢着跳，想在全班同学面前表现一下自己的跳绳水平；还有一部分同学想要尝试跳，可是又不会跳、不敢跳；那些跳不好的同学越来越没有自信，也就没有兴趣再去尝试了。所以，一到跳长绳的活动时间，大部分学生就干脆不跳或者三五成群地聊天玩。久而久之，大家都觉得没有意思，所以也就失去了学习跳长绳的积极性，最终也导致学习的失败。

这番了解给了我很大的震撼。通过这节课，我也有了许多反思。课后我针对这节课出现的问题，写出了教学小结。我觉得这节课之所以出现上述情况，是因为我没有充分调动起学生练习的积极性。

体育课该如何发挥学生的主体作用，如何体现以学生为主体，的确是一个令人深思的问题。在体育教学中，教师给学生创设一个宽松的学习环境，可以使学生发挥主观能动性，变学生被动学习为积极主动学习，使教师的教和学生的学融为一体，从而达到事半功倍的效果。于是我利用上室内课的时间给学生播放某市男、女小学生跳短绳、长绳获市第一、二名的视频集锦，并加上我的细致讲解。学生们看后纷纷发出了由衷感叹：“太不可思议了！”“怎么能跳得那么连贯？真是太棒了！”此时我鼓励他们：“同学们，只要掌握了动作要领，你们肯定也能行！咱们一起试试吧！”学生们纷纷跃跃欲试。

在接下来的体育课中，我把会跳长绳的和不会跳长绳的学生区别开来，再让他们根据自己的实际情况分别自发组合，选择练习的同伴。就这样，在后面的几次练习中，学生练习的兴致始终很高，课堂气氛出奇地活跃。

在之后的体育课中，我更加注意将孩子们的主观能动性发挥出来，让学生们充分感受体育运动的魅力，让每一名学生都积极参与到体育运动中：或是由我来带动孩子们一起练习，充分体验体育运动的魅力；或是通过体育比赛视频来激励孩子们，向世界上最顶尖的运动员们学习；抑或是通过一些趣味游戏吸引孩子们的注意力，让他们学有所乐，乐有所学。

故事感悟

一、营造氛围，激发兴趣

好玩、好动是孩子们的天性，体育老师的任务应该是保护和发展学生们的体育兴趣。到了高年级，对学生体育运动的规范性有了更高的要求，所以，在上课的过程中，我们可以采用多种教法和方式，营造宽松的教学氛围，激发学生的学习兴趣。比如和学生一起通过视频媒介学习新的体育知识，并在看视频的过程中，对学生不懂的地方进行生动详细的讲解，引导学生自己思考。对于一种新的体育项目，让学生们自己组合，进行同质分组，从而激发学生参加体育运动的兴趣，进而把教学过程变成学生想学、乐学的自觉行动。

二、创造时机，鼓励探索

《新课标》强调要提供更多时间让学生进行充分练习，巩固和运用所学运动知识与技能，参与形式多样的展示或比赛，激发学生参与运动的兴趣，在运动中领悟体育的意义。所以，在体育教学中，老师应该重视学生的学习需要和情感体验，想方设法为学生提供自主学习的机会，重视学生在学习过程中是否学会探究与分析，传授他们“知其然，更要知其所以然”的学习方法。在与学生的交流中，要以学生“乐学”为起点，从学生情感入手，激励、鼓舞学生主动参与活动，使学生学得愉快、练得高兴，并且多让学生谈感受，大胆地说出自己的想法，从而潜移默化地培养学生自主学习的能力、创新精神和实践能力，使学生们的身心得到全面、协调发展。

三、关注全体，激励个体

关注全体学生，不让任何一个学生掉队，是每个老师义不容辞的责任和义务。老师应该及时关注每一个学生的学习状态和心理情绪的变化波动。只有根据不同的运动层级水平给予相应的指导，学生才能够实现不同程度的提升。应确保每个学生都能够参与到体育活动中，为他们提供展示自我、收获自信的舞台。尤其面对确实需要帮助的学生，老师在授以方法的同时更要多加以鼓励，让他们感受到老师殷切的关怀和期望，以及充分的尊重与肯定，更能帮助学生找到自信，认识到自身价值，进而更加积极地参与学习，得到最大收获。

（谷宗珂）

阅读评述

恰当的教学方法和辅助教学方式的科学运用是调动学生学习积极性、主动性的密码。以学生发展为本，促进学生身心健康和谐发展更是体育教学的根本，能够更好地促进《新课标》中对体育教学具体要求的落实、落地。本文围绕一个具体的事例进行认真分析和反思，事例阐释得比较具体清楚，反思也很到位，很好地体现了师生教学相长的观念。

第五章　参与研究，提升科研素养

科研兴校、科研强师，一直是奥龙小学坚持的立校强师之路，也是学校教师专业发展建设的重要和优势做法，通过鼓励和组织教师承担课题研究任务、参与课题研究实践，培养一支师德高尚、业务精湛、充满活力的教师队伍，助力学校教育高质量发展。

一、参与课题研究，提升教师教育教学研究能力

对于一线小学教师而言，在学校面对更多的可能是教育教学的实践行动，如果从来没有参与过一项课题，就很难培养自己的研究意识和能力。反之，如果老师们有机会参与、经历、见证这样一个过程，则会是完全不同的结果和效果。近五年来，学校连续两次申报并成功立项了省级“十三五”“十四五”教育科学规划课题，全体教师全程参与了课题研究，尤其是骨干团队成员，从最初课题的选定、研究设计、课题申报，到过程性研究与管理，再到最后课题的梳理总结、形成研究报告等，他们对课题研究是怎么回事、怎样组织与实施、怎样进行成果的凝练和呈现等，都能形成正确的理解和认知。更可喜的是，我们团队中有多位教师已经开始独立申报并承担课题任务，成为学校的学术骨干。如学校立项的省级“十三五”教育规划课题“校本化教师专业发展共同体建设机制研究”，就是鼓励全员参与完成的，既促进了教师自身的专业化成长，也共同构建起该课题的研究成果，即“COAI 一体化机制”，并顺利通过结题鉴定。通过课题的引领带动，学校全体教师的研究能力都有了很大提升。所以，躬身入局参与其中，是最好的学习方式。

二、参与课题研究，促进教师解决教学实践问题

学校教科研课题更多应该来源于日常的教育教学问题或难题。要善于把日常教育教学工作中的小问题、小课题、教学重难点和教学评价等作为教研组、备课组、年级组开展校本研究的重点，并运用科研的思维和路径，引导鼓励老师们做成各级各类小课题，将校本教研做成学校科研。这是最接地气、最真实也最容易落地见效的。用科研的思维做教研，将科研融于日常教学，引领全校教师投身到科研当中，既可促进教师科研意识与水平的提升，又能帮助一线教师解决教学实践中的真问题，可谓一举多得。

三、参与课题研究，增强教师成果梳理意识

课题研究的最后一个环节是对研究成果的系统梳理和凝练，这也是每一项科研课题完整实施的必要环节。近五年，学校两项省级课题、一项市级课题顺利结题，一项省级课题、两项区级课题立项，都经历了或经历着这样的过程。课题组所有成员参与其中，不仅是为了课题的结题鉴定，而且也是培养教师成果梳理凝练意识和能力的一种方式方法。

正如陶行知所说的，做教师的人，必须天天学习，天天进行再教育，才能有教学之乐而无教学之苦。只有做学者型、科研型的教师，才能及时接纳、吸收教育的新动态和新成果，并主动将其渗透到自己的教学实践中，促进自我的专业成长与发展，促进学校教学质量大幅提升。这也是一条成就自我、成就学生、成就学校、成就伟大教育事业，努力成为一名符合新时代发展要求的综合型教师的必经之路。

化茧成蝶的小女孩

故事聚焦

著名教育家陶行知先生说过，真教育是心心相印的活动，唯独从心里发出来的，才能达到心的深处。而一个孩子的转变和成长需要这样一个过程，一个有爱心和耐心的过程。

故事叙写

带刺的毛毛虫

秋风起兮白云飞，新的一学年又开始了。这天是孩子们开学的第一天，也是我为他们上的第一节课。阳光明媚，暖暖的阳光在树叶上跳跃着，又透过枝叶洒了一地金辉。袅袅秋风，吹拂着跳动的心房。我心里充满了甜蜜，有点紧张地走向教室。当推开教室的门，映入眼帘的却是这样的场面：有的学生在追追打打，有的学生用铅笔敲打着课桌，还有的站在凳子上冲周围的同学做鬼脸，大声喧哗……总之，乱糟糟的。突然，一个小女孩跑闹着撞了过来，我一把扶住，她猛然抬头看向我，一双大大的眼睛炯炯有神，一看就是个机灵的小姑娘。“你没事儿吧？”我关心地问道。“哦，没事儿，没事儿！”她挥挥手，一副满不在乎的模样，随后又蹦跳地回到了自己的座位。真是个有个性的小姑娘，她就是小玉。

之后的相处中，我也对小玉有了更多的关注。慢慢地，我发现她不仅活泼好动，行为上更是不受规矩的束缚。有一次课上，小玉没有好好听课，偷偷在桌洞里折纸片玩儿。坐在她后排的小延发现后大声地喊了起来：“老师，小玉在玩折纸！”“小玉，是这样吗？”我问道。当时的小玉，只是直愣愣地看着我，并没有解释。“小玉，上课要好好听讲，把折纸先拿到老师这里来吧！”我略带严肃地说道。她犹豫了一会儿，还是慢慢地拿着纸片走向我，就在此时，小延拿起小玉桌洞里的剩余纸片喊道：“老师，她这里还有！”显然，小玉没有全部上交。不曾想，小延的做法彻底惹怒了小玉，只见小玉几步便跑过去，直接将小延推到旁边的墙上，用手臂抵着小延的脖子，愤怒地瞪向小延。我赶紧跑过去制止，此时的小玉就像一头愤怒的小狮子。在一声严厉的“放手”命令并没有起到作用时，我立刻转变方法，轻轻地握住小玉的手，耐心地跟她说“先松开，我们再好好聊”。终于，小玉平静下来，放开了小延。

安抚好两个孩子的情绪后，我并没有着急对小玉进行训斥责备，唯有让孩子在具体的教育情境中切身体验、自觉自悟，产生情感共鸣、心灵契合，才能使之内化于心，外化于行。于是，我联系了小玉的妈妈，了解了孩子的情况。原来，由于父母创业艰难，小玉在很小的时候就被送到老家由老人代为抚养，从小缺少父母关爱的小玉，慢慢变得任性，不知如何表达情绪。即便几年后父母将孩子接回身边，小玉的情况也并没有改变多少。

用爱感化，慢慢转变

在了解了小玉的情况后，我不禁对这个倔强的小姑娘有了更多的怜悯。这个从小缺少关爱的孩子，即便已经上了小学，仍然极度缺乏安全感，对外界的警惕性很高。我决定要尽自己所能给予孩子更多的关爱。要打开孩子的心扉，首先必须获得孩子的信任。刚开始，我会经常找小玉聊天，组织大家一起做游戏，还会与她分享我小时候的故事。在学习语文课本中的传统文化单元时，感觉到她对这部分内容很感兴趣，我便利用延时时间将小时候学过的《唱脸谱》唱给孩子们听，看到她那崇拜的小眼神，我知道，我已经成功“俘获”了这个小姑娘的心。

小玉的穿着也像她的性格，不修边幅。漂亮的小辫，因为疯玩儿而撑不过半天就变得乱糟糟的，每当这时，我都会将她叫到办公室，重新给她梳好。“老师，你扎得真好看，又温柔，我喜欢你帮我扎头发。”看到小玉脸上洋溢的笑容，我的心也暖暖的。而小玉也从来不穿裙子，即便有活动需要穿正装时，她也总是穿裤子，有一次竟只穿着打底裤就来上学了。那天趁课间，我装作不经意走过她身边，与她闲聊间，说道：“小玉，你知道吗？你的腿很长，老师都羡慕呢。如果也穿上我们的校服小裙子，肯定会非常漂亮！”小玉腼腆地笑了。果然，自此之后，小玉每天都是按要求着装了。

之后，我又在班里举行了名为“相亲相爱的一家人”的主题班会。孩子们通过开展“寻找同学的闪光点”“我们一齐来努力”“我们都是好朋友”等活动，变得更加团结友爱。平日里，我和同学们经常关心小玉，教她做题，送她小礼物。我们这些爱心举动让小玉感受到了温暖，也进一步感化了班里的其他孩子。

蜕变成美丽的蝴蝶

为了发挥小玉自身条件优势，也为了磨炼小玉的性格，小玉的家长决定让她学习舞蹈。舞蹈训练是非常辛苦的，下腰、旋转、跳跃，都考验着一个孩子的坚持与毅力。但倔强的小玉从来不说疼，不说苦。在元旦来临之际，班里要举行联欢会，我找到小玉，询问她是否愿意表演。小玉答应得很爽快，但到演出那一天，小玉却紧张起来。我走上前，抱着小玉说："没关系，老师领着你，我们一起去台上好不好？不管表演怎样，你在老师眼里都是最棒的！"充满爱的安抚，化解了小玉的紧张，音乐响起，小玉随着绸带翩翩起舞，周身闪烁着自信与快乐的光芒！

小玉改变了，我也有了更多的反思，学海无涯，教育需要更多的爱心、耐心。从事教育工作以来，我对学生一直比较严格，因为我坚信"严师出高徒"。但就像尹校长提出的"和润童年，点亮一生"的教育愿景一样，我也希望孩子们在小学时光里，能得到一种和谐健康的润玉般的成长，为孩子们一生的发展奠定一个良好的基础。原来爱就是教育，教育就是爱。而我也在这样的理念下，继续完善我的教育之路。

故事感悟

一是要持有正确的学生观，相信每个孩子都是独一无二的。身为教育者，我们对学生要有清楚的认知和理解，要相信每一个孩子都是具有无限发展潜能的人。只要我们给予这些孩子充足的关爱，这些关爱就会让我们和孩子们的心紧紧靠在一起，就会成为点亮学生童年之光的一个个火把。

二是在一个真正包容的环境中，每个孩子会感到安全感和归属感。还记得《放飞美国》的作者别出心裁地把教师分为四类：以谋生为目的，以自傲为动力，以教育为己任，以爱为根本。由此可见，爱是教师人格力量的核心。在教育教学中，一个提醒的手势，一个温馨的眼神，一点关爱的微笑，一个甜甜的举动，一种幽默的言辞，一段委婉的对话，都会让孩子感受到我们的关爱。让孩子在接受批评时从教师甜甜的言语中感受到师爱，体会到宽容与包容，而这，正是作为教育者的我想要给予小玉的。

三是秉承充满人性关怀和教育智慧的和润教育，才能让受教育者在具体的教育情境中切身体验、自觉、自悟。在教育过程中，对受教育者施以父母般的人文关怀，教育者的爱便会似雪落春泥，似雨浇大地，悄然入土，孕育和滋润生命，虽无痕，却有声有色，有滋有味。在奥龙小学的这几年，更加让我感受到，和润教育理念恰如肥沃的土壤，不仅促进了孩子们的健康成长，而且让老师们得以滋养、更加茁壮。

教育是一场爱的旅行，眼中有彼此，有风景，才能走得远。心中有温暖阳光，眼里藏璀璨星辰，以"心"为轴，以"爱"为杆，才能撑起让雏鹰展翅的一片蓝天。

（焦雅卓）

阅读评述

和润教育，就是用温和的方式滋润着每一个教育对象。在此教育案例中，我们欣喜地看到老师学会了用自己更高洁、更细腻的爱来培育爱、激发爱、传播爱，通过真情、真心、真诚拉近师生之间的距离、滋润学生的心田，有了自我的成长。教育的本质意味着，一棵树摇动另一棵树，一朵云推动另一朵云，一个灵魂唤醒另一个灵魂。作为教师，我们要能够敏锐地抓住教育时机、发掘生活中的点滴教育契机，让那些善良、美好定格，并放大传递开去。

一句话的力量

故事聚焦

罗森塔尔期望实验证明，教师对学生有着一种期望引导效应。也就是说，教师对学生的一句赞美，或者一句批评，都可能会影响这个学生的未来与发展。

故事叙写

对一名带过多个毕业班的老教师而言，最幸福的事情莫过于经常和自己教过的孩子们相聚。看着他们一个个从天真懵懂的儿童长成意气风发的青少年，别提多开心了。但今年的聚会给了我一份更大的惊喜与收获。学生吉小米对我说："张老师，您还记得吗？您对我说过一句话，激励着我走到今天。我刚拿到北京舞蹈学院舞蹈专业录取通知书，就想第一时间与您分享这份喜悦……"事隔多年，我早已经忘记是哪句话，于是在她的讲述和我们的回忆里，一段模糊的时光逐渐清晰起来。

记得那年，接手了一个新班级。那是个周一的上午，一进班，孩子们都异常活泼与兴奋，唯独吉小米坐在角落里一言不发，偶尔用羡慕的目光看看周围耍酷搞怪的同学们。我看到她恬静、乖巧的模样，内心十分喜欢。

后来我观察了这个姑娘一段时间，发现她十分内向，沉默寡言，不爱与人交往，甚至从来没有见过她主动与其他同学说过话。她的成绩在班里不算优秀，但她身材纤细，瘦瘦高高的，听同学们说，她是学舞蹈的。从那次后，便记住了这个“特别”的姑娘。

有段时间，不知什么缘故，吉小米不按时交作业，上课时也浑浑噩噩。我有些担心她，但又害怕不经意触碰到她的自尊心，一时间，我有些发愁。

于是，我决定组织一次主题班会——每个人都是独一无二的，计划在班里找几名有优势特长但又缺乏自信的学生上台发言，利用这样的机会去激励一下班里像小米一样的学生。

班会课开始前，我把吉小米叫到办公室，用鼓励的语气说：“小米，老师想让你在主题班会课上发言。”

小米有些惊讶，结结巴巴地说：“张老师，我能行吗？”

“你当然可以，要相信自己！不过小米，你最近好像有些不在状态，是遇到什么困难了吗？和张老师说说好吗？”

她犹豫了一会，然后说：“老师，我发现自己很笨，有好多语法听不懂，找不到规律，我不知道该怎么办。”

听了她的话，我安慰道：“小米，你一点也不笨，就拿舞蹈来说，就跳得十分专业，不仅在咱们班，甚至在咱们学校，你都是跳得最棒的一个。”

说到这里，小米紧锁的眉头逐渐舒展开。我接着对她说：“每名同学都有自己的优势，每个人的学习能力也不同，首先要找对方法。你这种情况，可以通过增加阅读量提升语感，梳理本册语法点，看看是哪部分不扎实，有针对性地发现问题，找出原因。我们在遇到问题时可以找老师或同学帮忙讲解，窍门就是要主动一点、自信一点。”

最后，我拉着她的小手说：“小米，你记住，每个人都有自己的优点和不足，一定要学会主动展示自己的优势和特长，说不定将来你就是咱们班老师和同学引以为傲的小舞蹈家呢！”

周一班会课，在同学发言的环节，我第一次看见吉小米高高举起的小手。她第一次讲起了自己的舞蹈梦，演讲时那份自信、骄傲和快乐的表情浮现在她的脸上。

小米发言结束后，底下传来了几阵窃窃私语声。小米顿时有些窘迫，尴尬地立着。我止住了讨论声，笑着说：“同学们，我坚信每个人都能成为更好的自己。人生就像是一场赛跑，但与赛跑不同的是每个人的跑道长度不尽相同，也许在某个时刻，我们能够看出高低之分，可长远来看，结果依旧是未定的。那些一开始跑得慢的人未必会输，一开始跑得很快的人也未必会赢，但总有一个人，能跑最远，因为他始终坚持跑在自己的路上。在老师眼里，你们每个人都是一朵花，只不过花期不同，有的开得早，有的开得晚。就像我们同学吉小米，说不定她以后就能成为一名优秀的舞蹈家呢！”

此时，小米脸上恢复了那份自信与坚定，同学们也为她热烈地鼓起掌来。

从那以后，那个内向、不爱说话的吉小米不见了，课上总能见到她高高举起的小手，文艺汇演上总能见到她优美的舞姿。她整个人散发着自信的光芒，学习成绩也慢慢提高了，这才有了开头她跟我分享录取通知书的故事。

故事感悟

一、充分运用好期望效应

记得习近平总书记在同北京师范大学师生代表座谈时说：“老师无意间的一句话，可能造就一个天才，也可能毁灭一个天才。”[①]吉小米的故事就很好地印证了这句话。

教师对学生的期望，是学生发展的强大力量，我们要充分利用好这份力量，对学生进行激励、鼓舞和唤醒。教师的期望对学生的激励作用未必能一次见效，也未必能一劳永逸。所以，无论以哪种方式传递期望，都要持之以恒，前后一致。特别是期望产生初步激励作用后，教师要继续传递积极的期望，强化激励作用。还有，当学生暂时受挫，似乎辜负了教师的期望时，教师更要传递积极的期望，激励学生战胜挫折。

二、注意把握好期望适度

在教学过程中，我们要注意，只有学生觉得达到教师期望目标的可能性较大时，才有较大的激发力量。如果学生觉得达到教师期望目标的可能性很小，就没有多少激发力量。期望过高，会让学生认为自己根本没有能力实现，他们就会放弃，期望效应的作用就无法实现。但期望过低或根本不具备

① 习近平：《做党和人民满意的好老师——同北京师范大学师生代表座谈时的讲话》，《人民日报》2014 年 9 月 10 日。

挑战性，也不能激发出学生的动力，所以只有合理的期望值才能激发学生内在的学习动力，才容易被学生接受，并且给老师一份满意的答卷。教师的期望目标必须遵循适度性原则，即期望目标为学生的“最近发展区”，是学生相对较容易达成的目标，这样才能取得最佳的教学效果。

三、秉持“和润童年，点亮一生”理念

奥龙小学教育理念“和润童年，点亮一生”，就是通过激励和鼓舞的力量，润泽孩子们的心灵，点亮其一生的发展之路。作为教育工作者，我们不要吝啬自己的语言，关注、尊重、理解并相信每一名学生，要不断地发现学生的特点与优势，扬其优势，改其不足，增其自信，进而去赞美、鼓舞与唤醒未来各行各业中的优秀青年们。

（张甜甜）

阅读评述

作者从师生相长的一件小事入手，故事叙说生动，教育效果明显，教育措施有效，结合了先进的教育理念及奥龙小学一直秉承的育人理念，给读者提供了一定借鉴和思考。教师要用欣赏的眼光看待身边的每一名学生。教师的一次点头、一个微笑、一句表扬，就如同一场知时节的好雨，赋予幼苗向上的信心和生长的力量。每一名教师都要学会握住欣赏之笔，书写出一篇篇充满赞美、鼓舞与唤醒之力的育人故事。

循循善诱，搭建成长“脚手架”

故事聚焦

苏霍姆林斯基说过，教育技巧的全部诀窍就在于抓住儿童的上进心。当学生因自身认知局限性无法认清自己的问题时，教师应帮助学生认清自己的问题，激发学生内驱力，把学生从被动接受转变为主动学习。

故事叙写

在我的班里，有一个叫阿元的男孩，从我刚刚接班开始，这个孩子就引起了我的关注。阿元在课上从不主动回答问题，我十分担心他的听课效率。我暗暗地进行过一些猜测：或许是因为孩子不爱学习？又或许是因为对阿元来说英语太难，他听不懂？这些课堂上的问题在第一次单元检测中体现得淋漓尽致，阿元确实对很多知识的掌握都存在问题。做完试卷分析后，我决定跟孩子的家长好好沟通一下。

从阿元爸爸那里，我得到了一个完全猜想不到的原因。阿元爸爸说："阿元回家后跟父母反映，课堂上的英语知识都太过简单，听讲没有意义，他更是不屑于回答这些'低级'的问题。而且在课外的一些英语活动中，阿元与初中的学生用英语交流十分自如，课外老师也认为孩子的英语水平已经远远超过了小学水平。"阿元爸爸的这一番话让我彻底懵了：我们谈论的是同一个孩子吗？

于是放学后，我把阿元叫到办公室，让他拿着自己的试卷进行试卷分析。阿元随意地拿着试卷左右一翻，说："没什么问题啊！"

我指着那道全错的第七大题，"那这个题呢？"

"我考试的时候看错了。"

"看错了？十个单词全都看错了？"

"对啊。"

此时我意识到，孩子对于自己的问题并没有清晰的认知，他认为自己出错仅仅是因为做题不认真，而不是存在知识漏洞。如果想让阿元改正错误，第一步要先让他意识到自己在英语学习中真正存在的问题。我从第七大题中选择了一个比较基础的黑体单词，问道："那请你告诉我这个单词的读音和意思。"阿元沉默了，脸上出现了微微窘迫的表情。此刻我意识到，我找到了问题的原因：这孩子不认识单词。为什么阿元可以与初中学生用英语交流自如，却无法顺利地完成小学四年级的英语题目？一瞬间，一切都有了答案。

顺利找到原因，我松了一口气。

"阿元，我听说你的英语水平特别高是吗？"

阿元点点头。

"你能够非常流畅地用英语交流，但是不认识英语单词，我说的对吗？"

阿元犹豫了一下，还是点了点头。

"那我觉得，你可以利用课上的时间认读一下这些单词的拼写，认识认识它们。你觉得我说的有道理吗?”

阿元沉默了。

“英语学习不只是听说，认读和拼写也是不可或缺的两个部分。

“既然你的英语口语水平高超，那咱们就要抓住每一个机会把它展示出来。比如回答问题就是一个特别好的机会，而且通过回答问题，其他同学也可以向你学习啊。”

听到这番话后，阿元的脸上明显出现了跃跃欲试的神情。虽然他没有说话，但我能感觉到，这一段对话在他的心里扎了根。

第二天的英语课上，在课文视频播放完后，我提出:“谁可以复述一下这个故事?”在我期待和鼓励的目光中，阿元举起了手。我立刻就把他叫了起来。阿元将这个故事讲得非常好，我郑重地在全班同学面前表扬了他。这一节英语课，阿元一共举了6次手。这让我既激动又欣慰。看来我讲的话，孩子都听进心里了，并且起了作用。这再一次地坚定了我的信心:这个孩子在学习主动性和积极性上没有问题，只是还没有找到适合自己的学习方法。此时应当给予正确的引导和适当的鼓励，既不伤害孩子的积极性，又能切实解决学习上的问题。

这节课结束后，我又一次把阿元叫到了办公室。“回答问题的感觉怎么样?”“特别好!”从孩子的脸上，我看到了参与的快乐和自信的喜悦，内心的成就感油然而生。随后，我再一次联系了阿元的爸爸，告知了孩子不认识单词的情况。“昨天顺利地找到了问题的原因，并且已经跟孩子探讨过解决方法。今天已经初见成效，阿元这节课回答问题很积极。回答问题既可以锻炼口语，也可以巩固新知，同时还会引发孩子积极思考。咱们在家里也可以多多鼓励孩子。初步成效不错，咱们再观后效。”

两个星期后，我收到了阿元爸爸的反馈。阿元爸爸高兴地告诉我，阿元现在每天写完作业后，都会主动复习当天学的英语知识，在单词的认读上下了大功夫。我猜，他是为了在英语课上能顺利准确地回答问题吧！对于阿元的改变，我感到无比喜悦！孩子找对了方法，一天天地进步，犹如一棵新苗茁壮成长。

从那节课后，阿元变成了另外一个人，课堂上认真听讲，回答问题特别积极。我想，孩子是找到了自信。在期中检测中，阿元的英语读写能力有了特别显著的提高。虽然一次成绩并不足以说明问题，但我相信，有了合适的学习方法和高效的课堂效率，阿元一定会取得长足进步。

那件事后，我意识到，在学生的成长道路上，不仅仅是大方向，一些小问题也是需要老师引导的。有时候，出错可能不是因为态度问题，而是学生确实无法找到自己的问题所在，即使有上进心，也无从下手。此时，就需要老师适宜地进行引导，帮助学生找出问题的原因，并指明改进的方向。此时的答疑解惑、一句鼓励，远比批评和惩罚要有用得多。因此，在育人道路上，教师应当不断追求专业发展，提升专业实力，做学生成长路上更好的领路人。后来，在参与研究学校的教育发展规划课题"教师专业发展共同体建设机制深化研究"的过程中，我对此有了更加深刻的理解和感悟，更清晰地认识了学生的心理成长规律，这次研讨也将有利于指导今后的教学育人工作。

五年级下学期的期末检测，阿元得到了"A＋"。这一路上，我和阿元都付出了极大的努力，每一步都稳扎稳打。今年7月，这一级的孩子们顺利毕业，我也将开启新的教学征程。相信已经养成了良好学习习惯，且找到了适合自己的学习方法的阿元，也将在新的学习道路上披荆斩棘，砥砺前行。

故事感悟

一、做好"脚手架"，引导学生正确认知自己

孩子的成长是需要引导和鼓励的。小学阶段的儿童，由于年龄和心理发展阶段的限制，对事物的了解较为片面，很难对自己产生清晰的认知。此时，教育者应当做好儿童认知的"脚手架"，通过合理、恰当的引导，让儿童正确地认识到自己的优势和不足，并在此基础上扬长补短，合理地改进自己的学习行为，进一步了解、提升自己，穿越"最近发展区"，达到解决问题的新水平。

二、引导主动学习，激发内驱力

自信对于孩子是多么重要，找到自信后的孩子充满了动力，甚至可能不需要外力的督促。要引导学生进行"主动学习"，使其从消极的知识接受者变成积极参与的学习者。通过全方位调动学生的感官、肢体、头脑，把学生置于学习中心，积极调动学生的学习兴趣，提高学生的学习自信心，以激发其学习内驱力。那一天，我在心里暗暗下定决心：我一定要做一个乐于鼓励

学生的老师,要积极、正面、及时地对学生进行引导,帮助他们找到学习英语的兴趣和自信,更好地提高自己的英语能力。

三、给予学生充足的成长时间

当学生在学习上出现问题时,一味地批评和指责会导致学生学习积极性的消耗。此时,教师应当控制好自己焦急的情绪,稳定心态,再与学生进行进一步的分析。如果是学习态度问题,则要根据学生性格特点,采取有针对性的方法提高学生的学习积极性,但如果是学习方法等其他原因导致的失利,则要引导学生寻找解决方法,并在此基础上进一步鼓励学生,提高其自信心。

（李奥菲）

阅读评述

在这个故事中,教师发现了学生的异常,并及时沟通,建立“脚手架”,帮助学生超越其自身的认知限制,认清问题所在。同时,引导、鼓励学生积极发挥自己的长处,克服自己的弱点,提高学习的自信心和内驱力,从被动接受转为主动学习。在此过程中,教师也及时总结、反思教学方法,有意识地追求专业成长,实现了教师和学生的双向成长。

我和我的“哥们”

故事聚焦

皮格马利翁效应是一种社会心理效应,指的是教师对学生的殷切希望能戏剧性地催生出预期效果。期望和热爱,能够使学生的行为发生与期望趋于一致的变化。

故事叙写

每一名学生都是一朵含苞欲放的花蕾。花开从来不是易事,需要阳光、雨露、土壤、肥料,缺一不可。花朵的脾性亦不同,有的喜碱,有的喜酸,有的喜阴,有的喜阳。不了解它们,就难以培育出鲜艳的花朵。学生也是一样的，性格各异，有的开朗，有的文静，有的睿智，有的笨拙。不因材施教，同一而教，花期过了，没有如期开放的花朵只能静静地舒展着几片叶子，或许，永远没有绽放的日子。

而大之就是我的“花圃”里最与众不同的那一朵。大之从开学第一天就表现出了他的与众不同。

首先，1.6 米的身高，140 斤的体重，站在一年级的学生中显得那么格格不入。而且，他很懒。别的同学对这个校园充满了新鲜好奇，课间恨不得每一个角落都要转一转，摸一摸。他却一直坐在凳子上。不过他也不闲着，摇头晃脑，一会儿翻翻白眼，一会儿做个鬼脸，倒也忙得不可开交。他大大的眼睛写满了天真，看起来甚至有些滑稽。看到他，我有一丝担心，他会不会遭到同学的嘲笑，会不会融不进这个集体？

或许是一开始的先入为主，我觉得他会是个“问题学生”，因此对他的关注度比较高。后来事实证明，我的关注是对的，只不过，方向不太对。他倒没有被别人排斥，相反，他有点过分高调，天天以“大哥”自居，小小年纪，手底下一群“小弟”，其中居然还有一名高年级学长。学习方面，由于他从小是被老人“放养”，基本不认识几个字，专注力、自制力都很差。良好的学习习惯更无从谈起。上课基本不听讲，要么一双手到处摸来摸去，要么就是发呆或睡觉；下课却活力满满，精力充沛。从来没有完成过一次作业，更不用提正确率。自然，每天的“开小灶”变成了一项常规工作。

大之这样的学生，在学校估计是不太讨喜的。或许是每天的“开小灶”让我疲惫不堪，又或许是他屡教不改的情况扰乱了我正常的工作，四年级时，我终于忍无可忍，朝他发起了火。他眨了眨眼睛，一脸无辜地看着我，我的愤怒貌似一记硬拳打在了棉花里，就这么悄无声息了。我有了一种深深的无力感，既生气又无奈。

后来，看威廉·詹姆斯的《心理学原理》，里面有一句话深深触动了我：人性最深的需求就是渴望别人的赏识。而且，随着阅历的增加，这种“渴望”会变得更加强烈。回想大之的所作所为，我转变了自己的思路：放弃挑剔，放弃批判，用赏识的眼光对待他。

不久，就发生了一件“大事”。

一天中午，吃配餐的同学还在午休，老师们都在备课，整个校园安安静静的。这时候，我听到一个声音，一个让我瞬间从凳子上弹起来的声音。是大之。“走，跟着大哥，咱上四楼和他们决一死战！”我冲出办公室一看，大之和几个同学站在楼道里，他的脸涨得通红，瞪着眼睛，手握成拳头……看到这一幕，想起他的“斑斑劣迹”，只差0.01秒我就要冲上去指责他了。但我深吸一口气，平静了半分钟，决定和他平静地谈一谈。我说：“大之，你觉得叫着一群同学去打架对吗？”沉默，几分钟的沉默，他不为自己辩解一句。我平息了自己的怒气，说：“你为什么要去四楼打架？一定是发生了什么事情，你告诉我，我来替你分析分析，或许还有比打架更好的办法。”他似乎也平静了许多，没有了刚才的“义愤填膺”。他天真地眨眨眼睛对我说：“哥们，你上课用的手套，让他们给撕坏了，我给你报仇去！”我呆在原地，内心五味杂陈。是的，我的手一到冬天就会裂口流血，所以我写字时都会先戴一个手套。但紧接着我又是一懵——啥？哥们？这个角色转变让我有点哭笑不得。

我没有深究这件小事，因为我很庆幸自己选择了“谈话”这种平心静气的方式，没有不分青红皂白地数落他。孩子都是向善的，没有人会主动招惹别人，除非有很重要的原因。现在看来，这个原因好像还和他的“哥们”——我有关。我说：“大之，不管什么原因，你这种通过打架解决问题的方式我不能认同。你带着一群同学去和另外一群同学打架，首先，你们都有可能会受伤，如果受伤了可能就得住院，那可能很久都见不到老师和同学了。其次，学校是个讲文明、讲礼貌、讲道理的地方，不是一个施展拳脚的地方。如果有什么让你觉得气愤的事情，可以告诉老师，咱们一块儿商量着解决，武力是不能解决问题的。最后，我很感谢你。你是因为我的手套被撕坏才会为我出头，说明你是个爱打抱不平、有爱心的好孩子。既然是好孩子，咱们就要约束自己的行为。这样吧，从现在开始，你当我们班的副体育委员，每天协助体育委员喊口号，带领同学们站队做操。前提是你得以身作则，帮我把同学们管理好，可以吗？”

大之本以为自己犯了错误，会挨顿批评，没想到，我只是以平静的方式处理这件事，还一边感谢他一边给他“升了官”。大之的“小宇宙”瞬间爆发，从此一发不可收拾。

课上，只要看到他认真听讲或者主动回答问题，我都马上表扬他，他的专注力越来越好；课下，再也看不到他和同学打架，取而代之的是帮助同学摆桌椅、擦黑板；走队时，他在前面雄赳赳气昂昂，把队伍带成全校最有气势的一支。他的自控能力越来越好，坏习惯越来越少，课间还经常从图书角找本书看，这可是之前从来没有过的事情。

我经常与大之妈妈“分享”他在学校中的“趣事”。沟通过程中，听到最多的就是家长的感激。大之妈妈说：“石老师，大之回来就说，我‘哥们’今天又表扬我了！我‘哥们’今天给我听写，我只错了三个！我们跟他说要尊敬老师，不要一口一个‘哥们’的，他也不听。他觉得叫‘哥们’亲切，最铁的关系才是‘哥们’。石老师，这孩子只有你能镇得住！”我不禁反思，其实，我之前“镇压”他的时候没有什么效果，反而现在的“缓、夸、托”才能让他一点一滴进步，润物细无声的方式往往更加有效。

当然，想要在短时间内把坏习惯全部改掉是不可能的，所以遇到大之上课不认真、做小动作时，我依然从正面去引导他。因为我知道，时间是最好的“改良剂”，只要他的内心强大，只要他被人赏识，他就一定能够成为最好的自己。

故事感悟

与大之发生的一点一滴的故事，是在学校“和润”教育理念下，我从“教书匠”通往“教育者”道路上的一记足印。“和润童年，点亮一生。”多年来，学校始终把学生的“润心教育”放在首位，时刻关注着学生心理健康成长。教育教学过程中，我也有一些个人的体会。

首先，要坚信“期待效应”。赞美、信任和期待具有一种能量，它能改变人的行为，当一个人获得另一个人的信任、赞美时，他便感觉获得了支持，从而增强了自我价值意识，变得自信、自尊，获得了一种积极向上的动力，并尽力达到对方的期待，以避免对方失望，从而维持这种支持的连续性。

其次，教育的极致是行为的塑造，老师的一言一行在不经意间都会在学生幼小的心里泛起涟漪。因此，身为人师的我们更应该关注学生的内心世界，弯下腰听听他们的声音，学会尊重学生，平等地对待学生，让师爱如春雨般浸润学生的成长。

最后，人性最深的需求就是渴望别人的赏识。对于需要关注的孩子，应该多给他们一点宽容，多给他们一点时间，最大限度地去呵护那一颗颗脆弱而敏感的心。做到宽中有严，严中有情，因人而异，持之以恒。有时付出不一定能马上得到回报，这收获也许会来得慢一些，迟一些。这时，作为老师，我们需要耐心一点，等等看，再等等看。也许，这迟来的惊喜更让人感叹：耐心，才能等得花开，才能聆听到花开的声音。

（石守玥）

阅读评述

文中的老师细致、体谅，深入挖掘学生的积极品质，尤其关注学生心理健康，在教育学生的时候，采月的是正向积极的鼓励赞美而不是贬低。从根本上入手，培养学生的自信心，往往能够增强他们的动力。

除了文中老师提到的“期待效应”以外，这还是一种从“外驱力”转变为“内驱力”的方式方法。学生的内驱力，指的是主观能动性，即希望自己变得更好，希望获得更优秀的自己的这样一种愿望。学生一开始是因为想要得到老师的肯定与赞扬，但久而久之形成了一种好的习惯，品尝到“好”的甜美，继而愿意成为更好的自己。这不正是一种良性循环吗？

发现闪光点，让生命绽放光芒

故事聚焦

每朵花都是美丽的，每个孩子都有闪光点，没有赏识就没有教育。作为教育工作者，我们应该善于挖掘孩子身上的潜能，发现其闪光点，让每个学生都有展示自身优势的机会，在获得成就感的同时获得自信，绽放光芒。

故事叙写

我曾上过这样一节音乐课。那是三年级的一节音乐课，师生互相问好后，同学们坐了下来。我扫视了一下全班，发现一个叫小张的同学两眼空洞，神思似乎飞去了远方。这个同学学习和纪律向来都不太好，经常无法管理和控制自己的情绪。老师们说起他来就头疼，常常无计可施。也因为这样，很少有同学愿意主动跟他玩。看着他那张发呆的脸，我不由得想，他应该很不快乐，很孤独，很渴求友谊和平等的尊重。我决心再努努力，拉他一把。

于是我微笑着说：“今天老师要表扬你们，刚刚课间结束进教室的时候特别安静，坐姿也非常端正。你们看看，小张同学坐得多好呀！”同学们的眼光“唰”的一下都集中在小张的身上了。他有点慌神，腰板条件反射地挺得更直了，我朝他伸出大拇指，他有点不好意思地笑了笑。

那一节课学的是《唱给妈妈的摇篮曲》。我先放了一段弦乐版，让同学们边听边想象：“从音乐中你听到了什么？看到了什么？”音乐播放的时候我看向小张，发现他的眼睛忽闪忽闪的，似乎在边听边思考。放完音乐之后，他竟第一个举起了手。我让他起来回答问题，老实说我对他的答案不抱有太大的期望。他站起来结结巴巴地说：“刚……刚开头的地方有……有湖水的波纹，然后……然后风，风是轻轻的，天上还飘着几朵白云。”我惊讶地看着他，教室里鸦雀无声，同学们也想不到这么美的句子居然是出自小张同学之口。这首乐曲开头的旋律线就是小波浪线，而在中间部分，小提琴在上方拉出了飘逸的高音，不正像天上的白云嘛！我有点激动地说：“你能不能把你想象的画到黑板上？”他点点头，胖乎乎的他稍显笨拙地走到黑板前画起画来。画波浪线的时候他还特别选了蓝色的粉笔，不一会，湖水、白云都画出来了。我在旁边提示他，你觉得刚才音乐表现的是夜晚还是白昼？他想了想，又画了一弯月亮。“他画得美吗？”我大声问小朋友们，全班异口同声地说：“美！”我带头给小张同学鼓起掌来，他在全班的掌声中满脸欢欣地坐回座位上。我接着问其他同学：“小婴儿在这样美的环境中睡觉，舒服吗？”“假如你们的妈妈伏案睡着了，我们说话或者唱歌时应该怎样做？”“应该轻轻地说话、轻轻地唱。”小张没等大家回答就立刻抢着说，我立刻赞许地对他点点头。

在这堂课上，小张同学多次举手，虽然他的回答并不是每一次都那么生动准确，但我却从他的眼睛里看到了主动和自信。下课的时候我对同学们说：“今天老师特别高兴，因为我发现有个同学原来是很有音乐想象力的，你们说是谁呀？”大家齐声地喊着小张同学的名字，并赞赏地看向他。我微笑着对他说：“你今天表现非常棒，继续加油哦！”小张胖乎乎的小脸一下子红了，当铃声响起同学们离开教室的时候，我看到他是连蹦带跳地跑出去的。

课后我感慨万千，获得恰到好处的赞赏和被老师“看见”是多么重要，今天竟让“冬眠”已久的小张同学瞬间迎来了欣欣向荣的春天。而他也让我懂得，在音乐课堂教学中，老师一个赞许的眼神，一句鼓励、夸奖的话，一次展示的机会，对于孩子们来讲，都是莫大的鼓舞，能自然激发学生的音乐表现欲望和参与音乐活动的积极性，打开他们音乐想象的大门，同时也让我更深地体会到，好孩子都是夸出来的。

故事感悟

一、让人人都能享受一份关爱

心理学家威廉·杰姆士说，人性最深层的需要就是渴望得到别人的欣赏和赞美。我们要站在珍视每个生命价值的高度去关爱每个生命个体的成长，像呵护荷叶上的露珠一样，去保护学生的自主发展权。每个孩子都是一个独立的个体，每个孩子都有自己的独特性。教育者字典里的“完美主义”不应该是教育出“完美”学生，而是应该相信每个孩子都有属于自己的光芒。我们要善于观察不同孩子的行为方式并及时给予适当的赞扬，让人人都享受一份关爱，慢慢建立学生的自信心，引导学生向着正确积极的方向发展，活出自己的精彩。

二、赏识是一次不经意的鼓励

教师若能够及时发现学生的闪光点，以“赏识”的言行对待学生，就会激发学生无穷的勇气，唤醒他深埋的潜能，鼓舞他向着成功之路大踏步前进。虽然小张同学的行为有些“特立独行”，但天下的孩子本就相貌不同、性格不同，但却有一点是相同的——渴望听到肯定和喝彩。作为教育者的我们，又何必吝啬简单的一句“孩子，你能行”呢？尤其是对于那些丧失信心的孩子，我们更应该不断鼓励，正确引导，帮助他们重新建立自信心，逐渐养成良好的学习习惯。

三、赏识不是万能的，但可以接近万能

《赏识你的学生》一书中无数的成功者的经历都告诉我们：外因并不是决定因素，内因才决定了事物的最终走向。学生的成长归根结底要靠学生自己。只有调动和依靠学生自身的积极因素才能真正实现这一目标。如果我们遇到了小张同学这样不愿意听从老师指令的孩子，如何才能更好地去调动他的内驱力呢？这堂课让我更加深刻地认识到：发现闪光点，并及时地加以肯定、表扬、鼓励，是促进学生成长的“催化剂”。它能够在很大程度上激励、唤醒、鼓舞学生内在的积极因素，从而使很多的不可能成为可能。当

然，“冰冻三尺，非一日之寒；滴水穿石，非一日之功。”这就需要作为教育者的我们正确认识和对待学生思想、行为的反复，持之以恒、耐心细致地进行教育，引导学生在反复中不断前进。

（周璐璐）

阅读评述

赏识教育既可以是一种教育理念，也可以作为一种教育教学手段被运用于教学中，对教师更新教育观念、积极探索教育教学改革有着独到的作用。在这个案例中，可以看见学生的转变和教师的反思，是一个教学相长的成功案例。在教育教学工作中，如果教师善于发现学生的闪光点、善于随时捕捉甚至创造这样的教育情境，那么赏识教育就已经潜移默化地开始发挥其功效了。这就要求老师要时刻提高教育理念修养，尊重学生的个性差异，学校的各项教育活动也要根据学生的个体差异采用不同的方法和手段，因材施教，教学相长。

于郁郁葱葱处，做春风化雨人

故事聚焦

每一个学生都是一朵含苞待放的花蕾，作为教师，我们有责任让他们都绚丽绽放，对每一个孩子都应多一点耐心，多一分关爱，多一些呵护。时时提醒自己，所有的孩子都有他最可爱、闪光的一面，每个孩子都是鲜活、灵动的个体，有着各自独特的性格。

故事叙写

我经常思索，到底怎样才能拉近与孩子们的距离，让每一个孩子都积极参与到课堂中来呢？

在研习新课标时，我突然感悟到，课堂应是向在场的每一颗心都敞开温情的怀抱，而我过去严厉的目光则阻断了学生的思维，我冰冷的面孔浇灭了学生心中的热情。如何激活我的课堂，让学生们能在愉悦的气氛中学习呢？我陷入了沉思。

美国教育心理学家多萝茜·洛·诺尔特认为，如果孩子生活在批评中，他便学会谴责；如果孩子生活在敌视中，他便学会好斗；如果孩子生活在恐惧中，他便会忧心忡忡；如果孩子生活在鼓励中，他便学会自信；如果孩子生活在受欢迎的环境中，他便学会钟爱别人；如果孩子生活在安全中，他便学会相信周围的人们；如果孩子生活在友谊中，他便会觉得他生活在一个多么美好的世界。

由此我认为，只有良好的学习氛围与融洽的师生关系，才能促使学生们更喜欢上课，期待上课。教育的本质，不只是“传道、授业、解惑”，更是“激励、鼓舞、唤醒”。所以，在平时的教学活动中，我除了精心设计好每一节课，也从不吝惜对学生的表扬，总是带着“放大镜”去发现并欣赏学生身上的闪光点。因为我知道，希望得到老师的表扬是每个孩子的天性。得到了肯定，良好的情绪会让下一次的成功有了更大的可能。及时的表扬与肯定，会让孩子们意识到自己身上的巨大潜能，从而以更加积极自信的态度作出回应。这也就是“激励、鼓舞、唤醒”的力量！就像魏书生老师所说的，我们教育子女、教育学生还停留在忠言逆耳的观念上，就落伍了，就不受欢迎了。我们应适当地用上糖衣良药，会有意想不到的收获。一句表扬乃至一个微笑就是鼓舞孩子奋发向上的强大动力，孩子建立了自信心，对待各种事物的态度就会变得更加积极。

教育的根本就是要呵护孩子们的梦想，给他们希望。她——小梦，是一个不注重外表、学习习惯较差的孩子。记得刚开学的时候，她连自己的名字都写不全，为数不多的几个拼音字母书写得歪歪扭扭，上课也不能专心听讲。面对家长的不知所措和无能为力，我暗下决心：用我的爱去唤醒她。我经常利用课间与她谈心、交流，使得她慢慢地能够接受我，愿意向我敞开心扉。在语文课上，我经常提问她一些简单的问题，每当她回答正确时，我总是骄傲地竖起大拇指，不断地给她信心：“小梦，这次的作业写得既规范又整洁，棒棒哒！”“小梦，今天课文读得既生动又有感情，加油哦！”“哇，小梦的跳绳又有进步啦！”……课后我精心辅导她，鼓励她背课文，哪怕是一段一段地背诵。久而久之，她开始喜欢上语文课，课上总能看到她期待的小眼神，每次的课堂作业她总是很及时地完成，每篇课文她总是很认真积极地背给我听。

渐渐地，她脸上的笑容越来越灿烂。她看见我时眼神不再游移躲闪，而是大大方方。之后，她的学习进步很快，同学们对她刮目相看。看到她一点一滴地进步，我感到无比欣慰。从此，课堂上多了一个踊跃举手、积极发言的小梦，操场上多了一个欢呼雀跃、大声喊“加油”的小梦，图书阅览室里多了一个认真阅读、畅游书海的小梦，大扫除时多了一个满头大汗、任劳任怨的小梦……小梦也从一只缩在壳里慢慢爬行的小蜗牛，成长为一只在天空自由自在飞翔的小鸟。有人说过这样一句话：“老师不经意的一句话，可能会创造一个奇迹；老师不经意的一个眼神，也许会扼杀一个人才。”老师习以为常的行为，对学生终身的发展也许会产生不可估量的影响。

故事感悟

有人说：“如果一个教师把热爱教育和热爱学生结合起来，他就是一个完美的教师。”小梦的成长，让我深深地意识到这句话的重要性。

一、好的教育需要耐心

耐心地矫正孩子们类似的错误，尽管有时是一而再、再而三的高频率重复；耐心地等待孩子们点滴的进步，尽管有时需要经历痛苦而又漫长的周期，甚至仍旧是一无所获；耐心地寻找孩子们身上的闪光点，尽管有时这是一项需要用高倍放大镜才能完成的工作，但你收获的，注定是快乐。

二、好的教育需要爱心

孩子们成功的时候，爱心是一个赞赏的微笑；孩子们失败的时候，爱心是一句宽慰的话语；孩子们犯错的时候，爱心是一束严厉的眼神；孩子们胆怯的时候，爱心是一个有力的手势；孩子们骄傲的时候，爱心是一声破空的雷霆；孩子们自卑的时候，爱心是一轮温暖的太阳。

相信种子，相信岁月，相信相信的力量！

（陈秀祯）

阅读评述

每个学生都有着自己的个性特点，每个孩子都有一颗向善向上的心，相信种子，就是相信孩子们不论走过怎样迷茫负重的青春，依然会发芽、开花，依然会找到适合自己的人生道路。只有穿越岁月的风霜，有足够的坚守，耐得住岁月的打磨，才能有花开的美丽。

在这个浮躁的时代，对教师而言，能够坚守自己的心灵，是一种沉静的幸福。

当我们用放松的心态去感受学生的喜怒哀乐，用微笑的表情去面对一张张青春的脸庞，那种发自内心的欣赏与关怀才会彰显教师的人格魅力，让每一颗年轻的心沐浴在温暖的阳光里！

第六章　反思成长，实践性沉淀

工作实践与反思感悟是一个人实现专业成长与发展的基本路径和策略。在实践中感悟，在经历中思考，在经验中得以积累和提升，从而实现成长、成熟，形成自己的教书风格、特色等，是一线名师、骨干实现自身全面发展的常态化路径。

一、深耕课堂实践是提升教育教学素养的基本路径

课堂是教育教学的主阵地，也是一线教师教育教学专业实践积累的主渠道。通过日积月累的课堂实践，教师对课堂的驾驭能力、对教材的熟悉程度、对学生认知的理解能力等，都可以得到深化和提升，尤其是基于专题研讨的课堂实践和研究，更是教师提升自我专业素养的高效途径。以学校近两年持续建设的“KPC 高效课堂”（基于关键问题解决和学习共同体建设的高效课堂）教学模式研究实践为例，通过每学期全员教师“每人一节公开课”的工作推进，增强教师对自我实践的总结与反思，通过过程中师徒共同体、学科工作坊的智慧共建共享等举措的落实，推进对教学规律的研究与实践等，不仅可促进学校课堂教学的改革创新，还能帮助老师们提升课堂研究实践的能力，夯实个人基本功，促进自身专业素养的提升。

二、业务练兵实践是提升个人专业素养的常规路径

教学不息，研无止境。业务练兵实践也是教师发展、提升自我，为自己充电的一条基本学习路径。基于校本的业务练兵过程，也是共同体研磨、商讨，智慧共建、共享的过程，这个过程既涵盖老师的亲身经历与思考，也有与

同伴的共鸣和相互启发。这不仅是提升业务素养的基本过程，也是自身专业实践学习的一种方式和路径。比如，学校持续开展的“N＋X”教师业务大练兵系列活动的一项内容就是在“教学研究月”中，师徒共同体在师傅的引领下团体推进，完成研究课设计、说课、上课、评课等完整环节，上课的老师们对整个过程体验和思考得最深刻，观课、评课的老师也会“跳出课堂看课堂”，从旁观者的角度全面体味和思考，通过历练各自收获成长和启发。“N＋X”教师业务大练兵系列活动以学年为一轮持续开展，一方面发挥名师骨干的引领带动作用，全面促进青年教师业务学习与发展，另一方面也是学校教师队伍梯队建设和专业化成长的重要举措。在这个过程中，老师们不仅可以练就扎实的基本功，及时学习应用新理论、新样态，夯实自身的理论知识基础，还能通过集体研讨和相互启发，开发建设丰富多样的教育教学资源，用于教育教学实践，一举多得、事半功倍。

三、同伴互助实践是提升自我实践能力的有效策略

同伴互助，和合共进。基于实践的反思可以更有针对性地促进教师自我业务提升和总结。这是自我提升最直接、最有效的方式之一。除了自我提升，同伴之间的相互观察和互助协作，也是帮助教师反思自身成长的直接途径。所谓“当局者迷，旁观者清”，有时候，仅靠个人的感悟和思考容易受限，甚至钻牛角尖。如果身边有同伴、好友能够及时对自己进行观察和提醒，就会收获与众不同的思考和成长。以奥龙小学同伴互助式“第三空间”为例，每一名教师自主选定最信得过的同事作为自己的“小伙伴”，无论在工作、生活中，还是在思想、业务上，二人都相互支持和帮助、相互表扬和批评、相互促进和提升。自从有了“第三空间”和自己的“小伙伴”，老师们的教学工作不但不会耽误，工作效率反而更高了，同事关系也变得更加和谐，这也是目前学校结合落实“双减”政策、弹性上下班制度的重要举措。反思可以增强自己的问题意识，对自己的日常行为进行辩证思考。老师们在教育教学过程中，经常对自己的教育教学言行进行反思，总结经验与不足，经过自我认知、调整和重构，更好地解决实际教育问题，为提升自身专业发展持续提供不竭动力。

实践出真知，经历即成长。每一名教师都可以在日常的教育教学实践过程中不断提升、不断超越；可以在基于实践的自主反思和感悟过程中更加

深入地思考教学的规律和本质；可以在团队和同伴的协作共进过程中相互启发，实现个人与团队的共同成长。“路漫漫其修远兮”，每一次实践都是成长，每一次思考都有收获，愿每一名教师都能成为积极探索、主动思考、自主成长的主人，在实践中持续提升和发展自我。

“小课堂”中的“大安全”

故事聚焦

先其未然谓之防，发而止之谓之救，行而责之谓之戒。培养学生的安全意识，防患于未然；教授学生安全知识，提高学生的自我保护能力。

故事叙写

6月的一天，上课时，突然一阵尖锐的警报声响起！教室内的孩子们捂住口鼻，在老师的指挥下纷纷冲出教室，用最快的速度跑向国旗广场空旷处……这是奥龙小学常规工作之一：消防演习。天气很热，学校所有的领导、老师、学生在最短的时间内“撤离”到国旗广场。待人员清点完毕后，学校领导作总结发言。大家汗流浃背，却无一人抱怨议论，对关乎生命安全的大事，从无一人视为儿戏。

思绪回到了2020年的那场疫情期间，当时全济南按下了暂停键，所有师生居家学习办公。一天，我与孩子在家，突然感觉地面一阵晃动，不久之后又是一次。确认不是幻觉后，我猛然警醒！地震了！后来了解，这次地震是长清区发生的4.1级地震，虽然震级不大，但我们在家中还是感受到了震感。当家中微震时，我的两个孩子有点懵，又觉得很新奇，甚至觉得很刺激。相信当时绝大多数的孩子都有这种感觉。虽然在学校我们经常会进行各种消防演习，孩子们都掌握了一定的逃生技巧，逃生的速度也越来越快，动作越来越标准，但当灾难真的来临时，尤其是孩子不在老师、家长身边时，他们要怎么做？我突然意识到，我的孩子、我的学生需要居家安全的知识，更需要了解灾害来临时的危机感及切实有效的居家自救方式。于是，一个大胆的想法在我的脑中产生了：我想要做关于居家安全的系列微课。想定之后，我跟尹校长进行了汇报。尹校长非常赞同我的这个想法，鼓励我发挥专业的优势来开发课程，并从内容选材、课程时长、制作思路、制作方式、家校共育等多个方面给了我细致的指导。最后尹校长还给系列课程起了一个好听的名字——“石老师安全小课堂”。我信心满满。

接下来就是繁复的制作过程了。我是一个“视频小白”，对于制作微视频这样的工作还真的是从零开始。这个过程真可以用“坎坷”两个字来形容。脚本撰写、资料搜集、绘制导图、课件制作、软件使用、案例筛选、字幕添加、后期校对等，想到的环节很多，想不到的环节更多。每一个小环节出现问题后都要重新录制一遍。线上学习任务重，除去班主任相关工作，还有语文课业任务，备课、上课，批改作业，白天基本上是没有时间的，所以微课要等晚上加班熬夜完成。

夜里两三点睡觉的情况是常有的，忙起来的时候，一天跟孩子说不上一句话的时候也是有的。虽然居家，但陪伴自己孩子的时间真的很少。孩子们的懂事让人心疼。儿子在我录制视频的时候，把电视机音量调到零，只看画面，就是为了不产生噪音，让妈妈少录一遍，少站几分钟。女儿在我晚上编辑文案时，把手机放在我的旁边，悄悄对我说：“妈妈，别漏听了电话。我和姥姥玩就行，不打搅你。”

困难是有的，但我从未想过放弃，因为这一切都是值得的。在微视频制作过程当中，学校领导和老师给予了我很多的帮助。校长每天都会与我沟通制作进度、细节处理等，有时甚至会陪我加班到很晚。其他的老师也会帮我搜集很多的素材，家人也给予了我极大的帮助，尤其是儿子还作为“客串演员”出演了里面的“反面教材”，过了一把演员瘾。

清晰地记得系列课堂的第一部“地震来了怎么办”定稿时，我一遍又一遍地看，横着看，竖着看，发给同事朋友看，和家人看，怎么都看不够。一边看，一边笑，笑着笑着就哭了。虽然只有短短十几分钟的内容，但里面承载了太多的付出，也有太多的收获。这个过程是挺不易的，但是，真的是很充实的。在接下来的周一，我把“地震来了怎么办”这个小视频放进了线上班会课，并且邀请家长和孩子一起观看。课上，家长和孩子们学习得非常认真。在互动环节，我请孩子们说一说，如果地震来了应该怎么做。很多同学“活学活用”，当起了小老师，跟大家分享刚刚学到的知识；还有同学现场演示逃生时的动作，进行直观的分享；更有同学化身“小超人”，表示要保护自己和家人。通过一节课的学习，孩子们能够熟练地说出地震来临时的躲避、逃生、自救等方式，了解了灾后的注意事项。课后，我给同学们布置了“小作业”，请同学们熟练地背诵地震逃生三要素，然后教给家人们，并当一回小老师，检查家人的“作业”。当天晚上，很多同学给我发来小视频，分享自己的“劳动成果”，有的同学还跟我开玩笑说：“石老师，我说梦话都能背下来。”当天也有家长给我发来信息，表示通过这样的方式，自己和孩子都学到了知识，这样的课堂很有意义。我也收获了满满的成就感，再接再厉，一鼓作气，之后又陆续制作了“网络安全我了解”“火灾发生不惊慌”“居家防疫我最棒”等多个系列微课。在每周一班会课上，我都会给学生推送。慢慢地，学生们的安全意识越来越强，并将“安全分享”转化为一种习惯。

在学校领导的支持下，我把“石老师安全小课堂”推向学校微信公众号，让更多奥龙班级的学生和家长受益，接下来，还有幸被推送到了济南日报“爱济南”平台，让更多人看到了这个系列课程。2022 年 4 月，我受邀参加山东教育卫视《同一堂课》栏目录制。结合自己的工作经验和经历，我讲述了自己对于安全的认识和理解。“石老师安全小课堂”作为家校共育系列，也走进了更多家庭，为更多的学生提供安全知识，提高学生的安全意识和安全防护技能。

特别值得骄傲的是，线下教学恢复后，“安全小课堂”成功地被学校选定为“Friday 校本课程”。我的安全小课堂在学校也有了一个正式的“编制”。付出的努力永远不会白费，这还真是一个意外之喜呢！

故事感悟

一、立足学生，胸怀大爱

教育工作者要一切从学生出发，关注学生的方方面面。本系列课程的初衷，就是从学生安全的角度出发，从意识上、行为上、能力上提升学生的安全素养。教师要做“研究型”教师。学生正处于认知形成阶段，对于安全，不是不知，但知之不深。任何时候，任何地点，都不能放松对于安全的警惕。疫情居家期间，在没有家长、老师保护的情况下，学生要懂得如何维护自身安全，当危险来临时，教给学生行之有效的自救方法，尤为重要。但线上授课单纯的讲解稍显枯燥无味，学情也不易把握，创新授课形式就显得尤为重要。制作和利用微视频就是最好的解决方式，虽然自己辛苦一些，但教学的效果一定是最好的。

二、开拓空间，自主成长

通过这次课程，我相信自己是最大的“赢家”。机会总是留给有准备的人的。系列课程不仅在学校公众号、济南日报“爱济南”平台、山东教育卫视等多个媒体上得到推送，还成为学校的“校本课程”。多年来，学校一直鼓励每一名老师自主成长，积极研发校本课程，“自主快乐 Friday”校本课程是建校以来一直延续的特色课程系列之一。“安全小课堂”成功入选校本课程，对于我是一种肯定，也是一种鼓励。通过“安全小课堂”，我不仅收获了成长，还发挥了自己的专业优势，拥有了自我专业“生长点”，有了更多的机会，真是一举多得。

三、引领提升，和合共进

课程录制期间，我从不是一个人单打独斗，领导重视也是促成这个系列课程落地的重要支柱。校长命题，同事助力，于我而言，都是莫大的鼓舞。正是因为有了学校这样的环境和平台，我才有了更多的收获，能够更加快速地提升自身的职业素养，获得充盈的职业幸福感。

（石守玥）

阅读评述

这是一位细心有爱的好老师。“安全”这个话题，在学校和家里，我们无时无刻不在讲。疫情期间，学生都是线上学习，如果再是一味地在班会课上讲安全、讲防疫，学生未免会“听不进去”。文中的石老师积极思考，通过录制小视频这样的方式，将安全小知识变得易于接受，寓教于乐，实用性强，学生学习的效果自然就好。除此之外，学校与领导给予老师很多的支持及更多的展示空间。文中的石老师原本只是制作一个小视频，给班里的学生进行安全知识的讲授，却没有想到后续居然有很多的“意外之喜”。推送平台，录制栏目，被选为校本课程等，这些更能够成为老师成长道路上的有效推手，给予老师更多的成长动力与空间。

小小纸条寄师情

故事聚焦

罗素说过，参差多态乃是幸福的本源。学生的差异性，即参差多态是客观存在的，每一个学生的世界是不同的，教师要公平地对待学生的差异性，家校共育，走进学生内心，和合共进，助力学生健康成长。

故事叙写

师生共情，耐心培育

“哎，怎么又感冒了?！嗓子真难受。”我带病给学生们上课，课堂上总是咳嗽个不停，总算挨到了下课，可以回办公室喝一口热水了。正当我准备走出教室时，忽然听到身后有个熟悉的声音传来，是小可，“老师，等等，给您”。一个纸条塞到我手里，我疑惑地摊开纸条，一行字映入眼帘：“黄芩、栀子、桑白皮、茯苓、陈皮……”“蔡老师，这是一个治疗咳嗽的秘方。我上次咳嗽时，妈妈就是用这个秘方给我治好的，您试试吧。”我真是找不出合适的话来表达当时的感情，于是连忙说：“谢谢！谢谢孩子……”虽然只是一张小小的纸条，但却装着孩子的真心和满腔的爱，足以使我的内心温暖至今，感动至今。

理解天性，呵护心灵

这眼前的一切，又使我联想起几年前刚教她时的情景。记得三年级刚开始接这个班时，小可给人的印象是既瘦弱又胆小，在角落里很不起眼。上课时总是看到她眼神闪躲，低着头，从不主动举手，说话也总是唯唯诺诺的。有一次下午大课间时，别的孩子都兴致勃勃地进行户外活动，只有小可一个人远远地站在一旁。我看着既心疼又难受，于是悄悄走到她的身边，拍拍她的肩膀，轻声问道：“小可，你怎么不和其他同学一起做游戏啊?”“老师，我不想参加……”“你是身体不舒服吗?”我关切地问道。“没，没有。”说着她又低下了头。有几次活动，我试着把她带到同学中间，让她参与进来，可总也调动不起她的积极性，同学们也不愿与她一起玩。后来通过家访我了解到，因为平时工作忙，小可还有一个妹妹，所以父母对小可的学习无暇顾及。她逐渐成了同学们眼中的“落后分子”，学习基础较差，上课听讲不认真，字写得很潦草，作业总是拖拉着完不成，因此她在班里也没有朋友。得知这一情况后，一种为师的责任感驱使着我一定要帮助她、改变她，让她变得积极、向上、阳光。

纸条传情，静待花开

接下来的日子，我经常在课下给小可辅导功课，找她谈心。一开始小可的话并不多，总是扭扭捏捏，低着头，使劲抿着嘴。我用尽了方法，经过多次努力，依然无法打开她的心扉。后来，我突然想起曾看过的一本书上说，孩子是一本书，是一朵需要耐心浇灌的花，是一支需要点燃的火把。尤其是中低年级的孩子，他们的心理脆弱，情绪易波动。老师充满爱的关怀，会改变一个学生的行为。也只有当老师用心去爱学生、尊重学生时，学生的心灵窗户才会向老师打开。我意识到面对性格内向的孩子，更应该关注他们的内心，用恰当的方法与他们交流。面对面交流的方式行不通，那纸上交流或许会是一种不错的方式。于是，我们开始了长达一学期的“纸条传话”。从最开始夹在作业本里的小纸条“加油，老师相信你！”“今天你的字写得很端正，有进步”，到“这道题会吗？我给你讲讲？”，再到“老师，我想找您说说我的想法”“蔡老师，谢谢您的鼓励”……就这样，在一次次的“纸条传话”中，我们建立了深厚的师生情谊，她开始信任我，并把我当作无话不谈的“大朋友”。课堂上，我时刻注意小可的一举一动，总把一些简单的问题留给她。只要小可举手，我就会让她回答。即使她回答错误，我也会耐心讲解，从不当众批评。此外，我还利用课间、放学后的时间给她辅导，鼓励她独立解决问题，有时候会摸摸她的头，消除她对老师的恐惧心理。在一次班队会课上，我组织全班开展“找优点”活动，引导孩子们用全面的眼光看待他人，互相找找彼此身上的闪光点。当有不少学生说出小可“善良、做事仔细、热爱劳动”等优点时，我分明看到她眼中泛起的泪花……不知从哪天起，大课间游戏时多了小可那纯真的笑声，上课时再也看不到小可怯懦的眼神了。我知道，这些日子的努力没有白费。

就在放假前夕，她悄悄地塞给我一张纸条，纸条里这样写道：“老师，谢谢您，您就像我的妈妈一样，我真想为您画一张像，因为您对我是那么好，我永远都不想离开您，离开我们这个班。”看到这里，我感到很欣慰，用心的付出终于结出了累累的硕果。那天小可的妈妈打电话来，说小可的字进步太大了，整个人更有自信了，更重要的是，在上课的时候，小可好多次积极地举手回答问题了，这在以前是不敢想象的。她变得开朗了，活泼了，自信了，真为她高兴！

陶行知先生说过，捧着一颗心来，不带半根草去。老师的爱与尊重是照亮学生心灵窗户的盏盏烛光。每个孩子都有其独特的性格特点，对于性格内向的孩子而言，只要老师从生活中的点滴入手，多给孩子一些关心、信任和鼓励，性格内向的孩子也能变得更加自信和开朗。只有教师真正地关心、爱护学生，走进学生的内心，达到师生情感相融，其教育才容易为学生所接受，才能为学生走向成功奠定基础。

故事感悟

一、爱与责任是师德的灵魂

古人云：“亲其师，信其道。”《与元九书》中说：“感人心者，莫先乎情。”我们所面对的学生是有人格尊严、有思维、有情感的人。“情”的投入是教师工作的内在要求，情到深处，学生的内心世界就会向你敞开，有话愿意和你交流，有困难愿意请你帮忙，有苦闷愿意向你倾诉。对你的“爱”学生能领悟，对你讲的道理学生也能理解，对你指出的缺点学生也愿意改正，这就产生了强烈的情感效应。通过小可的例子，我深切地感受到，作为教师，我们应该关注身边的每一个孩子，尤其是面对众人眼中的“落后分子”，我们应该给予更多的爱和关注。有时老师的一句简单的鼓励，一个善意的微笑，甚至一个微不足道的举动，都会在孩子的心中留下深刻的印象，产生深远的影响。

二、因材施教

著名教育家朱熹曾说过：“圣贤施教，各因其材，小以小成，大以大成，无弃人也。”每一个学生都具有成为天才的潜力，教师要以学生为主，助其发现并挖掘自身的潜力，引导学生将自己的潜力变成实际的能力。因此，教师必须做到尊重学生，做每一个学生的优秀引导者，公平对待每一个学生。如果把老师比喻成园丁，那么每一个学生都是他要栽培的花朵，只有采取不同的方法去栽培花朵，老师才能成为一名优秀的园丁。

三、公平地对待学生的差异性

美国心理学家霍华德·加德纳提出的多元智能理论认为，每个学生的智力结构体系是不同的，每个人身上的8种相对独立的智力并不是孤立存在的，而是以不同方式、不同程度有机组合在一起，使得每个人的智力各具特点。正如学校所坚持的“和合共进，润心育人”的育人理念，面对个性、智力有所差异的孩子，作为老师，我们应善于引导孩子发现别人身上的闪光点，能用全面的眼光来看待别人，为别人的进步而高兴，使孩子在良好的氛围中健康成长。尤其是面对性格较内向的孩子，选择“纸条传话”这样无声的教育方式，往往会取得事半功倍的效果。这样的方式看似简单，却为学生提供了自我确认、自我建构的机会，让他们有充分的自由选择感，可以引发足够的自驱力，实现自我教育与自我成长。

四、孩子的健康成长，是学校和家庭的共同责任

家庭是孩子的第一外界环境，父母是孩子的第一任老师，父母通过心灵陪伴传递给孩子的爱和信任将会影响孩子一生。只有父母在新生命的最初给予用心的陪伴，才会将满满的爱浸润到孩子的心田，让他有足够的底气在跌跌撞撞的人生路上自信地前行，有足够的底气将爱传递给更多的人。所以父母要和孩子做好沟通，随时关注孩子的动态变化，尊重孩子的想法，呵护孩子的个性发展。

每个孩子都有一座属于自己的乐园，我们要相信：每一朵花都会绽放熠熠光彩。让我们用真心去温暖每一个学生，去关爱每一颗稚嫩的心灵，让孩子们拥有更加精彩的童年，成为有梦想、有力量、赢未来的阳光少年。

（蔡春燕）

阅读评述

教师要用心去爱，去教育学生。故事案例中老师充分把握了教育契机，尊重学生的个体差异，运用因材施教的原理，以“纸条传情”的形式走进学生的内心，润泽学生的心灵，达到了较好的育人效果。纸条作为一个贯穿始终

的线索，从老师给学生写不同的纸条，到学生反馈老师的感恩的纸条，内容集中，策略清晰，示范性强。这个故事充分表现了老师对教育工作的热爱、对学生的满腔热情、对班主任工作的责任感，更反映了教师的专业成长——教育智慧的增长。

严与责，爱与容

故事聚焦

苏联教育家加里宁曾经说过，教育不仅是科学事业，而且是艺术事业。所谓“和合共进，润心育人”，把握好严与责、爱与容之间的教育尺度，是教师一生追求的目标。

故事叙写

伴着徐徐的晚风，漫步在奥龙小学和煦的春光里，我想我不仅爱上了这个充满活力的校园，更是爱上了这里每一个天真可爱的孩子。

回顾自己的教学生涯，刚刚入职时虽怀有澎湃的热情、满腔的热血，但莽莽撞撞一路磕绊着走到现在，教育初心不改，爱生之情依旧。岁月用它粗粝而又温柔的大手，抚慰我躁动不安的心，磨平我桀骜不羁的性格，也为我平添了一份从容与坦荡，更让我的心与孩子们越贴越近，让我由内而外地年轻起来。每当看到孩子们欢笑奔腾的身影，仿佛我也跟着他们一起轻盈起来，快乐当真无边无际。

我仍然记得，那是一个炎热的夏天，临近期末的关键时期，我刚给隔壁班上完英语课，在回办公室的路上，班里一帮女生就急匆匆地跑来找我：“王老师，不好了，菲儿的英语课本被人扔进厕所里了！”“对对对，今天大课间回来后，菲儿的英语书就不见了！”“我也看见了，女厕所里有一本英语书，我认识封面，就是菲儿的！”孩子们七嘴八舌，听得我一时有点蒙。看着默默哭泣的菲儿，新老师的冲动瞬间上头了，我暗自下定决心，一定把这件事查个水落石出，揪出始作俑者，严惩不贷，以正班风！

怀着愤怒的心情，我第一时间去查了监控，但看到监控里的画面时，我惊讶得不敢相信。监控里拍到了一个叫之遥的孩子堂而皇之地带着英语书去了厕所。之遥成绩优异、活泼开朗，更是班里唯一的大队委成员，是一个品学兼优的好孩子。而菲儿性格沉稳内敛、谦虚低调，收获了老师和同学们的一致喜爱。两个人坐同桌，平时形影不离，亲如姐妹，我实在想不到她们两个会有什么过节。或许在班级平静祥和的表象下，还有什么不为人知的暗流涌动？为什么没有第一时间来告知我这个班主任？如果真的是之遥干的，我绝不轻饶！

放学之后，我迫不及待地跑到班里了解情况。在我严厉的目光下，原本七嘴八舌的孩子们被吓得支支吾吾，之遥的眼神更是躲闪。看着孩子们受伤的眼神和眼眶通红的之遥，我突然意识到，现在班里所有的同学都知道了这件事，所有的同学都迫不及待要抓出那个“大坏蛋”。这件事如果处理不好的话，不仅影响两个孩子之间的友谊，而且影响整个班级的凝聚力和向心力，万一传出去什么流言蜚语，更会毁了之遥，让这个只是有可能“误入歧途”的孩子再也抬不起头来。这件事情绝不能再继续发酵下去了！

临近期末，高强度的教学压力使我不知不觉与学生的距离越拉越大了。我有多久没有和孩子们谈心了呢？这件事即便之遥有错，我这个班主任也有失职的地方。思绪万千之后，我避开所有人，亲自去了一趟之遥家。“之遥，今天的事是不是有什么误会？”“王老师，我不敢说，我怕你骂我！”我这才意识到，平时的我对待孩子们太过严苛了，缺乏包容心。在这个时候，也许孩子们需要的不是一个“严师”，而是一个“慈母”。“之遥，这段时间复习压力太大，老师疏忽了跟你的交流，和你的距离越来越远了，对此我向你诚挚地道歉，希望你可以原谅我。今天老师是来帮助你，不是来责备你的，如果你遇到什么困难，能不能跟我说说呢？如果是误会，我们更要解开不是吗？”在循循善诱之下，之遥“哇”的一声哭了出来。“王老师，真的不是我！马上期末了，我带着课本去厕所，是想节约时间再背几个单词的！但是我一不小心没拿稳才把书掉进了厕所里，我以为拿的是自己的课本，没想到是拿错了菲儿的！大家都说丢书的人是大坏蛋，我……我……我就不敢说话了！但我真的不是故意的！王老师，求你相信我！”

听到这里，我突然冷汗涔涔，为自己没有贸然下定论感到庆幸。果然中间是有误会！如果我没有多方了解情况，岂不是冤枉了一个品学兼优的好孩子！青春期孩子的自尊心，就像蝴蝶的触角那样纤细、敏感而脆弱。我简直不敢想象，如果之遥被扣上了莫须有的罪名，她将如何自处，如何再在班里立足呢？我庆幸自己及时“醒悟”，控制好了自己的情绪，才让这件事情真相大白。有时候老师多想一步、多做一点，真的就能挽救孩子的一生！

时光流逝，岁月如梭。这件事已经过去了三四年，而我早已从一个初出茅庐的愣头青成长为一名具有教育智慧的青年教师。教育历程正是教学相长的过程，与其说我教育了孩子们，不如说是孩子们教育了我。每当我被工作压得喘不过气来的时候，我都暗自劝诫自己：一定要把握好严与责、爱与容的分寸，在严格要求孩子的同时，付出更多的爱心与耐心去引导孩子。只有把握好教育尺度，才能帮助孩子健康成长。这正是之遥教给我的宝贵一课。

故事感悟

一、教师要有一双善于发现的眼睛

教师的眼睛不仅仅要发现孩子们的优缺点，更要拨开重重迷雾去发现事情的真相。经此一事，我对班主任工作有了进一步的了解：原来表象并不意味着事情的真相，“平静”也不意味着万无一失。越是看似简单的事情越需要老师细致入微地去观察、了解、探索，去找出平静的表面下隐藏的暗流。这暗流可能是青春期孩子的敏感与悸动，可能是学习的压力或者不被重视的心，都需要老师用鹰一样锐利的双眼去发现，用爱生如子的胸怀去包容，用举重若轻的智慧去引导。

二、教育智慧是教师终身追求的目标

著名教育家波普曾经说过，错误在所难免，宽恕就是神圣。其实不仅仅是孩子，教师也是在不断的纠错中成长。我由于过于注重课业而忽视了与孩子内心的交流，这正是教师常犯的错误之一。教师的职责不仅仅是授课，更是要当好学生的教育者、生活的导师和道德的引路人。尤其青春期的孩子敏感又多疑，稍有不慎就会钻牛角尖，这时就更需要教师胸怀教育智慧，多方考量、推己及人、面面俱到，协调各方力量，才能为孩子们打造一个健康向上、多姿多彩的学习乐园。

三、成长不是一蹴而就,而是长期积累的过程

一年之计,莫如树谷;十年之计,莫如树木;终身之计,莫如树人。孩子成长不能一蹴而就,是一个长期感化的过程,教师的成长更是如此。我立志做一名春风化雨、润物无声的教师,让爱、宽容和智慧充盈整个教育历程,如此,才能真正契合奥龙小学"和润童年,点亮一生"的教育理念。

（王依婷）

阅读评述

在社会发展转型期,人们普遍存在心理焦虑问题,表现为过分看重孩子的成绩,而忽视孩子的心理健康成长。这种现象如果得不到重视与纠正,就不可避免地会出现教育的偏差。

要切实转变一个学生,教师的任务就不仅是教知识、讲道理,更重要的是要为学生成人创造条件。教师一方面要教育从严,管理从严,为学生指出方向,帮学生找出差距、树立信心;另一方面又要真正走进学生的内心,用诚挚的爱去感化他们,用情感来拉近与他们的距离,做学生的"知心姐姐""暖心哥哥"。只有学生被严慈相济的教师激发出强烈的上进心时,他们的进步才会出现并得以持久。

慢慢走进"小笛"的心

故事聚焦

教育是一门艺术,只有走进学生心灵的教育才是真教育。爱是教育的原动力,教师关爱的目光就是学生心灵的阳光。

故事叙写

一年前,我幸运地加入了奥龙小学大家庭,美丽的城堡、热情的老师、一张张可爱的笑脸……在这里我开启了一段崭新的教育之旅。可是,正当我庆幸一切都很顺利的时候,未曾想这份"宁静"被打破得如此之快。跟班的那几天,我和孩子们都只是在默默地观察着彼此,并没有过多的交流,终于在一声紧张而坚定的“上课!”声中,迎来了我们的第一节数学课。

我声情并茂地讲解着,与孩子们欢乐地互动着,视线却突然被一个小小的身影锁定——乱糟糟的课桌、被铅笔涂黑的双手、嘴里含着铅笔。见状,我的眼神马上“杀”了过去。就这样,我一边讲课,一边用眼神提醒着他,这个“小家伙”却依然没有发觉,完全沉浸在自己的世界里。于是我慢慢地走到了他的身边,轻轻地敲了敲桌面。

“怎么了?”缓慢而略带抗拒的语气,这是他对我说的第一句话。

“嘴巴里含着铅笔不卫生,铅笔是用来写字的,上课的时候我们应该把它放好。”我用尽量温和的语气说着。“小家伙”抬起头,若无其事地看着我,依然没有停下嘴里转动的铅笔。

“你叫什么名字?”我瞬间提高了音量,有些生气地问道。他不回答,反而用胳膊肘往外推我。此刻,我心中的“怒火”再也无法压抑,拔出了“小家伙”嘴里的铅笔。

接着,只听见“啪”的一声响,一个黑色文具袋重重地落在了我身上。教室里顿时安静下来,三十多双眼睛齐刷刷地注视着这一幕。我突然意识到,一切似乎并不如想象得那般美好,进入奥龙小学的第一个“挑战”来了。

下课后,我带着一丝难过和忐忑走进了办公室,从班主任老师那里了解到,这个孩子叫“小笛”,是个挺有意思的孩子。班主任说:“吴老师,你不用过度紧张和焦虑,慢慢适应,互相了解,一定没问题的。”听完这些话,我心里悬着的石头开始慢慢落地,小笛似乎也跟我想象得不太一样,我应该尝试着慢慢走近这个有趣又特别的孩子。

为了吸引小笛的注意,也为了活跃全班的气氛,第二节数学课我改变了原来准备的 PPT 授课,一上来就拿出了同学们感兴趣的玩具,果然孩子们的精神头一下就上来了,小笛也不例外。当其他同学在自己的位置上抻直了小脑袋时,小笛已经悄无声息地来到了玩具身边,我并没有为此生气,反而让小笛当起了解说员,带着全班同学一起来观察。一开始,小笛只是搞怪又幽默地尽情解说着,我们之间并没有太多的互动。

“这位同学解说得太精彩了,大家能告诉我他的名字吗?”

“小笛!”全班同学高声齐喊。

“真好听的名字,请大家把最热烈的掌声送给我们聪明又可爱的小笛。”

此时,小笛的脸上泛出点点羞涩的笑容,也是他第一次主动抬头注视我的眼睛。从小笛的眼神里可以看出，我们初见时的抗拒减少了一丝，反而多了一份期待。

以后的每一节数学课，我都会时不时地与小笛互动，慢慢地，我发现小笛与其他同学并无两样，只是行为习惯养成得慢些，我心底里想着，不能急，要陪小笛慢慢来。后来，这些话成了我的日常语言，“我的小笛呢？”“我的小笛看起来有点累了，坐端正了说不定就精神起来了！”“小笛，你的书是不是离家出走了，快去找找它。”“小笛，洗手液在召唤你！”因为与小笛的互动，反而为我们的数学课添了几分欢乐与惊喜。慢慢地，我们的课堂氛围也越来越活跃、有趣，我们之间形成了一种只有我俩才懂的默契。

一个月后，迎来了我们的第一节公开课，虽然我们日常的课堂配合得很默契，气氛也很欢乐，但到了这种时候，我和孩子们都或多或少地有些紧张。在我提出第一个数学问题的时候，全班静得仿佛只能听见呼吸声，只有小笛高高地举起了回答问题的小手。如果让他起来回答问题，很有可能“闹笑话”，因为我很清楚小笛回答问题的方式。带着一丝忐忑，我还是决定给这个“小家伙”一次机会，也是给我自己一次机会。意外地，他回答得很不错，逻辑清晰，语言简练。“成功了！”我在心里兴奋地呐喊着，同学们也不自觉地鼓起了掌，我趁机在所有老师和同学的面前又好好地夸奖了小笛一番。这个“小家伙”脸“腾”地一下红了，但更多的是被所有人一致肯定的喜悦之情。坐下后，他的表现与之前大不一样了，挺直了腰板，小胳膊端正地摆在桌面上，直到下课。课后我找到他，他兴奋地说到：“吴老师，我今天好开心呀！”我们又聊了很多……

后来，我经常在课间的时候找小笛聊天，问问他的喜好，聊聊有趣的事情，逗逗他，我们之间的交流越来越频繁，气氛也越来越轻松。

“小笛，今天中午吃的什么好东西？”“小笛今天真帅气！”“吴老师现在特别需要小笛的帮助，呼唤小笛！”……

“吴老师，你今天的裙子真好看！”“吴老师，我给你出道题啊！”“吴老师，等等我！”“吴老师，我昨天发生了一件很有趣的事情……”

慢慢地，我们之间由一开始“陌生而抵触”的师生关系，变成了后来“天天互夸”的朋友关系。我发现这个孩子越来越可爱，我也理解了以前他的种种行为，在课堂上看似“事不关己”，但其实他有在注意整个课堂，也在寻找表现自己的机会；在课间的玩闹，有时只是为了博得大家的关注和喜爱。现在的小笛越来越喜欢与同学们交流、探讨一些学习问题，经常看到他有模有样地给大家讲解着、分享着。在慢慢走近小笛的过程中，我越来越喜欢这个孩子，也发现了他身上越来越多的闪光点。

故事感悟

一、用爱点亮学生心灵的阳光

冰心有一段话曾激励着无数人为这个世界无怨无悔地奉献自己：爱在左，责任在右，走在生命之路的两旁，随时播种，随时开花，将这一径长途点缀得花香弥漫，使穿枝拂叶的莘莘学子，踏着荆棘，不觉得痛苦，有泪可流，却觉得幸福。也许，我不能成为冰心笔下那个随时播种便能开花的人，但我希望可以用我的爱去温暖每一个孩子，让他们都能在难过或沮丧时，有一束光照进心房。

二、前进路上互相陪伴共成长

教育是慢的艺术，更是润的美学，对待学生的成长，来不得丝毫急躁，多一点赏识、宽容、等待，多一把尺度，为未来积聚生命的力量。就这样，小笛一点一滴地进步着，虽然过程缓慢得像蜗牛爬行，但是我很清楚，他是前进的，这种悄然变化让我看到了希望。一路上，我牵着“蜗牛”去散步，这是作为教师的职责；我陪着“蜗牛”去散步，这是作为教师的快乐。在这个慢慢散步的过程中，我也在不断地学习着、变化着、成长着，学会了多给学生一些空间、多去倾听学生的心声，学会了如何更好地与学生相处，学会了如何更好地管理班级。这也更为我接下来的教育之路增添了一份信心。

三、秉持“和合共进，润心育人”理念

教育以和风细雨、润物无声为高妙，奥龙小学一直坚持“和合共进，润心育人”的教育理念，遵循教育发展规律，以人的生命和谐成长为目标，关爱每一个生命的成长；和润教育也是和谐发展、特色发展的素养教育，尊重学生个体的独特性、丰富性、自主性，让生命得以更好地成长。“和而不同，有容乃大”，这是兼容并蓄、海纳百川的包容精神与博大胸怀。和，是一种境界，和合，故能谐；“随风潜入夜，润物细无声。”教育恰如春雨润物，于不知不觉

中营造自然和谐的气氛，潜移默化地润泽生命。正是在奥龙小学这种“和润教育”之下，我们和学生才得以更好地成长。

（吴亚男）

阅读评述

教育家吕型伟说过，爱是教育的生命线，没有爱的教育是一种枯萎了的教育、没有生命的教育、死亡了的教育。吴老师的教育实践证明，老师的称赞和真诚的关爱所带来的教育效果往往比反复的说教和批评要好得多。这篇教育故事恰好也记录了一位年轻老师的成长过程。反思是促进教师成长的一个重要途径，作者由故事叙写到感悟，再到文字结尾的深刻认识，无不体现着满满的“爱”的教育。

像她这样的老师

故事聚焦

《礼记·学记》中载：“是故学然后知不足，教然后知困。知不足，然后能自反也；知困，然后能自强也。故曰：教学相长也。”做“像她这样的老师”就是做和学生一起成长的好老师。老师不仅是知识的传授者，也是学生人生的引路人。

故事叙写

把学生当作种子，让其扎根于爱的沃土

小时候读书，看到魏巍这样写《我的老师》：“我们见了她不由得围上去。即使她写字的时候，我们也默默地看着她，连她握笔的姿势都急于模仿。”读到这段文字的时候，我也想成为魏巍笔下的那个“她”。

工作后，怀着这样的教育理想，我站在了三尺讲台上，最初担任三年级一班的班主任。第一节语文课学生练习接读课文，到了第三段卡住了，同学们的目光齐刷刷地投向一个座位。只见这名同学埋着头，我走过去一看，原来他正专注地看漫画书呢，他就是李小亿。日后我发现他的字写得歪歪扭

扭，满书包的《斗罗大陆》，每次习作他都很着急，却写不出好文章。

我想，作为一名语文老师，我不仅要让学生认识一个个方块字，更要他们感受文字为他们生活所带来的那些温暖、舒适、感动和力量。我耐心地思考了小亿的那些难题：他字写得不好是因为写得少，于是每天下午放学后，我就看着他一笔一笔地描红、临摹，一遍一遍地书写擦拭，直至写端正。他写不出作文是因为读书量不够，我就陪他读整本整本的书。

我教他写作文，他笔下的人物都长一个模样：红扑扑的小脸，忽闪忽闪的大眼睛，小小的嘴巴，高高的鼻梁。我对他说："你笔下的人长得都一样，但你若把我也写成这样，我可不乐意呢。我的右嘴角边有豆粒大小的一块黑色的美人痣呢！还有你文中的人物可不是木头哦，他们像你一样，有自己的想法，也想要开口说话呢。"他若有所思，拿起笔在自己的作文上圈圈画画。

第二天，他拿着作文本非常开心地找到我说："老师，送给你。"我打开一看，他笔下的我笑起来时，眼睛里是藏着小星星的，我心里顿时又感动又温暖。原来孩子的内心是这么丰盈，又这么善于观察。慢慢地，他的作文开始有模有样了。日子久了，小亿进步越来越大，他也像小老师一样站在讲台上与大家分享那些充满想象的故事。孩子们听得津津有味，我在心里默默地为眼前这个小小少年竖起了大拇指！

做好学生的引路人

是的，所谓师生一场，传授的是知识，相处的是情谊。至今记得生病住院回来，远远看见小亿站在教室门口等我，走进教室的那一刹那，看到的是他写在黑板上的四个大字"欢迎回家"。这简单的四个字竟让我眼眶湿润，期盼我的还有眼前这些孩子们，这间教室就是我们共同的温暖的家，这四个字又变得沉甸甸。一股教育的使命感涌上心头，这沉甸甸的四个字让我感觉离魏巍笔下的那个"她"又近了些。

在之后的生活学习中，李小亿偶尔还是会"犯错"，但在遇到困难时我总是能感受到他敢于面对困难、勇于解决问题的力量，他的字越写越端正，桌洞里也看不到《斗罗大陆》的身影了，取而代之的是各种名著、儿童文学报刊。他有时还会悄悄地跟我说："老师，写出好看的字来会有成就感呢！"他的英语成绩也提升了很多，英语老师开心地奖励了他一根棒棒糖。语文课后，他有点不好意思又神秘兮兮地叫住了我，把棒棒糖快速塞到我的兜里后撒腿就跑了。我竟一时感动得愣住，不知道该说什么了。

慢慢地，我懂得了老师对学生的爱，应该是让学生切身感受到的，那才是真正的爱。慢慢地，我也明白了魏巍笔下的那个“她”应该就是这样的老师吧：爱学生，也深受学生的爱戴。正如习近平总书记回母校看望他的老师时说的那些话：“广大教师要做学生锤炼品格的引路人，做学生学习知识的引路人，做学生创新思维的引路人，做学生奉献祖国的引路人。”①

我想再过十年、二十年，如果你问我想做一个什么样的引路人，我还是想成为魏巍笔下的那个“她”：“我们见了她不由得围上去。即使她写字的时候，我们也默默地看着她，连她握笔的姿势都急于模仿。”

故事感悟

一、和润童年，点亮一生

和润教育是用爱去温润学生，用一种温和的方式去教育学生。作为一名教师，我深知面对低年级学段的孩子时，要始终保持阳光温暖的工作心态，坚定自己的教育信念，用一颗充满爱的心去引导学生健康发展，在和风细雨的育人情境中帮助学生解决现实遇到的问题，这样才会培育出有梦想、有力量的阳光少年，这也是我们奥龙小学的育人理念。

二、教育无痕，以爱育人

在我的教育经历中，我深刻感受到一名教师拥有爱心、耐心的重要性。课下、放学后，我看着学生一笔一笔地描红、临摹，一遍一遍地擦拭，直至书写端正；陪他读整本整本的书，启发他写出生动的文章，这其中无不需要爱与耐心。也恰是因为这一件件小事，学生不仅养成了良好的行为习惯，情感上也受到了撼动。相信从这些“小事情”中，学生感受到了老师饱满的爱，而这种被爱浸润的教育，它的感染力会更加强烈，更容易抵达孩子的心灵。

---

① 《习近平在北京市八一学校考察时强调：全面贯彻落实党的教育方针 努力把我国基础教育越办越好》，《人民日报》2016 年 9 月 10 日。

三、蓬勃生命，激发动力

面对低年级学段的孩子们，我始终怀着更多的耐心去观察他们遇到的困难与问题，用更加包容的态度面对性格禀赋不同的学生，用自己的教育热情感染孩子们，也给予孩子们更多的爱。最重要的是，要在他迷惘时启迪他、引导他，在他前行的道路上擎一盏闪亮的灯。

也许正因为对学生怀着这种接纳赏识的爱，我们才会收获学生坦诚真实的爱。教育的最终目的还是把爱带给学生，用爱去撼动每一个渴求生长的心灵，让每一个孩子在爱的浇灌下茁壮成长！

（邵雪花）

阅读评述

俄国教育家乌申斯基说过，教师的人格对于年轻的心灵来说是任何东西都不能代替的最有用的阳光，教育者的人格是教育事业的一切。

文中的这位老师让我看到难能可贵的两点：一是用学生能感受到的爱来爱学生，二是做让学生信服爱戴的好老师。在平凡的教育岗位上，这位老师在面对问题时不退缩，始终保持良好的工作心态，坚定自己的教育信念，用满满的爱心去引导学生健康发展。亲其师则信其道，信然！在陪伴学生成长的过程中，这位老师不断调整自己的教育方法，直至打开孩子的心灵。这样，老师与学生便能相互成就，教学相长！

第七章　好关系，助力快成长

所谓“关系”，是人与人之间、人与事物之间、事物与事物之间的相互作用，相互影响。好的关系既是一种滋养，也是一种成全，它一定是在好的组织文化土壤里生成和存在的。一名教师的专业成长发展离不开学校组织结构这一方“好土壤”，更离不开好关系的温暖助力。这里的“好关系”包括同事之间的关系、家校的关系、师生之间的关系、领导与同事的关系等。这些关系既是教师安心、愉悦工作的环境基础，更是助力教师快速成长的重要路径和平台。

一、良好师生关系的建立，是教学相长、素养提升的必要条件

师生关系是教育教学活动中一种非常重要，也是最基本的人际关系，学校一切教育教学工作都是通过师生之间的交流来完成的。良好的师生关系不仅是顺利完成教学任务的必要保障，也是学生获得稳定成长与发展的有力支持，更是教师专业素养提升的必要条件。正是拥有了健康、平等、融洽、温馨的师生关系做基础，才有可能会有教学相长的发生，才有可能会有教学灵感的产生，才有可能会有各种教育契机的生成，也才会实现育人和成长，包括教师自身的感悟和成长。教育的根本方法和最高形式是“爱”。一个“对学生很有办法”的教师，尤其是班主任，不是用权威压制学生，而是让学生感受到教师的善意与温情，把话听进去，甚至愿意积极配合。在班级管理中，教师要将“学问”转化为处理问题的能力，要有高情商，洞察人性深处的奥秘，更要懂得应变。不管是对学生进行心悦诚服的批评，还是充满关爱地予以叮嘱，都要掌握好师生关系的分寸。有了这样的关系，教师就可以更深入地走近和了解学生，从而更好地因材施教。这既是促进良好班风形成和班集体建设的有力手段，也是同步促进教师获得教育智慧、实现高效育人的必要前提。

二、良好家校关系的创建，是家校共育运行高效的前提条件

良好家校关系的创建是学校办学的时代要求，也是教师高效育人实践的重要路径；良好家校关系的创建，需要教师用专业态度、专业知识和专业技能去赢得家长的信任、尊重与配合；良好家校关系的创建，还需要教师在了解、理解学生和爱每一个学生的基础上，去关注每一个学生的家庭，去研究学生在每一个成长阶段可能存在的各种共性、个性问题和成长困惑。这些都为教师的专业成长提供了更为丰富的问题资源。在这些问题面前，无论是对社会、家长和学生各种合理要求的回应，还是对教育教学失误的反思和改进、对教育教学经验的整理和总结，都是一种工作实践的总结和思考，也是思想的交流与碰撞，更是个人言行的比较与逐步修正。这样的经历，也会进一步增强教师对自身专业的认知与理解，进一步促进教师自身职业情感的内化和升华，从而也是教师自身社会责任感和育人实践能力的推进过程。当然，学校可以通过“家长进校园”“家长专家讲堂”“家长会”等多种方式，创造机会和条件，增进家校沟通和理解，创建良好的家校关系，也让家长更多地了解学生、了解学校教育。这样更有利于家校工作的开展，从而实现家校高效育人。教师在与家长的沟通过程中，更多地了解学生，了解他们在学习过程中存在的客观差异，从而能更好地因材施教，同时在互动中不断地审视自己的教育理念和方法、调整教育措施，这是促进教师自身专业成长和育人能力的有效路径。

三、良好同事关系的营造，是团体共建、智慧共生的基本条件

良好同事关系的建立，是一个单位能够实现平衡发展、持续提升的重要条件。老师们之间相互欣赏、相互尊重、相互学习；干部和员工之间相互接纳、相互理解、相互包容；干部和干部之间相互提醒、相互补台、相互协作，这些都是一个单位良好关系最基本的生态，更是教师开展团体共建、实现智慧共生的前提。在这样的关系里，每一个人都被平等地尊重，每一个人都可以畅所欲言，每一个人都可以做自己最适合、最擅长的事情，每一个人的思想

都是放松的、开放的、接纳的、包容的。这样的关系一定可以让每个人的潜力得到最充分的发挥，也一定可以促进每个人的学习和提升。对学校管理者而言，这样的关系应该是永远要追求和为之奋斗的管理目标。

教师专业成长，是一个多种因素共同参与和相互影响的过程。在这个过程中，良好的师生关系、家校关系和同事关系的建立，都会在很大程度上影响到教师专业成长的各个方面，包括内驱力、效能感、执行力等。学校也要多措并举，为教师专业成长积极营造更加健康、和谐的环境和氛围。

家校融“和”，温“润”童心

故事聚焦

著名教育学家苏霍姆林斯基说过，最完备的社会教育就是学校—家庭教育。学校教育与家庭教育配合得好，就可以促进学生的健康成长和全面发展，在潜移默化中，将孩子、家长、老师的心相连。

故事叙写

我们班有一个叫小雨的女孩，在刚开学的时候，她是个不太起眼的小姑娘，课上安安静静，很少说话，似乎对什么都没有兴趣，和班里的大多数同学都不怎么交往，作业的完成情况比较差，总是需要老师催着改作业。各学科老师普遍反映小雨课上听讲效率太低，作业质量极不理想，对她很是头疼。

一天，小雨的作业没有改错，我让她放学后留下完成。但是等我送完离校学生回来一看，她仍然在愣神，改后的题目还是错的。于是我说：“咱俩聊聊吧。”她有点意外，于是小心翼翼地停下了笔。我说：“这些题你会改吗？”小雨小声说：“有的题不明白。”我从她的回答中听出了紧张，因此，我也没再多说什么，又给她讲解了一遍。她这次听懂了并且顺利地改完了错题。我说：“这些都是课上讲过的，你现在能听懂，说明并不是不能理解，只是因为你上课走神了，没有认真听讲，对吗？”小雨默默地低下头。我接着说：“没关系，这不是批评，只是想告诉你出现的问题，我们想办法改正就好。”小雨脸上的表情放松了些，但还是很小声地说：“王老师，我知道我注意力不集中，但是总是控制不住，我也特别想投入地学习……”看着小雨带着哭腔边说边着急的样子，我的心里很不是滋味，心想一定要想办法帮帮眼前这个无助的小姑娘。

于是，我请小雨的爸爸到学校的“家校共建中心”，就孩子的情况进行了一次深谈。在这次谈话中，我了解到小雨是单亲家庭，现在和爸爸一起住。由于小雨爸爸总是需要出差，她只能由爷爷奶奶来照顾。两位老人很尽心，但由于自身知识有限，并不能辅导孩子学习，所以孩子逐渐变得内向、缺乏安全感。同时，我也查阅了一些资料。根据马斯洛的需求层次理论，只有先满足低级需要，才能更好地发展高级需要，没有足够安全感的孩子是无法发展出良好的专注力的。

想要使孩子在学习上有起色，制定一套科学的家庭学习计划是非常必要的。于是，小雨和爸爸共同商议后，制定出了这样一套“家长伴读计划”：一是每天晚饭后，家长主动询问孩子当天的语文、数学、英语课上都学到了什么知识，可以让孩子当自己的小老师，把学习的主要内容复述一遍。二是家长可以检查孩子的作业，但是不可直接告知错题，要让孩子自行检查。三是看到孩子的进步后，一定大力表扬；看到孩子的不足时，一定委婉批评。四是家长务必多抽出时间来陪伴孩子。

之后，我每天都会抽出 20 分钟左右的时间来和小雨谈心，当进行了几次这种“谈心”之后，我发现，这个冷漠、内向、缺乏安全感的小姑娘有了一定的变化：课上她总是积极举手发言，课下喜欢和小朋友们在一起玩了，作业也能按时完成了，而且卷面干净、书写工整……

我看在眼里，喜在心里。小雨的爸爸也因为孩子的转变兴奋不已。转眼间，期末考试就要进行了。在临考的前几天，我去了小雨家，做了一次短暂的家访。在这次家访中，我看到了小雨为了应对考试，主动地看书、做题，有不会的内容，及时地询问家长或者打电话向同学请教。在她和爸爸交流一天的学习生活时，会因为一道应用题争论不已。看到孩子的变化，我和小雨的爸爸都喜在心里，我们都认为孩子在期末考试中一定能发挥出最好的水平。

期末考试的成绩出来了，果不其然，小雨的成绩都很优秀。在期末讲评的那天，我第一时间把小雨的好成绩通报给了全班。在听到了这个消息之后，每个学生都瞪大了眼睛，用力地为小雨鼓掌。看到小雨因为喜悦和激动而涨红的脸，我的心中也感慨不已：这就是教育的力量啊！

故事感悟

面对小雨的转变，我更加相信老师的努力和家长的关爱对孩子是极为重要的。从这次家校沟通中，我也得到了一些启示。

一、坚持一个原则：不抛弃、不放弃

对于像小雨这样的孩子，我们不可操之过急，要了解孩子，循循善诱，给予更多的关爱，关注孩子的成长和进步，多激励孩子，帮助其正确地评价自我，从而树立起信心。这与我们学校的“和润教育”理念十分契合，即用温“和”的爱，滋“润”孩子的心。

二、家校联系注意时机、方式

家校共育，在我看来不是机械化的教育工作，而应该是一种充满人性化的交流过程，是情感碰撞出火花的过程。

在进行家校联系时，不要急于给孩子定性。家校联系前，老师一定要先了解孩子的家庭情况，这样在沟通时才能有的放矢。

三、班主任给予家长具体方法的指导

在这一方面，可以帮助孩子和家长制定有针对性的计划，并与家长沟通，制定奖惩措施，激励孩子坚持实施计划。只有家长明确了该如何具体去做时，才能与学校的教育步调一致，从而达到真正想要的效果。

习近平总书记在讲话中曾指出：“家庭是社会的基本细胞，是人生的第一所学校。”[①]我们都要重视家庭建设，注重家教、家风，促进下一代健康成长。作为教师，我们只有走入孩子的家庭，走进孩子的心灵，才能把希望的种子播撒在孩子的内心！

（王欣）

阅读评述

学校教育是离不开家校联系和沟通的，只有家校联系顺利进行，学校教

① 习近平：《在2015年春节团拜会上的讲话》，《人民日报》2015年2月18日。

育才能有序开展，它们之间的关系是相辅相成的。在与家长的沟通中，班主任应多换位思考，站在家长的立场想一想，这样就能使双方发生情感接触、心灵碰撞，老师对于孩子的问题也能“了然于心”。同时，班主任应该结合孩子特点给予家长有效的家庭教育指导。对于家长而言，感性的内容更有现实说服力，告诉家长怎么做，比引导他们深度思考为什么这么做更有现实意义和价值。当家校两种教育进行了科学的联合后，“教育”就不再是难题，“教育出优秀的孩子”也不再有困难。

家，于细雨中倍感温暖

故事聚焦

随着时代的进步，越来越多的人认识到家庭教育是孩子成长的重要土壤。“和润教育”的实施不只在校内，还在家庭。在疫情等特殊时期，家庭教育更有其重要性，家校共育在孩子健康成长过程中举足轻重。

故事叙写

对班主任而言，在疫情等特殊时期，如何让家校共育产生温暖人心的效果，如何让家长更好地参与孩子的成长，是一个不可回避的挑战。现在就听我讲一个小故事。

当时突发的新冠疫情，让孩子们只能待在家里上课。我们班里的小王是一个活泼善良的大男孩，同时很敏感，动画片里的“不高兴”就是他的翻版。某一天授课后，我发现他没有完成学习任务。而在随后几天，我多次联系他，他却一直在“玩消失”，家长也拿他没有办法。这时，我意识到孩子的情绪有严重问题。

我静下心来，认真总结了他家的情况。小王有一个平凡幸福的家庭。父母对独生子抱有很高期望，而小王进入六年级后，学习压力变大，与父母频生矛盾。家长告知我，疫情期间孩子不做家务、不学习，天天就想打游戏。

我再次联系孩子，视频通话刚开始，孩子的情绪就崩溃了。小王边哭边告诉我在家憋得难受。家长老是训他，说他又笨又懒，而且死盯着他线上学习。越这样他越不想学。我听他发泄完心中的郁闷后，邀请他一起听音乐。之后他平静了很多。我逐一解答了他的疑问，谈了谈我身边的故事，讲了讲在家可以做什么、玩什么，家长的心理是怎样的，和家长都有哪些地方可以改进。经过对话，孩子的情绪稳定了不少，答应我参与网络授课，愿意和家长聊聊。

治标固然必要，但更需治本，孩子情绪问题的导火索还在家庭。结合学校当时正进行的家校共育课程，我和家长进行了多次视频连线。首先是对家长进行心理疏导，告诉家长：大人的紧张焦虑，孩子也会感受得到；家庭既要讲理，更要讲情；父母对孩子学习习惯的培养不易操之过急，要控制自己，把平和带给孩子；多关心孩子的心理健康，理解成绩只是孩子们成长的一部分，青春期的孩子需要尊重和理解；和谐温暖的家庭氛围是孩子能够安心学习、健康成长的重要保障。

其次，对培养亲子关系，给予家长可行性建议。建议父母和孩子一起玩，分享快乐时光，接纳孩子的不良情绪，并推荐了一些快乐的亲子游戏。

最后，我和家长一同观看了学校"养教有方"系列小视频，里面有针对家庭教育各种难题的小妙招。我一边看视频，一边和家长讨论怎样透过孩子的行为分析其心理，遇到此类情况该怎么加以引导，使孩子能内心丰盈地健康成长。

经过多次沟通，家长接受了我的建议，并把孩子的状况随时告诉我。家长开始尝试和孩子和谐相处，每天与孩子谈心，陪伴孩子进行体育锻炼，制定家庭公约，共同完成家务劳动。家长的关怀温暖了孩子的内心，孩子逐渐愿意倾诉自己的想法，亲子关系得到缓和。在家长、孩子和我的共同努力下，我发现小王参与网络学习比之前积极多了，和我沟通也显得开心不少，整个家庭氛围更显温馨。

故事感悟

苏霍姆林斯基说过，爱，意味着把自己心灵的力量献给所爱的人，为所爱的人创造幸福。从这个故事中，我得到几点感悟。

一、家庭是温暖的，亲子关系是孩子人际关系的重要部分

在特殊时期，孩子无法随时和朋友见面，家庭应成为孩子的避风港，满

足孩子的社交需要。老师应引导家长关注孩子的感情、归属感等。传统中国家庭成员间的感情表达常常是内敛的，但我们可以改变自己，将关怀表达出来，坦诚地和孩子聊天，关注孩子的情绪波动，抚慰孩子的心灵。

二、家庭是平等的，老师和父母应满足孩子被尊重的需要

青少年时期的孩子，道德感、世界观、逻辑思维都在迅速发展。家长和老师可以和他们探讨有关价值观的内容，比如热爱祖国、尊重劳动者、团结互助、勇敢面对困难等观念，培养孩子直面困难、勇于担当的精神。

三、家庭是上进的，全家朝着一个方向努力会带动孩子前进

依据维果茨基的“最近发展区”理论，家长和老师可以给孩子布置稍微带有难度的作业，调动其积极性，并制定短期学习目标。通过家庭会议，制定“在家学习工作时间表”，对每个家庭成员的生活进行合理安排，鼓励孩子以父母为榜样，超越自我。让孩子知道，全家人携手前进，梦想并不遥远。

改变一个人并非一朝一夕的事，但家校共育的过程让我心存感激、充满斗志。我始终相信“没有爱，就没有教育”，我愿意以我们的爱温暖孩子们的心。家校携手，一定会让家永远成为孩子们温暖的港湾。

（赵文琪）

阅读评述

赵老师的故事，没有刻意煽情。在朴素的叙述中，一个疫情期间的典型事例跃然纸上，展现出了她以生为本、用心育人的家校共育理念和教育智慧，让人如沐春风，受益匪浅。

每个孩子都是一粒花种，都能开出美丽的花朵，只不过每个人的花期不同。作为教师，我们要做一个有心人，既要细心地呵护他，栽培他，又要和家长一起陪着他沐浴阳光风雨慢慢成长。基于此，赵老师将心比心，情真意切，用爱打开了小王同学的心结；用真诚感动真诚，家校合作，转变了家长在疫情期间的不妥做法……

著名教育家陶行知先生曾说过，真教育是心心相印的活动，唯独从心里发出来的，才能达到心的深处。赵老师真正是在用心对待每一个孩子，用心对待每一个家庭，确实为我们树立了值得学习的好老师榜样！

家校“和润”，共育花开

故事聚焦

苏霍姆林斯基说过，学校教育必须要有家庭教育的配合，家庭教育既是学校教育的基础，又是学校教育的延续与升华。在教育孩子这条路上，老师和家长应该彼此充分尊重与信任，携手同行。

故事叙写

初识问题

我们班里曾有这样一个孩子：由于学习基础相对薄弱，在学习上缺乏认真、刻苦的精神，面对较难的问题不太愿意动脑筋，导致学习成绩一直不好，逐渐成了大家眼中的“待优生”。他，就是小明。随着年龄的增长，小明越来越自卑。乌申斯基说过，如果教育家希望从一切方面去教育人，那么就必须首先也从一切方面去了解人。通过与孩子及家长的接触，我了解到，小明的父母文化程度较低，由于平时工作较忙，对孩子的学习情况经常无暇顾及。面对学习习惯较差、成绩也一直落后的他，我着实很头疼。如果不管他，他的学习会落下更多，慢慢就会对学习丧失信心。作为老师的我不愿意放弃任何一个学生。如果要管，确实很困难，往往要付出几倍的时间和精力。面对这种情况，我尝试跟家长电话沟通过几次，但是收效甚微。小明爸爸一直忙于工作，妈妈又要照看一岁的二宝，确实没有时间和精力去辅导小明的学习。小明每天在学校里对学习没有了兴趣，课上也不认真听讲了，逐渐陷入了“上课听不懂，作业不会写”的恶性循环。

态度转变

面对小明及其家长的态度，我有种“恨铁不成钢”的感觉，也有很强的无力感，但老师的责任感又令我绝不能放弃这个孩子。苏霍姆林斯基曾说过，教育技巧的全部奥秘在于如何爱护儿童。关爱学生，就要不放弃每一个学生。面对这种情况，我决定先从做通家长工作入手。一开始去家访时，我只报喜不报忧，与他父母拉拉家常，夸夸孩子在体育上的天赋等，逐渐消除了家长对我的抵触情绪。慢慢地，在表扬孩子的同时我又表达惋惜之意："小明个子高，篮球打得真好。他打篮球时很多同学围观，替他喝彩。""近来孩子计算题都做对了，同学们高兴得给他鼓掌呢！要是能在家写完作业就更好了。""我发现小明还是很聪明的，昨天上课时那个问题他回答得那么到位，说明他理解能力还是不错的。要是能多练练，其他的问题他一定能很快地思考出答案的。"……

经过几次的家访，我惊喜地发现家长对我的态度逐渐有了转变。在一次家访时，我当着孩子的面和他父母深谈了一次。小明父亲因没有给孩子太多关心而感到深深地懊悔，并表示以后一定会多照顾孩子、关心孩子的学习。当时小明的眼睛湿润了，他表示以后一定会改掉上课不听讲的坏习惯，好好学习，按时完成作业。看到这一幕，我的心里暖暖的，这些日子的付出没有白费。小明的父母按约定给小明报了一个篮球训练班，每天放学后小明去体育馆练习四十分钟篮球后回家写作业。几天后的一个下午，我拉开办公室的抽屉，发现了小明写给我的一张纸条："老师，谢谢您！我知道错了，给您添麻烦了，我向您道歉。以后我会慢慢改掉上课不听讲的坏习惯，好好学习的。"看到他的留言，我很欣慰。随后的日子里我尽最大可能表扬、关心小明。从他的作业完成情况可以看出，家长对孩子的学习上心很多，也会尽量辅导孩子了。家长对孩子的关注也增强了我的信心，我决定利用课间和午休的碎片时间给孩子补课，争取不让他掉队。

渐入佳境

教育就是培养一个人的良好习惯。不良习惯不是一天养成的，要改变也不是几天就见效的。小明后来也多次出现反复，但是他有了家长的监督、同学们的热情帮助，做到了时时勉励自己；我有了家长的支持、配合，也更愿意时时提醒他，一如既往地在生活上给予他帮助，嘘寒问暖，并细心观察他平时表现，抓住点滴进步加以鼓励，燃起他奋进的火花。一句句鼓励的话语，一枚枚激励的小贴画，一张张"进步之星"的小证书……在这无尽的爱的感召下，他变了，变得乖巧，变得懂事了。终于在下学期，小明基本改掉了几年来不完成作业的习惯。家长每次遇到我都说："段老师，真是太感谢了，没有你，就没有小明的今天。我们忘不了你。”

不仅如此，小明自从表现出他的体育特长，也让班里很多同学对他刮目相看。无论在体育课的测试中还是在运动会上，他都有优异的表现。渐渐地，他的身边多了几个好朋友，下了课也会有人跟他一起玩。有一次我安排一对一小老师进行结对子辅导，竟有好几个同学争着要去和小明结对子。在小伙伴的关心和帮助下，小明的成绩逐渐提高，这也让他重拾自信，大家对他的鼓励让他努力地想成为一个更好的自己，一切都往更好的方向发展着……

故事感悟

一、相信学生，静待花开

教育是春风化雨，是润物无声；教育更是一种慢的艺术，需要静待花开的耐心，需要教育实践的辛勤耕耘，更需要执着的等待。教学的每一个环节都要讲究方式和方法，更需要耐心，得当的方法和不懈的努力坚持是我们迈向成功的基石。每个孩子都如花，他们都有着不同的花期。作为教育者，我们需要做的就是给予他们温暖的阳光、充足的雨露、适合的土壤，陪伴他们慢慢成长。每个孩子都是有梦想、有力量、赢未来的阳光少年，让我们慢慢聆听花开的声音。

二、家校共育，和合共进

家校共育，关键在“共”。学校和家庭的互相配合程度，影响着孩子的成长和发展。学校教育是主体，是对学生进行素质教育的最重要场所；家庭教育是基础，是对学校教育的必要补充。

家校共育，目标在“育”。说到底，家校双方的目标是一致的，都是为了孩子健康成长、全面发展。真正的家校合作，需要学校尽可能调动学生家长参与学校教育的热情，获得家长对学校管理和发展的认同，也需要家长了解学校的教育教学目标，使家庭教育配合学校教育。

学校教育不应当由家庭代劳，同样的，家庭教育也不能一股脑儿推给学校和老师。相互尊重，相互包容，家校合作，协同育人，才能达到“1＋1＞2”的效果。那些关注孩子情感的交流、关于教育目的的探讨、关乎成长经历的分享等，都能在教师与家长之间架起一座心意相通的桥梁。桥梁会铸就辉煌，“人在一起，心在一起，力量就在一起”。

三、和谐环境，润心育人

在日常教育教学中，老师是孩子美好心灵的引导者。和谐美好的师生关系、生生关系，是孩子成长的关键因素。孩子有了老师的关爱，同学的帮助，才会有愉悦的心情和积极向上的决心。只有通过不同的方式，给孩子的心灵插上飞翔的翅膀，让孩子克服“孤独心灵”，体会到生活的快乐，才能在幸福和谐的班级大家园中健康茁壮快乐地成长。老师的教育虽如“春风潜入夜”“润心育人”于无声，但却可以为孩子的幸福成长护航。

（段荣艳）

阅读评述

家长与老师有效配合，形成家校共育的整合优势，有助于为学生营造一个和谐的家庭环境和校园环境。各方不缺位、不错位，坚持问题导向、目标导向、效果导向，疏通家校共育不同步、不合拍的堵点，才能促进孩子健康成长，取得教育高质量发展的新突破。每一名家长都是家校共育的“合伙人”，都应该是同频共振、磁场相似、步调一致的“合伙人”，“为学生一生的幸福和发展打好基础”是家长、教师、学校共同的愿望。在孩子教育这条路上，老师和家长应携手同行，让孩子更加健康地成长。

接纳不容易，但很有意义

故事聚焦

解决教育问题，首先要学会接纳教育中存在的问题，接纳问题中暴露出的负面情绪，接纳不完美的教育结果，最终才可能实现让孩子在挫折中绽放、逆境中成长。

故事叙写

伴着 7 月的蝉鸣，炽热的阳光透过窗玻璃照在案边。暑期将至，走廊里没有了往日的嬉闹，突如其来的宁静反倒让我有些想念孩子们那一张张无邪的面庞。倏然间，一个小男孩的形象跃然脑海，时间仿佛一下子回到了几个月前……

那是一个普通的早晨，如同往日一样，我坐在办公桌前梳理一天的工作，突然，门外传来张老师的声音。声音由远及近，很快张老师的身影就出现在办公室门口。我下意识地回头看，发现张老师身边还站着一个男孩。

"来来来，我先去上早读，你先和这位毕老师聊聊。毕老师是'心理专家'，你这点问题和老师一聊，老师就能给你解决！"说完张老师转身对我说："毕老师，这孩子两天没来上学，家长也管不了，今天我硬让他们给送来了。他还想回去。你先和他聊聊，一会下课我就回来。"我一脸茫然地环顾四周，其他老师不是去早读就是在值班，只有我有时间。可我从没当过班主任，也很少给学生做思想教育，处理这种突发状况更是没什么经验。什么"心理专家"？都是张老师哄小孩子的话而已。"那好吧，"我只能硬着头皮答应下来，"交给我吧。"

张老师急匆匆地出去了，留下我和那个孩子面面相觑。我曾在这孩子低年级的时候给他们班代过几次课，记得他很爱看书，成绩还不错，怎么会突然厌学呢？我心里带着疑问，动作上倒是不敢放松，生怕他突然变卦闹着要回家，顺手拿过一张椅子放在我对面，招呼他坐下。

"二年级的时候我给你们班代过课，你还记得我吗？"一上来，我先跟他套近乎，让他尽量放松下来，以便更好地了解情况。他并没看我，双手环抱着书包，整个人显得很拘谨，但我注意到他一直低着的头向下沉了一下，算是点头了。我松了口气，只要不抵触就好。

接下来，我慢慢引导他说出事情的经过。原来，这孩子一向成绩不错，在家时父母也极少约束他，一般都是由着他的意愿来，也正因如此，已经五年级的他几乎没经历过什么挫折。可就在上周体育课上，老师检测大家一分钟跳绳时，他费了九牛二虎之力，才跳了 13 个。同学们的嬉笑和从未体验过的挫败感让他一时无法接受，才有了厌学的举动。

了解了事情经过之后，我大概做到了心中有数。为了确认我的猜想，我试探地问："在体育课表现不好之后，老师因此批评你了吗？"他依然低着头，目光向上扫了我一眼又立即垂下去，并摇摇头："没有。""那有同学嘲笑你了？"我继续追问。他用手指卷着书包带，低落地说："也没有。"这时，我更加肯定了自己的猜想:“那我猜猜,你不来上学看似是因为你不会跳绳,担心同学们嘲笑你,其实更重要的一个原因是你不能接受自己不如别人这件事,对吗?”我用尽可能客观的语气描述出他的感受,试图走进他的内心。可能是感受到了我的理解和接纳,这次他抬起头看着我,眼眶开始泛红,认真地点了点头。发现他的情绪还算平稳,于是我开始尝试帮他解开心结。

“你读过很多书,一定明白人无完人的道理。”我停顿了一下,他点了点头:“我妈说我学习好,会读书,跳绳不好也没关系,可以扬长避短……”他说这些话的时候,明显地表现出对这套说辞的无奈。于是,我打断了他的话,说道:“那你认为一个优秀的人应该是什么样呢?成绩好?”他没想到我会这么问,抬起头看着我,坚定地摇了摇头。“不是。”看得出,他并没有认同妈妈那套“学习好就万事大吉”的说法,但眼睛里的迷茫也仿佛在问,到底什么才是优秀的人呢?

“我给你讲个真实的案例吧。咱们学校去年毕业的一个姐姐,在校的时候不仅成绩非常好,而且各项活动也不落下。英语舞台剧、合唱团、舞蹈队,样样都很出色。但是毕业后,她初一没上完,就休学了。”孩子听后微微皱眉,神色中带着疑惑。我继续说:“就是因为她进入初中后,不习惯有人比自己优秀,不习惯从年级第一变成年级前十,最终得了抑郁症,不得不休学。”看他若有所思的样子,我抓住机会回到正题:“所以说,真正优秀的人,不仅指表现出色,内心优秀的品质也很重要,要有面对问题的勇气,要有战胜困难的决心!你这么在意自己跳绳不如别人,那你有没有想过,你逃避来上学的行为本身也是一种失败的表现?”

终于,我的话触动了他。他一改之前垂头丧气的模样,眼泪夺眶而出。他哽咽着说:“我明白了,我不应该一直沉浸在失败的痛苦中,而应该想办法战胜困难。”我赞许地看着他,轻轻拉起他的手,适时地补充道:“当然,如果你尽力了还是与别人有差距,也要面对现实,勇敢承认自己在某些方面不如别人,这也是一种能力,千万不要钻牛角尖。”

感觉问题处理得差不多了,我又和他闲聊了几句,准备结束这场“心理辅导”。早读结束后,张老师回来了,向我简单介绍了男孩的家庭背景。这个男孩从小爱读书,有个性,因此家长一直不怎么管他,任其自由生长。这次孩子不来上学,家长劝说无果后,还是选择尊重孩子的意愿。听了张老师的话,我突然想到尹校长在家校共育论坛中多次提过家庭教育中几种不同类型的父母，于是我主动和张老师说了我的想法：“男孩的家长应该是典型的放任型家长，前期由于孩子自制力较好，一直比较优秀，也就相安无事。此次遇到困难就暴露出问题了，孩子得不到家长的正确指导，在失败的打击中迷失了方向。这时候我们老师和家长一定要齐心合力，帮助他重新建立自信，渡过难关。否则回到家后他很有可能重新陷入迷茫的状态。”张老师听后也表示赞同，及时和男孩的家长进行了深入沟通。

起初，家长坚持自己的观点，觉得孩子有自己的主见，不该过多干涉。但经过张老师耐心地讲解分析，最终家长与老师达成一致，要引导孩子克服困难，并学会面对自己的缺点。

一周后的一个课间，张老师突然问我，“你还记得那个因为跳绳不好不来上学的孩子吗？”我赶忙问：“他又没来？”“不是不是，”张老师笑着说，“他妈妈周末和我联系，说幸亏我们提前和她沟通了，让她有了心理准备。放假两天男孩除了吃饭睡觉，一直在练跳绳，把自己胳膊腿上都抽得一道一道的。他妈妈非但没制止，还不断地鼓励他。结果还真别说，孩子真有这个毅力，一直坚持下来了。这才几天，已经练到一分钟跳六十多个了，超过及格标准了！”“真的？太厉害了！真是功夫不负有心人啊。”“对，他家长特地打电话来感谢呢……”

再后来，我忙于教学和其他工作而未及跟踪了解此事。现在想来，我觉得他体育测评也许拿到了满分也说不定呢。

故事感悟

首先，教育的前提不是改变，而是接纳。小学阶段的儿童，世界观、人生观、价值观尚未形成，对事情的认识难免比较片面。特别是青春期的孩子，情绪波动较大，判断力开始理智地发展，对成人尤其是老师的批判精神，也就是我们俗称的“叛逆心”开始萌生。因此在处理问题的时候，我们应避免“经验主义”，而是要多站在孩子的角度，真正地理解他的处境。比如孩子的妈妈站在成年人的角度告知孩子，不会跳绳不重要，但是却没意识到，对于这个孩子当下而言，不会跳绳本身和这件事带来的前所未有的挫败感都是客观存在的。只有认识到这一点，才能真正帮助孩子走出困境。

其次，要和家长建立良好的沟通。在这件事中，家长是典型的“放任式教养”，如果老师没有及时地与家长沟通，仅把教育停留在谈话结束的阶段，家长就很可能坚持“跳绳不好没关系”的想法，或者任由孩子不上学，再或者出现中途制止孩子练习等情况。不管上述哪一个环节出现问题，都不会有最终圆满的结果。这也印证了尹校长常提的“事事有着落，件件有回音”的重要性。

最后，身为教师，我们更要接纳孩子的差异性，才能真正做到润心育人。如果老师不加以调查，简单地认为孩子是担心别人嘲笑，就可能导致教育抓不住“痛点”，反倒给孩子的成长埋下隐患。如果强制孩子进教室参与听课，或者盲目给孩子贴上“小题大做”“逃学”的标签，很可能会促使问题恶化。通过谈心，深入挖掘孩子不来上学背后的问题所在，然后更有针对性地施以教育和帮助，能起到事半功倍的效果。

（毕晗阳）

阅读评述

接纳，在这个故事中的含义包括多个层次。孩子卸下防备接纳老师的帮助，老师俯下身子接纳孩子的负面情绪，孩子通过挫折接纳自己的失败，家长抛去固有的教育方式接纳老师的建议……接纳，说起来简单，但从内心去做到真的不容易。这个故事中的每一个参与者都做到了，他们非常了不起！案例中的小男孩，如果能在经历更多挫折后实现从“接纳失败”转变为“悦纳自我”，今后的人生将受益匪浅。

第八章　教学相长，师生共进

“教学相长”是教师专业发展的有效途径之一，语出《礼记·学记》：“虽有嘉肴，弗食，不知其旨也。虽有至道，弗学，不知其善也。是故学然后知不足，教然后知困。知不足，然后能自反也；知困，然后能自强也。故曰：教学相长也。”全面地看，“教学相长”的主体可以是教师，即教师自身的学习与施教相互促进；可以是教师和学生，即教师与学生双方互促共进。对于教师而言，在教学过程中，以爱温其心，以智导其行，让学生在平等民主的和谐气氛中，自由快乐地徜徉于知识的殿堂；老师也会在与学生的平等交流中得到精神上的愉悦、才智上的提高。

教学相长促专业理念更新。当今世界科学技术突飞猛进，知识更新换代异常迅速，各种新思想、新理念层出不穷。新时代的儿童当然也会受这个时代的引领与带动，虽然是小学生，但是他们的身心成长和思维才智，也会为我们的教育教学带来一定的启发和思考。“向儿童学习”，也应该成为一名新时代教师应有的品格和习惯。对教师而言，必须善于接受和消化新观念、新知识，更新专业理念。2022 年《新课标》颁布后，各中小学校都在围绕新课标理念倡导的“大单元”“大情境”“跨学科”“项目式”等诸多关键词，推进各自学校的课堂教学改革。这样的改革实践，无论于教师还是于学生，都是新思想、新理念和新实践。尤其是在改革实践的初期，教师要善于观察和发现课堂上学生的接收情况和呈现效果，要善于从学生的学习表现中得到领悟和思考，这是“以学定教”，也是“教学相长”，更是教师专业成长最好的主阵地和练兵场。这种方式可以促进教师在自身的课堂实践中获得真实、一手的反馈资料，可以让教师进一步反思自己的设计和实施是否符合科学规律、是否真正可行等等，而不是“想当然”或者“我认为”，这种基于实践的领悟才是真正先进的理念和智慧。这样不断、持续的更新和创造，可以让教师在较高层次上更有效地促进教育观念的更新与转变，并以此指导教学实践，为实现全面育人目标提供持续动力。

教学相长促教学水平提升。俗话说得好：要给学生一杯水，教师需有长流水。现代教育不再需要一个只会将知识传递给学生的教书匠，而是需要持续探索与努力的积极思考又充满智慧的专家型教师。基于课堂教学实践的“教学相长”，可以更加高效地推动教师的专业化实践成长之路越走越宽。以我们每学期开展的“N＋X”业务大练兵之师徒共同体磨课为例，每个共同体每个学期都要进行教学研究课的共同研讨和设计，尤其是关于最新理念、教学重点难点的突破，高效课堂的构建等，都会成为每学期各团队聚焦研究的重点主题。团队磨课设计的过程既是各位成员教育教学实践水平共同提升的过程，更是大家基于课堂实际研讨“教学相长”的过程。这种研究是基于课堂中的真问题、基于学生学习特点和规律而总结出的思考和结论，这些对于教师教学实践水平的提升以及高效课堂的达成作用更明显。

教学相长促自主反思成长。美国心理学家波斯纳提出了教师成长的公式：成长＝经验＋反思。尤其是基于自身课堂教学实践经验基础上的反思，会让教师对教育的理解更加深刻和精准，对学生学习成长的认识更加全面和及时。以学校持续开展的同伴互助式课堂观察活动为例，每一名教师自主选定最信得过的同事作为自己的“小伙伴”。小伙伴之间相互邀请进行课堂观察，相互支持、帮助和鼓励，促进彼此提升。“学而不思则罔，思而不学则殆。”每一次的同伴互助观评课和交流，对双方都是一次及时的反思和成长。通过教学、交流、反思，再实践、再交流、再反思，实现良性循环，教学相长得以真正落地。

教育是用生命影响生命的事业，不可功利，更不可短视，要坚信实践出真知，坚信师生共成长的力量。朝飞暮卷，花谢花开，披星戴月走过的路，总会芳香万里，经过看似不起波澜的日复一日，会突然在某一天看见坚持的意义和价值。

教学相长，守望相助，共同进步

故事聚焦

《礼记·学记》有云："是故学然后知不足，教然后知困。知不足，然后能自反也；知困，然后能自强也。故曰：教学相长也。"教与学是相辅相成的，师生之间相互促进，教师教学生，学生也可以促进教师的成长。

故事叙写

我有一群可爱的学生，在我们一起走过的路上，我是教育学生的老师，也是被学生教育着的"学生"；教他们是一种成长，被他们教更是一种成长。作为一名教师，我是幸福的，与学生共同成长的点点滴滴，都充满了感动与感悟……

人生若只如初见

与"贝贝"班的孩子初相见，是在2019年的夏天。分班结束后，我们新的班集体建成了。那时候的我，刚刚休完产假回来，见到了一张张稚嫩可爱又略带紧张的小脸，或许是自己刚刚做了妈妈的原因，一开始心里就对班里的32"小只"充满了爱怜。还记得那天，阳光正好，微风不燥，看到他们纯真的笑脸，真好，真好！

随着社会环境和人们观念的变化，现在的孩子普遍娇生惯养，"贝贝"班的孩子也不例外。有时候，面对学习中遇到的困难，他们会选择退缩；有时候，面对老师和父母的"批评"，他们会闹闹小脾气；还有的时候，面对生活中的挫折，他们会选择逃避，不去正面应对……看在眼里，急在心里，于是我给孩子们讲了"两罐糖"的故事：每个人一出生，就获得了两罐糖，一罐是甜的，另一罐是苦的，要用一辈子的时间把两罐糖吃完。小时候吃的甜的糖多，那长大后剩下的苦的糖就多；反之，小时候吃的苦的糖多，长大后剩下的甜的糖就多。而现阶段的学习就像在吃苦的糖，现在多付出一份努力，长大后的生活就会越甜蜜。我问孩子们："现在的你们愿意吃甜的糖还是苦的糖？"孩子们都扬起小脸，纷纷表示愿意吃苦的糖，要把甜的糖留给长大后的自己。果真，在之后的学习和学校生活中，不少孩子都能克服困难，突破自己，坚持下来。

看到年幼但又懂事的孩子们，我的心里乐开了花，遇见他们，可真好！

为有源头活水来

时间转瞬即逝，在二年级期末复习的那段日子里，这群可爱的孩子把当时一年级我鼓舞他们的“两罐糖”的故事用在了我的身上。

二年级开始我担任两个班的语文教学，与平时比较繁重的教学任务相比，期末复习对我们来说更是一场硬战，每天我和学生都充斥在考试、批改和讲题反馈中，渐渐地我有些“透支”，这种筋疲力尽包围着我。一些“眼尖”的孩子发现了我的疲惫，和我聊了起来，当得知我劳累的原因后，他们给了我一针“强心剂”。在语文课一开始我们互相问好后，孩子们齐刷刷地站着，“吴老师，还记得两罐糖的故事吗？”领头的孩子问道。“当然记得啦，我们每个人都有两罐糖，一罐甜的，一罐苦的……”正当我又想重复讲一遍时，孩子们整齐而又洪亮的声音传了过来，“我们送给吴老师几句话：老师，打工人，打工魂，打工人都是人上人，吴老师辛苦了！现在的我们都在吃苦的那些糖，吴老师，我们一起加油！”说完，每一个孩子都用坚定、自信的眼神看着我，听了孩子的鼓舞，那些日子积攒的疲惫一扫而光。我，又重新充满了斗志。

孩子们的鼓舞是“为有源头活水来”般的醍醐灌顶，从一双双自信的眼神里，我们彼此都收获了信心与幸福。

教学相长共进步

三年级上学期，有一次我们班上一个同学身体不舒服，吐在了教室里，当时周围的同学都跑开了，包括班干部在内，大家都不知道如何是好。我反而觉得这是一个教育孩子的好契机。我看了看班里的同学，沉思了一会儿，对他们说：“同学们，你们知道‘人’的含义吗？人字分为一撇一捺，意思是相互支撑。同学是我们的伙伴，当伙伴遇到困难时，我们应当相互帮助，而不是跑到一边。”听了我的话，不少孩子都羞愧地低下了头。从那以后，当有同学再遇到困难时，很多孩子都会主动去帮忙。

后来，这件事被孩子们记录在了日记里。有一个孩子是这样写的："是吴老师让我明白了什么叫团结，什么叫互帮互助。她不仅是我们的老师，更是我们的朋友，教我们知识，教我们做人，给我们关爱，伴我们成长。"

近日，伴随着"分层与高效作业管理"的探索与实践，学生的作业有了很大的变化：几乎没有不交作业的学生了！人人都能按时把作业交到固定位置。我看到这些变化，心里美滋滋的，有付出就有收获！

正当我高兴之余，新的问题出现了：有的学生是按时交上作业了，可是只字未写！看着这几本只字未写的作业，我的心里憋了一肚子的火。可是随之一想，生气也解决不了问题，对于调动学生的积极性没有任何用处。想到这里，我的心静下来了，该如何处理才能既避免简单粗暴又起到好的育人效果？

灵机一动，我在作业上写下了温馨的批语："丁同学，课堂上你的表现让老师佩服，老师相信你的作业也会让人佩服！""赵同学，老师看到了你这段时间的进步，相信你会做得更好。"……

课堂上我把作业发到学生手中，轻轻地说："本次作业老师认识了很多优秀的同学，他们有好的学习习惯，做作业时把疑惑点用红笔标出来，让老师一目了然他们哪里需要指导。同时，本次作业也有出问题的：有人没做就交上！这是老师和几个同学之间的小秘密，老师想说的话都写到作业上了，我不点名，这个小秘密老师谁也不告诉，期待明天再交作业时这些同学有好的表现！相信你们！"

就这样，没有轩然大波，一切在春风化雨中悄悄进行，有的孩子甚至向我投来歉意的微笑。我微微一点头，眼神中充满鼓励，孩子心领神会。课堂中令我意想不到的情况发生了，每个学生都铆足了劲，积极参与共同体合作学习，争着抢着起来展示，课堂充满了生命的活力。

和学生一路走来，类似的事情还有很多、很多。在点点滴滴中，学生一点点长大，而我，在专业成长的路上也在慢慢成长，慢慢成熟……

故事感悟

和学生一路走来所发生的这些故事，正是"教学相长"的最好体现。就像韩愈在《师说》中所说的："是故无贵无贱，无长无少，道之所存，师之所存也。"在教育教学中，我也有些自己的体会。

首先，要尊重学生，相信学生，俯下身子与学生做朋友。我们常说“亲其师”才能“信其道”，一个令学生感到和蔼可亲的教师，学生才会发自内心地尊重与喜欢他。更多的时候，我们要放下“师道尊严”的架子，真正地和学生交朋友，俯下身子来跟学生说话，对他们多一点微笑少一点怒斥，多一点鼓励少一点批评，多一点关爱少一点冷漠。久而久之，我们和学生在心灵上的沟通多了，在感情上就更容易达到共鸣！

其次，放眼于生活，立足具体事件，找准教育契机。人具有社会性，所以一切活动都离不开生活。当课堂中发生某个具有教育意义的事件时，我们可以以此为教育契机，对学生进行引导和教育。做到教学有法，教无定法，贵在得法，方能使自己得心应手，促使教学相长。

最后，放大优点，鼓励为主，缩小不足，批评为辅。我们的评价应以鼓励和赏识为主，不管是谁都希望能得到别人的尊重，受到他人、社会的较高评价和赞许。在教育教学中我们应该细致地观察学生的点滴进步，及时地给予鼓励。我们的教育目标不仅是让学生获得一种知识、一种技能，还要引导学生在学习和生活中找到一种方法，养成一种态度，有自己的闪光点。

（吴菲）

阅读评述

教育意味着一棵树摇动另一棵树，一朵云推动另一朵云，一个灵魂唤醒另一个灵魂。教育是心与心的交流，是一个生命见证并促进着另一个生命的成长。在这个相互扶持、相互影响的过程中，不仅学生会成长，而且教师的各方面也会成长，这就是“教学相长”。吴老师注重从点滴小事中发现自己和孩子的教育“生长点”，并用耐心、爱心、细心和包容心呵护着每一个孩子的生长，教学相长，守望相助，共同成长，收获幸福！

每个学生都是闪亮的星星

故事聚焦

教育家苏霍姆林斯基说过，一个好的教师，首先意味着是一个这样的人。他热爱孩子，相信每一个孩子都能成为一个好人，关心孩子的快乐和忧伤，了解孩子的心灵，时刻都不忘记自己曾是一个孩子。

故事叙写

自2015年毕业，我踏上三尺讲台已经有近7年的时间了。在这7年的教育旅程中，我从青涩懵懂，到逐渐总结了一点自己的教育方法。虽然7年的时间不算太长，但我也接触了几百名学生。他们年龄不同，性格不同。各具特色的他们给我的教育生活也带来了绚丽的色彩。

激励赞赏，点亮星星

初走上“教师”这个岗位时，面对学生，我内心虽充满期待，但也有着小小的惶恐。我曾在日记本上记录道：“每天的生活就像是法官判案一样。”是啊，在孩子们的心中，再小的事情都想要告诉你，让你为他们主持公道。自己忽然就变成了这群孩子在学校中最值得依赖与亲近的人。

班级中有一个小男生名叫昊昊，性格比较活泼好动，但自控力有些弱，因此我与他母亲经常沟通。他在班内与其他同学交往时，经常会以不同的方式引起他人的注意；当别人围在一起聊天时，他也会认为对方是在谈论自己。其实，他的内心非常敏感脆弱。我深知，单纯的批评教育，远不如与之谈心、赞赏有效，唯有用“爱”才能助其真正成长。

昊昊在课堂上经常坐不住，时而摇头晃脑，时而站起来再坐下。如果单独要求他静止不动，他也会克制不住地动动鼻子、眨眨眼睛。根据苏联教育家维果茨基提出的“最近发展区”理论，我想到了针对于昊昊的“最近发展区”，为他提供带有难度的内容，调动他自身的积极性，发挥其潜能，让他“跳一跳”，就能“摘到桃子”。于是我便与昊昊做了一个“秘密”的约定：只要他在课堂上能够认真听讲，并保持五分钟的坐姿，就可以获得一个小印章。我还一再叮嘱他这是我们俩之间的约定，不要让其他同学知道。

从那天开始，每节数学课后，我都会悄悄地给他在课本首页盖上一个小印章。他见到我时，脸上浮现笑容的次数也越来越多，并开心地说："张老师，原来保持五分钟的坐姿也不难嘛。"

"是呀，你本来就很优秀。"我回答道。

昊昊诧异地看着我，没有想到我会这样形容他。

"再给你个任务，列举一下自己的三个优点。"

"我没有优点。"他脱口而出。

我反问他："怎么可能？每天放学后，帮我一起摆桌椅的好学生是谁呀？热爱劳动不就是你的一个优点吗？你自己慢慢想另外两个优点。"

当我夸他的那一瞬间，他的眼睛忽然闪烁了一下，欣喜的表情浮现在了他的脸上，他立刻开始认真思考。我给他留出了时间与空间，让他独立思考，等我再次回到办公室时，他开心地和我说："老师，我还体力好，跑得快……"我和他相视而笑。

教育不是一蹴而就的，孩子的转变需要时间与过程，昊昊的转变亦是如此。每个学生的认知能力和认知方式都是不一样的，其成长需要一定的时间来实现，我们要留给独特"星星"放光的时间。

耐心巧激励，妙笔写真情

五年级的语文写作中，有一篇以"我的老师"为题的练习，课间，许多学生兴高采烈地跑来找我："张老师，我这篇作文写的是您。"他们出现在了我的文章中，我也有幸出现在了他们的作文中。每一个孩子笔下的我，或严厉，或幽默，或风趣，各不相同……五年级的学生已经学会用具体事例来描述人物性格，读着他们的文章，也让我开始细细回顾与他们之间的点点滴滴。

这批学生是我在2019年9月开始接手进行数学教学的，那时的他们刚刚升入三年级，到如今，我们已经相处了三年时间。他们从孩童逐渐变成茁壮的少年，每个阶段的他们都有自己独特的性格，我便也这样与他们用不同的方式沟通。

在学生的笔触下，我是课间喋喋不休追改错的人，我是会对书写提要求的人，我是会在严厉批评走神学生后及时变脸继续微笑讲课的人，我是会在课上列举有趣事例帮助理解知识的人，我是……

但小雨对我的描述让我印象深刻，小雨是班级中一个性格十分文静的女生，在课上回答问题时声音非常小，以至于我要站到她身边认真去听，或者她身边的同学听到后替她大声说出来，我才听得清。

就是这样的一个女生，在五年级数学学习中遇到了瓶颈，每天的数学作业完成得非常慢，经常要做一两个小时。当然，这件事情小雨没有主动和我说，而是她的母亲与我沟通过，让我与孩子一同分析一下学习情况。我便仔细翻看了小雨最近一段时间的数学作业，只见作业本上有她工整的书写，一笔一画十分认真，但也有计算失误时涂得一团又一团的“黑团”，每一页作业中错误都较多，但仔细观察，理解类的填空题、解决问题等正确率都非常高，只是计算能力还需要加强。

面对这个情况，我并没有单独和小雨交流，而是在当天她拿着作业来找我改错时，我用十分可惜的语气对她说：“孩子，你把每一道错题都给我讲一下思路。”当她用极其微小的声音熟练地讲解完后，我假装惊奇地说道：“你太厉害了！所有的思路都对，但是咱们的数学练习完成得并不理想，你发现原因出在哪儿了吗？”很显然，她没有想到我会夸奖她，于是诧异地摇摇头。我便接着说道：“是计算拖了你的后腿，你看，这道题目，是多位数乘法计算错了，这一道……”她就这样认真地听着我与她分析每一道题目，时间一分一秒地过去，但是我能看到她脸上的满足又欣喜的表情。“谢谢您，老师。”她低声地对我说。

此后的每一天，只要小雨的计算错误过多，我就会用同样的方式一边替她感到惋惜，一边赞赏她的数学思维。性格内敛的她每当听到我的赞赏时，嘴角总现出笑意，但又想刻意隐藏，那种表情让我也颇有感触，能看出这些表扬真的让她感到开心。

这件事过去了很久，我便也渐渐淡忘，直到有一天，我看到了小雨的作文——《我的“双面”数学老师》，文章前半部分叙述了我在课堂上严格要求纪律的事情，在文章后半部分，她将我每次单独对她的鼓励认真记录了下来：“张老师虽然很严厉，但是她却每次都温柔地鼓励我，让我不断进步……”她的作文忽然触动了我的内心，原来自己的一个小小举动，对学生就会产生如此深远的影响。

更让我感到欣慰的是，在学期期末检测中，小雨的数学居然取得了“A+”的成绩！作为人师，辛勤的付出终于结出了累累的硕果，我感到无比满足。真正的教育就是心心相印的活动，正如学校所坚持的“和合共进，润心育人”理念。与学生相处的过程就是互相影响，润物无声，唯有从心里发出来，才能打动心灵的深处。

故事感悟

一、立足“最近发展区”，促进学生提升

维果茨基提出的“最近发展区”理论对了解学生的现有发展水平，关注学生的未来，挖掘学生的潜力，都具有重要意义。每一个学生都是独立的个体，他们在性格、行为习惯、学习能力上都存在着差异，所以教师在教学教育过程中要学会不断结合学生自身的现有发展水平，关注和尊重学生的个性化差异，放眼学生未来可能达到的发展水平，及时作出相应的调整与完善，逐渐提升学生的发展可能性，使其取得更大的进步。

二、用“爱”与激励，提高学习积极性

教育家赞可夫曾指出，对于“难看的”学生，如果教师真正地去深入了解他们，尊重他们，就可能会发现他们有很多优点，很多可爱之处。正像学校一直所坚持的“和合共进，润心育人”的育人理念和“和润童年，点亮一生”的教育愿景一样。教师应对学生施加肯定、表扬、赞赏，灵活运用激励性语言，让学生在日常学习生活中处于一个积极阳光的状态。每个学生都是一颗闪亮的星星，无论是行为习惯还是学习方面，可能一时蒙尘，但我相信，用爱与激励陪伴他们成长，是星星就总会发光。

三、指导学生成长，实现自身发展

“教学相长”指的是教师的“教”与学生的“学”相互作用，共同促进教师自身的发展。回忆走过的教师路，大多只有零碎、点滴的瞬间，教师的生活并没有多么宏大的故事，有的只是许多细微、暖心的瞬间。若此时要我讲述一个令人感动的故事，我还真无法翔实具体、声情并茂地说出，但脑海中却不断涌现许多温暖的画面。我深知，一次的教育举动也许不能影响孩子的

性格与行为，可教育本就是个长期又无声的过程，水滴石穿的原理也一定适用于此。

随着自己教学经历的不断积累，我将教育经验及时总结，从而促进自身专业素养的提升，也逐渐加深了自己对学生的理解，对成长的理解，对教育的理解。通过指导学生成长，其中获得的成就感也让我实现了自身的发展，对教育专业的理解也更加深刻。正如习近平总书记提出的："教师要成为大先生，做学生为学、为事、为人的示范，促进学生成长为全面发展的人。"[①]我会继续将此作为理想信念，将"大先生"的形象体现在自己教育教学工作的方方面面。教育是塑造人心灵的过程，是培育千万人才的工程，绝不可能一蹴而就，需要我们坚守一份宽容，拓展发现，耐心等待，用永恒的坚守促成每个学生的健康成长。

（张旭）

阅读评述

从题目到故事，我们能深切感受到老师的爱生情怀、教育追求。特别是学生作文中对老师的描写，角度独特且真实地反映了一个好老师的形象。陶行知先生说过，真教育是心心相印的活动，唯独从心里发出来的，才能达到心的深处。真教育是一种源自内心无私的奉献，是一种博大的"爱"，这种"爱"是人间最美的语言，是教育者一生的践行。而老师就是这个践行者，通过一件又一件的小事用"爱"浇灌学生成长。

七嘴八舌说作业

故事聚焦

学生是学习的主人。提高作业的有效性，让学生自己给自己布置作业，助力数学教学在"和润"教育下开花结果。

---

① 《习近平在清华大学考察时强调：坚持中国特色世界一流大学建设目标方向　为服务国家富强民族复兴人民幸福贡献力量》，《人民日报》2021 年 4 月 20 日。

故事叙写

在学完“认识平行四边形”这节课的内容时，学生们掌握得都比较扎实，课堂还剩不到两分钟的时间，我突发奇想，问孩子们：“如果你是老师，你想给大家布置什么作业？”话音刚落，一双双小手高高举了起来，喊着：“我给大家布置作业！我给大家布置作业！”“我的作业是这样的！我的作业是这样的！”“我给大家布置画的作业！”“布置摆的作业！”大家你一言我一语，教室里顿时热闹起来。

我看到举手的学生里有平时不爱写作业的小新。这节课他表现活跃，不但把课堂上学到的知识讲给大家听，还把生活中看到的与本节课有关的数学知识一五一十地总结出来分享给大家。

小新的小手举得最高，并且嘴里念念有词。为了不打击他的积极性，我第一个点名让他站起来说。他学着我布置作业的样子，压低嗓音说：“同学们，数学就在我们家里、学校里、教室里、小区里、超市里，甚至公共汽车上。今天回家后，到各个地方找一找哪里有平行四边形。用今天所学的知识综合掌握它的特性，记录下来，明天我们进行交流。”他滑稽的声音逗得全班哄堂大笑。

听到他的这一番话，我感到欣喜，这不就是把所学的知识运用到了生活中，学以致用吗？多么有创意的作业啊！

这时还没等我点名，晓琳也迫不及待地站起来，抢着说：“老师！老师！我家有副七巧板，爸爸说外国人叫它‘东方魔板’，它可奇妙了，都是由一些我们认识的图形组成的。我建议同学们都去买副七巧板，拼一些平行四边形，明天拿给大家看。”讲完她眯着小眼睛露出了得意的笑容。

她的好朋友钱芳附和道：“嗯！这个作业好，我可以玩七巧板了。”

小明自言自语：“我能用七巧板拼好几个不同的平行四边形，明天我带来给大家看看。”

这时，全班同学不约而同地为发言的同学竖起了大拇指，我也微笑着点了点头。

看到大家对以上同学的一番点赞，李刚“噌”地从座位上站起来大声地说：“我给大家布置的作业是做一个平行四边形框架。你们说好不好？”还没等同学们回答，瑶瑶同学站起来说：“老师，李刚说的做个平行四边形框架不对，应该是长方形框架。”

这时，我故意露出疑惑的表情。

“为什么呢？”

大家看到了我这一疑惑。

突然，从后排传来了杨旭的声音。“老师，你把长方形框架揪住对角一拉不就是平行四边形吗？”话音刚落，教室里响起了热烈的掌声。见到大家对自己的赞许，杨旭慢慢地站起来，略带羞涩地边说“谢谢”，边给大家鞠躬。

“对啊，平行四边形具有易变性啊！”不知哪个女生反应过来，小声地说出了这句话。

紧接着，王娟缓缓地站起来：“可以让同学们先画一个长是 3 厘米，宽是 2 厘米的长方形，再画一个底是 3 厘米、高是 2 厘米的平行四边形。”

“我布置的作业是让大家利用火柴棒摆平行四边形，用 7 根火柴棒能摆几个平行四边形？”当大家听到平时最具有号召力的体育委员田军留的作业时，有的同学陷入了沉思，有的同学与左右前后的邻座同学讨论起来了，有的同学利用自己的学具开始动手了，还有的拿起笔画起来。

“丁零零……”下课铃声响了，孩子们的手仍高高举着，一个个稚嫩的小脸上洋溢着喜悦。我只好让他们把想做的作业写下来，然后交给我。课后，我拿着一张张小纸条，读着一段段文字，颇为感慨：虽然有些语句不通，但每一句话都包含着孩子们真实的情感。本以为刚上四年级的孩子是说不出什么的，但出乎我意料的是，孩子们的点子是如此精彩。

两分钟时间虽然很短，但课堂效果令人意犹未尽。细细品味，浓厚的学习思考氛围如春雨滋润大地一样，丝丝滋润着每一个孩子的心田，时时点亮每一个孩子的一生。

故事感悟

一、学生自己给自己布置作业，使课堂“和合共进”

美国教育心理学家布鲁纳说过，探索是数学的生命线，没有探索，便没有数学的发展。荷兰数学家弗赖登塔尔也说过，学习数学的唯一正确方法是实行“再创造”，教师的任务是引导和帮助学生去进行再创造，而不是把现成的知识灌输给学生。让学生学着老师的样子自己给自己布置作业，课上展示自己，课下快乐地完成自己留的作业，真正成为学习的主人。这不仅是对作业的革新，而且改变了传统的“老师讲学生听，老师布置作业学生做作业”的现象，是对小学数学作业的探索和创新，既减轻了学生的课业负担，又促进了教师的专业化发展，改良了师生关系，呈现出了“和合共进”的教学氛围。

二、学生自己给自己布置作业，让教学“润心育人”

布置作业是门学问，学生做对自己有用的作业能取得事半功倍的学习效果。从这个小故事中，我们可以感受到学生的思维得到了激发。

心中有爱，眼里有光，教学处处发新芽。在故事中，老师心里时刻装着学生，不错过一个让孩子成长的细节，给学生提供了说话的机会——自己给自己安排作业。学生们从生活中发现：数学知识无处不在，可以用所学的知识解释生活中的问题，体验学习数学的成就感，从而更加喜欢数学。这一故事证明了，让孩子们投入到丰富的学习活动中去，对教学来说，是一种行之有效的途径，即用数学知识滋润孩子们的心田，让数学课处处“润心育人”。

三、学生自己给自己布置作业，在“和润”中成长

教学是教师教和学生学的过程。当今社会科技日新月异、飞速发展，当今的少年儿童见多识广，新时代的教师必须不断学习，随时更新教育理念，才能适应现代孩子们的发展，为国家培养“有梦想、有力量、赢未来的阳光少年”。让学生自己给自己布置作业，是教师与时俱进改变传统教学观念的表现，是教师把学生真正当作学习主人的体现，是教师成为学生学习的合作者、参与者和领路人的展现。学生知识不断增长，教师的教学手段日益更新，彰显出“和合共进，润心育人”的核心理念。

（杨庆勤）

阅读评述

布鲁纳指出，学生不是被动的知识接受者，而是积极的信息加工者。在这个案例中，为减轻学生的课业负担，老师根据孩子们的实际课堂效果机智地提出让孩子们自己给自己布置作业。孩子们七嘴八舌说作业，老师在此基础上进行进一步的引导。从本案例来看，学生不但学习了新知识，而且把

所学的新知识运用到生活中。从学生角度看，老师是尊重自己学习的，把布置作业的事让自己说了算，这样孩子们会乐意完成自己的作业。老师是学生学习上的领路人，真正把学生置于学习的主人翁地位，提高了学生学习的主动性和积极性，实现了极高的学习效率。从老师方面看，老师把作业留给学生自己布置、自己完成，不仅尊重了学生，还建立了良好的师生关系，在“和合共进，润心育人”核心理念下推进了师生共同成长。

一个“点”的启发

故事聚焦

雅斯贝尔斯在《什么是教育》中说过一句名言：教育的本质意味着，一棵树摇动另一棵树，一朵云推动另一朵云，一个灵魂唤醒另一个灵魂。而我认为，教师不仅仅是摇动、推动和唤醒学生的人，也是被无数“成长”摇动、推动和唤醒的人。

故事叙写

这个教育故事从一本名叫《点》的绘本开始。

故事是这样的，美术课结束了，瓦斯蒂的画纸上还是一片空白。老师鼓励她在纸上随便画条线或一个点，再签上名字。当瓦斯蒂下一周走进美术教室的时候，她发现自己随便戳的那个点被老师镶嵌在画框里挂到了墙上，它竟然成了一幅画。于是，从这个点开始，瓦斯蒂画了一个又一个的点，黄的、绿的、混色的、小的、大的、密集的。后来，她的点在学校美术展览上赢得了许多的称赞。在故事的结尾，瓦斯蒂用和老师同样的方法激励了一个不自信的小男孩。

这个绘本故事让我触动很深，恰好那段时间要为我的美术社团起名，和我的名字谐音一碰撞——“小圆点美术课堂”就这样诞生了。

用爱唤醒孩子

我们的美术课堂上总会有那么几个孩子，一笔都不画。有的会说：“老师，我不会画。”这种想要求助的问题处理起来相对简单一些，多鼓励几次就会有明显的效果。但是一笔都不画还拒绝交流的孩子，却需要老师用持之以恒的信念和关心，让他慢慢地打开心扉。

学生小 Y 从来不画我上课讲授的主题，他总说：“我不会画，我只会画地图。”甚至他也无法安静地坐在座位上，总是身子歪着，跪在椅子上或者转身去和别人说话，不带美术材料工具，不想和我交流，情绪也不稳定。我思考过后，同意他先画地图。过后我却被他的画面震惊了。有立交桥、绿地、河流，还有拥堵路段，一个个路牌如星罗棋布，简直就是一幅手绘版的高德地图。我问他：“这是现实中的路吗？”他告诉我，有的是真的，有的是他想象的，他想为妈妈再造一座城市。我对他好一番夸赞，夸他的画面中那独特的美感，赞他对妈妈的贴心。但我心中也有隐忧，担心孩子可能有心灵的创伤，才需要到虚拟世界中求得一份安慰和庇护。从此之后，我悄悄关注他。在楼门口执勤时，看到他小小的身躯被书包压弯，两个肩膀一高一低地走进学校。我掂一掂书包，提醒他可以将用不到的学具放到学校，并帮他把拖得老长的肩带收紧一些，将两边的书包肩带调整对称。渐渐地，我发现他能在我的课堂上坐住了，并开始按要求携带绘画工具，也愿意和我多说几句。慢慢地，他的画面上也出现了地图以外的内容。虽然还没有达到我们的目标，但我欣喜于他的改变，也相信他还会有更多的改变。

我意识到，要让孩子喜欢课堂，积极参与，不能仅仅只是在课堂内容上花心思。就像我国近代教育家夏丏尊说的，教育之不能没有爱，犹如鱼塘之不能没有水。没有爱就没有教育。孩子的进步需要用爱唤醒。同时，孩子的成长也需要唤醒他们心中的爱。

唤醒孩子心中的爱

小 X 同学的妈妈曾给我留言说，孩子每次上完美术课都很开心，说李老师的课太美了，特别喜欢李老师的课。在一次美术图案设计课上，小 X 给过世的奶奶画了一条毛巾，在上面点缀了美丽的图案，还特别用了奶奶最喜欢的颜色，说要送给天上的奶奶使用。妈妈被孩子的孝心感动得流下眼泪，帮他把那条毛巾创意画摆在了奶奶的遗像前。

我也被孩子善良的心深深打动。这件事也使我重新认识了自己的学科。美术不仅仅给孩子以视觉美的感受，更能唤醒他们心中的真善美。在我们学科共同体的教研当中，美术组老师集体讨论达成共识，精心打造了奥龙和润教育的“心灵美育课程”，引导孩子们在课程中用自己的巧手把一张张纸、一笔笔颜色、一块块彩泥变成了对亲朋师友最真挚的祝福。同时，学校公众号平台也特别推出了“奥龙云美术馆”专栏，定期通过各种主题作品小微展展示孩子们的作品，成为奥龙学子表达自我、抒发情感的窗口。

包容不一样的美

绘画，不仅是一种情感的表达方式，也是一种情绪的出口。学生小 Z 是一个顽皮的小男孩，课间跑跳攀爬无一刻安宁，还极易与人发生冲突，常常令性格温柔的妈妈感到无奈和头疼。但这孩子有一个特点：美术课上异常投入，除了有时按捺不住内心的兴奋口中会下意识地念念有词，他简直安静得和课下时判若两人。画笔有时在右手，有时在左手，颜料刷子常常左右手开弓，笔走龙蛇，橡皮对他而言实在是一种摆设。这种孩子笔下的画肯定不会是常规定义里好看的、干净整齐的画，但是他的画有冲突、有张力，有各种饱满、激烈的情绪。有时候他会把我童真版的“海底观鱼”主题改编成惊悚版的“鳄鱼历险记”。我常常还来不及拍照，画里那可遇不可求的造型就被他新的颜料盖了个严严实实。对比小 Z 课上课下的不同表现，我认为他课上安静不仅仅是兴趣所致，还因为他把创作当成了一种情感的释放。于是我和小 Z 的妈妈交流，建议她不要以寻常的标准去评判这个孩子，应该给他多一点的理解、空间和时间，以免太多的束缚破坏了他的创造性和表达力。这番讨论得到了小 Z 妈妈的支持和感谢，也成为小 Z 多年坚持绘画的动力。

所以说，美术的表达并不总以一种赏心悦目的方式出现。美术从教者必须有包容的眼光、敏锐的感受力和准确的判断力，去捕捉孩子们笔下各种各样的美好，感受他们的情感和情绪，适时给予关怀和指导，带领孩子在享受创作和表达的过程中收获和成长。

故事感悟

就像开头所讲的绘本，故事有结尾但没有结束，瓦斯蒂开始用老师对待她的方式来帮助一个缺乏自信的小男孩。我的教育故事也才刚刚开始。教学过程中的及时反思和感悟，对于我的个人成长也弥足珍贵。

一、以美育人，以美培元

随着工作经验的积累，我越来越喜爱自己所教授的学科。看着孩子们越来越喜欢美术课，我发自内心地高兴和自豪。美是涵养道德、丰富精神的重要源泉。培养学生高尚的道德情操和健康丰富的审美体验，是美育工作者的使命和责任。作为美术教育者，我们需要充分挖掘和运用学科中蕴含的能够体现中华传统美德和民族审美特质的教育资源，陶冶学生的情操，温润学生的心灵，激发他们的创造力和表现力，并为他们打造积极展示自我的空间和平台，从而达到以美育人、以美培元的目的。

二、春风化雨，润泽童心

阿德勒说过，幸运的人用童年治愈一生，不幸的人用一生治愈童年。小学时光是每一个孩子最难忘的童年岁月，也是他们品格成长、性格塑造的关键时期。我们每一名老师正是孩子们童年的直接参与者和品格的关键塑造者。师爱，对于学生的成长至关重要。正如每一名从教者所熟知的“罗森塔尔效应”，教师对学生的殷切希望能够戏剧性地收到预期的效果。只有学生真切地感受到来自老师的爱，才会朝着老师期望的样子发展，成长为更好的自己。在奥龙，“和润童年，点亮一生”的教育愿景为诲人不倦的老师们指明了前进的方向，也为每一名孜孜以求的老师提供了关爱效应的广袤试验田。很荣幸，我是奥龙“和润教育”的一分子，我也立志成为照亮童年的一束光和润泽童心的滴滴雨露。

三、教学相长，携手并进

爱出则爱返。每一个对孩子倾注真心的老师都会收获来自孩子的、这世上最纯真的爱。因此教师的职业幸福感是其他职业无可比拟的。我常常沉浸在孩子们的“甜言蜜语”里——“美术老师最美了”“你是我们的美美老师”，陶醉在他们一拥而上、层层环绕的“爱的包围圈”里。予人玫瑰，手有余香。教师是教育者，但也常常从孩子身上收获到全新的感悟。因为，真正地走进孩子的内心，不仅仅是蹲下身来，还要把自己也当成孩子，才能真正地理解孩子。所以，在教书育人的同时，我收获了一次又一次的成长，丰富了人生的体验，也激励自己无数次重整行装再出发。这样的愉快感受是教师职业独有的体悟，也是教学相长最美好的馈赠。我谨以学校的核心理念“和合共进，润心育人”自勉，与学生携手并进、共同成长。

屈原的《离骚》有言：“余既滋兰之九畹兮，又树蕙之百亩。”我常想，做教师最理想的状态就是成为一块土壤，一块能够不断给予学生滋养的土壤。成为沃土，而不是日趋贫瘠的土壤，则需要对学生持久绵长的爱和对自己坚持不懈的要求。耕耘自我，成人达己，心之所向，素履以往，我也定能收获前方道路上独特的美景和不尽的芬芳。

（李媛）

阅读评述

从教育心理学的角度来说，教师恰当的教育行为对学生的心理健康起着积极的作用，表现为关注效应或期望效应。作者受一本绘本的启发，认识到教师的期望、关爱、包容对学生成长的莫大作用，并运用到自己的教学实践当中。通过三个小故事的讲述，表达自己在接纳和引导学生的同时，自身对学科的认识和育人的体悟也产生了逐步深入的变化，从而达到了教学相长的效果。

鼓励的光芒

故事聚焦

体育是提高民族素质和创新能力不可缺少的组成部分。奥龙小学以“让运动成为习惯，让健康陪伴一生”为目标，制定了“年级项目式”特色体育活动，创编符合学生身体发育规律的大课间体育运动项目，提升学生的身体素质。

故事叙写

结合我们学校“一个目标、两类课程、三项间操、四大保障”体育教育总体规划，每学年初，各年级都会根据学生能力基础和兴趣优势，自主选定本年级的体育运动项目。本学期各年级正在推进的项目分别为：一年级跳小绳，二年级花样篮球操，三年级武术操，四年级跳大绳，五年级踢毽子，六年级排球垫球练习等。每月月底，学校都会统一组织大课间阶段性测评，根据各班、个人达标情况，可以让学生更清晰地了解自己的练习效果，确立新的目标，持续不断地提升自己的技能。

跳小绳是我们一年级学生非常喜欢的一项体育项目，也是我们年级的必选项目，这对刚上一年级的孩子来说也是一种挑战。记得有一次，我带着一年级孩子练习跳绳，在我进行完讲解、示范、辅助练习之后，就让小朋友们自己练习。会跳的小朋友可高兴了，他们争先恐后地让我去看表演，有的同学之间互相比赛，有的自己练习，玩得特别快乐。这时我发现有一个小男孩（灰灰）一个人呆呆地拿着绳子站在那里。我走到他旁边，另一个小男孩举起手大声地说："老师，他不会跳！"周围的同学们都笑了起来。灰灰不好意思地低着头不说话。我摸摸他的头，亲切地说："灰灰，不会跳，没关系，老师教你。"于是，我一步一步地引导他，先教他摇绳，再教他掌握好起跳的节奏和时机，并及时地鼓励道："慢慢来，老师相信你肯定能学会的，万事开头难，对不对？"他听我说完后，尝试着跳了起来。刚开始，他一个也跳不过去，我在旁边给他鼓励道："再来一次，先摇后跳。"在我的鼓励下，他很艰难地跳过了一个。这时，我高兴地说："看，你真棒，能跳一个了。再试一试，能不能再连续多跳一个？"在大课间结束前的小结中，我在全班同学面前表扬了灰灰，虽然在这次练习中他只连续跳过了两个，但凭这两个，我认为他获得了很大的成功，因为他战胜了自己的胆怯和自卑，找到了自我，找回了自信，得到了快乐。

为激励学生的锻炼热情，学校以"月"为单位，针对不同项目内容，制订了具体的阶段性目标并定期进行班级达标检测。每次大课间结束后，我都及时找灰灰谈心，并根据学校制定的月测目标，帮助他制定每周的进步目标，促使他成功达成月测目标，激发孩子锻炼的热情。第一个月月底，学校统一组织进行大课间阶段性测评，灰灰似乎非常紧张，一直默默地练习着。我悄悄地走到他的身后，轻声鼓励他："没关系，尽力就好，加油！"当时作检测员的是五年级的学哥学姐们，他们一边帮助一年级的小朋友数数，一边鼓励着他们。我看到灰灰全程全神贯注，非常努力，直到检测结束，跳得满头大汗。灰灰第一次月测跳成绩是每分钟 50 个，虽然结果不尽如人意，但是我却看到了灰灰全力以赴的样子。

在以后的大课间，我都会不断地鼓励灰灰练习跳绳。陈鹤琴老先生的

“用比赛的方法来增进学习的效率”的教育原理激发了我的灵感。利用儿童竞争心理，我主动找来灰灰，与他一起开始了为期一个月的互动赛。果然，这激起了灰灰的斗志。第二个月的跳绳检测中，灰灰可以连续跳 70 多个了，以“良好”的成绩顺利通过检测。他虽然不是最优秀的，但却是最努力、进步最大的一个。

当然，一年级其他的“小豆丁”们也都如灰灰一样，有了很大的进步，从开始的不会跳绳到学期末基本每分钟超过 120 下，孩子们俨然成为学校的“跳绳小达人”。我想，正是由于学校每月的“学长助测”“每月达标展评”等多元评定与及时跟进，才有效地督促了一年级学生养成了每日坚持跳绳的良好习惯，助力他们更好更快地掌握了该项运动技能。

故事感悟

这个孩子的事例，让我受到了深深的启发。

第一，运动的过程是学生突破自我、锻炼意志的过程。参与年级活动，不仅可促进学生养成“爱运动、会运动、能运动”的意识和习惯，同时也是鼓励学生不断对自己发起挑战，不断突破自己、完成挑战的有利契机。这也得益于我们奥龙小学“和合共进，润心育人”的教育理念。

第二，运动习惯的培养和技能的训练促进孩子一生的健康成长。我们利用每学期运动会、班级联赛展评等形式，确保学生全员参与，全部达标落地。一年至少一个项目，小学六年下来，每一个孩子至少可以掌握 6 种基本体育技能。这些运动技能可以助力学生们一生的健康和发展。

第三，“以体促学”，激发学生主动学习的欲望。教师的作用不仅仅是教孩子做什么，更重要的是激发孩子自主学习的愿望，让孩子主动地学习和探索，获得最大程度的发展。

第四，成长需要鼓励，每一个孩子都希望自己是成功者，都期待着老师的肯定和赞誉。心理学中有种现象叫作“皮格马利翁效应”。该效应要求教师和家长对孩子的成功抱有积极的心态，并在日常的教学或生活中将这种积极心态传递给孩子，使他们感受到老师和家长对自己的希望，从而增加学习中的信心与动力。灰灰的进步就是此效应的有力佐证。灰灰的转变，也让我认识到了心理学理论在实施教育过程中所发挥的力量。

（陈敏）

阅读评述

体育锻炼不仅可以锻炼学生的身体素质，还能培养学生的坚强意志和心理素质。奥龙小学“年级项目式”特色体育活动在实现学校育人目标、培育健康阳光奥龙学子的过程中，起到了不可替代的促进作用。提高学生体育锻炼的兴趣与积极主动性，关键要从学生自身入手，内驱力才是学生学习的动力与源泉。陈老师在教学中充分调动学生的学习积极性，让学生自我推动、学好功课，可谓事半功倍。

第九章　有效沟通，协作助成效

“沟通与协作”是教师专业发展素养的组成部分，同时也是促进教师专业成长的重要路径和策略，包括与学生、家长、同事、领导以及自己的沟通，并与各方建立合作互助的良好关系，方可取得更好的实践效果。同时，无论是自外而内的“内化”过程，还是由内而外的“外化”过程，本身也是对自我认知和理解的强化过程，可以非常好地促进教师个人的思考和成长，也有助于丰富教育经验，提高合作能力，促进自我反思，对教师的专业发展有很大的帮助与提升。

一、通过沟通，丰富个人实践经验

教师在与学生、同伴、家长等对象的沟通互动中，不仅可以更客观、全面地了解别人，也能够更加准确地把握自身教育设计和实施的科学有效性，丰富自己的教育教学实践经验，并完善自身的不足，以期更科学地进行改善和调整。“三人行，必有我师。”通过与别人的经常沟通，也可以更好地开阔自己的思路，启发更多的智慧，让自己的专业实践更加高效和丰富。以家校沟通为例，每学期初学校都会定期召开各年级和班级的家长会，将本学期的相关安排和配档情况向家长做简单介绍；学期中也会通过家长会，向家长反馈孩子阶段性学习的成效和不足，家校之间进行详尽的沟通和交流；学期末，学校还会分批召开精准化的家长会，就学生一学期以来的成长情况和家长进行全面深入的双向沟通，制定假期和新学期成长计划等等。在沟通过程中，教师用自己的专业和真诚赢得家长的信任与理解，家长就自己的喜悦和困惑与老师进行即时的沟通，这些都是对教师自身专业实践经历的丰富，更是教师阅历和智慧的积累，势必可以促进教师教学质的飞跃与提升。

二、通过沟通，提升团体协作能力

教师工作的顺利进行离不开平日里朝夕相处的同事、学生乃至家长的配合与协作。高效、默契的沟通与协作不仅可以提高教师的合作能力，更能促进教师专业能力的高质量发展。例如，为了更好地促进教师间的协作与沟通，学校成立了不同学科、不同学段的教师共同体，共同体内的成员以同伴互助教研的方式来促进和提升自己的专业成长。共同体内的互动合作式学习不是简单意义的走形式、摆样子，而是以真诚、坦率、开放的合作者心态彼此接纳、彼此发现、彼此启发、共同提高。通过专题性交流活动，不仅每名教师都能获得单独学习所得不到的信息和经验，而且教师团队整体水平也可以得到更加高效的建设与发展，教师合作意识、合作能力、团队集体观念等都会得到不同程度的提升与发展。

三、通过沟通，促进协作育人实效

学校教育最终的落脚目标在学生、在育人。通过科学、及时、有效的沟通，可以更好地发挥教育合力，落实高效育人。教师在与学生和家长的沟通中，能更多地了解对方、理解对方，尤其是了解学生的个性特点与差异，了解其在家中的日常状况和问题，能够更好地进行因材施教；教师通过与搭班同事的沟通，可以形成更多理念上的共识和行动上的协调，通过相互配合与协作，可以更好地提升班级管理、课堂管理的效果等。这些都是通过沟通实现高效协作育人的常见策略。同时，在与家长或同伴分享教育经验和感受的过程中，教师会不断反思自己的教育方法，调整自己的教育措施，以此提升自身的专业技能和水平。

在“及时沟通，协作育人”的过程中，育人实效会实现最大化，教师处理问题的能力更会得到同步提高，专业素养得到全面锻炼与发展。这是一个双赢甚至多赢的过程，老师们一定要把“沟通”这个工具用好。

奋斗驱萧索，不负青年时

故事聚焦

作为年轻教师，青春是我们的资本，自信是我们的个性，拼搏是我们的誓言。然而在教育事业上还需要我们自己去发扬苦干精神，不断去探索、学习和积累，才能够更好地提高、完善自己。

故事叙写

如果说我们的生活是充满阳光的，那么教学生活就是阳光灿烂的。对青年教师而言，只有不断提高自身的专业技能和职业素养，系统地学习发展教学理念，才能更好地胜任教育教学工作，才能成为塑造学生品格、品行、品位的“大先生”。我很幸运，来到了奥龙小学这个致力于提升教师专业化发展水平，帮助每一名青年教师有序做好自我成长规划、扎实高效提升自身专业发展的大家庭。

坚定·起航

时间过得真快，刚踏入教师岗位时不知所措的状态还历历在目，不觉间，加入小学教师队伍已经是第五个年头了。五年间收获满满，让我印象最为深刻的便是那段刻骨铭心的读研经历了。2021 年 5 月，我拿到了研究生毕业证书，当拿到证书的那一刻，我的眼泪不自觉地流下来，因为没有人比我更了解这张证书对我的意义以及背后的故事。

2018 年的夏天，在经历了新教师的迷茫与探索后，我选择了一项更大的挑战，那便是提高自身专业水平，考取研究生，成为一个“斜杠青年”。考研深造是我一直以来的追求，是从高中时期就立下的目标。考研报名时，我纠结了好一阵儿：繁忙的教学任务加上第一次承担学校德育相关工作，一边工作，一边复习，我真的能考上吗？九月份了，别人都已经复习第二轮了，我还没真正开始复习，还来得及吗？这么多知识点，我能全部复习完吗？大家都知道我要考研，如果考不上会不会很丢人呢？带着各种疑问的我还是拿起了专业书，尝试着做了一套自己最自信和拿手的曲式分析题，但结果和正确答案完全不一样，这让我倍受打击，甚至有了放弃的想法。迷茫与不知所措的我被学校领导叫到了办公室，得知我有考研意向后，领导先是对我不断追求自我提升的精神和行为表示了肯定，而后就对我接下来的工作进行了详细的指导和规划。领导告诉我，学校可以依据我的时间表帮我排课，尽一切努力助我考研。这给予了我极大的支持与鼓励，让我更加坚定了考研的决心，既然心中有梦，为何不为之奋斗？努力了，不管结果如何，也无怨无悔。知识是无止境的，学习是一生都要坚持做的事情。越努力越幸运！最终不负众望，我顺利地通过了研究生的各项考试。

探索·前行

学业与工作交叉进行的节奏总会让人倍感压力，曾几度快要坚持不下来时，领导的支持、同事的帮助，都给了我不认输的力量。由于专业的特殊性，学习美声演唱的我需要兼顾专业练习和文化课学习。此外，每次研究生期末备考期间，我还需要参加演出。紧张的排练和文化课的学习让我忙得脚不沾地，总是觉得时间不够用。有段时间，我在声乐训练部分遇到了瓶颈，深深的焦虑感涌上了心头。当时作为我结对师傅的周璐璐老师常常和我谈心，在心理和专业上都给了我许多帮助，让我能够更加自信地提升自己的专业素养。放下焦虑后，我在声乐训练上取得了不小的进步，文化课成绩也日渐向好。

在研究生毕业阶段，音乐表演专业的我既需要举办个人独唱音乐会，还需要完成论文和期末考评，如何兼顾学业与工作呢？这时学校的同伴互助模式为我的专业发展提供了很好的解决思路。我的同伴互助组的小伙伴是和我在同一个办公室的周璐璐与徐飞老师。两位老师无论在工作、生活上，还是思想、业务上，都给予了我很大的帮助。当我在工作中遇到协调不开的困难时，两位老师总会第一时间帮助我；当我遇到教学上的难题时，他们也都会鼓励我，帮我排解压力。师傅周老师给了我很好的建议，告诉我要合理安排好一天的时间，利用碎片化的时间背歌词，利用大块完整的时间修改自己的论文，合理利用好奥龙教师的专属福利“第三空间”。于是我开始规划我的时间，在早上上班和下午下班的路上可以听歌、学歌、背歌，中午休息时间可以抽出半个小时修改论文，晚上回家撰写和修改论文。每天学校组织的跑操也成了我放松自己的专属时间。在经历了无数个清晨与黄昏后，我圆满完成了各类学业考试以及两场个人专场音乐会，顺利完成了毕业设计。我深知这其中收获的不只是自己的各项专业成长，还收获了真挚的友情以及在教育行业坚定走下去的信心与决心。

这次特殊的求学经历让我深深地感受到：个人成长离不开自信、钻研、毅力，更离不开学校环境和教师群体共同构筑的强大后盾的支持。

成长·蜕变

“勤学如春起之苗，不见其增，日有所长；辍学如磨刀之石，不见其损，日有所亏。”拉开人与人之间差距的，往往是日复一日微小的积累。懂得持续学习、终身成长的人，更能保持积极进取的状态。持续学习，努力提升自己，很多问题自会迎刃而解。没有一个人能够随随便便成功，成功需要背后的努力、坚持、付出。这是我教师专业成长中最大的感悟。

记得尹校长曾经说过，老师要有一颗愿意成长的心，但最重要的是有人愿意拉着你走。回首读研路，感动每一步。学校全力支持教师提升自我，认真组织考研教师参与各类培训，同事们给予热情的帮助、鼓励。正是这平和友爱的工作学习环境，让我的读研之路不但充满了温馨，也充满了乐趣。

奋斗驱萧索，不负青年时。每一个优秀的老师、每一个名师都是慢慢成长起来的。成长没有捷径，唯有脚踏实地，在专业领域里，一步一步攀登，才能登上事业的高峰。愿我们都能心怀感恩，终身学习，自强自立地生活在阳光下，努力去成就非凡的教育人生。

故事感悟

一、同伴互助，加速成长

为了促进新教师更快成长，为学校的可持续发展和未来教育竞争培养更多优秀的后备人才，学校开展了“青蓝工程，师徒结对”“第三空间，同伴互助”等教师专业成长活动，进一步发挥骨干教师的教育教学优势，从多个方面给像我这样的年轻教师提供了各项支持，加速了青年教师的成长。教师彼此间既是合作者又形成学习共同体。所谓“第三空间”，简单来说，就是每名教师每月都可以自主选定“一天”或者两个“半天”或者四个“两小时”的时间段，在确保自身安全和不影响正常工作的前提下，选择自己喜欢的方式和地点，用于放空自己、反思成长，排解压力、锻炼身体。

自从有了"第三空间"和自己的"小伙伴"，我的教学工作不但不会耽误，工作效率反而更高了，同事关系更加和谐，日常生活更加丰富多彩，职业幸福感更强烈了。

二、终身学习，自我提升

俗话说："活到老，学到老。"要给学生一杯水，自己必须先有一桶水。要做一名好老师，甚至必须有一池的活水。这就要求我们不断学习，具备扎实的专业基础和渊博的文化知识。教师的专业知识是教书育人的资本，是将学生培养成才的必备条件，是教师必备的业务素质。只有这样才能培养出高素质的对社会有用的人才。

终身学习符合时代更新发展的趋势，是教师发展的不竭动力，是教师职业道德规范要求之一。教师知识不断更新，能够为学生提供与时俱进的学习内容，有利于学生掌握先进的知识和技能，有利于学生的发展。同时也给学生树立了良好的榜样，有利于构建终身学习的校园氛围。并且，终身学习有利于提升教师的职业素养，有利于教师自身的发展。

三、牢记初心，追光不止

每一个孩子都是一粒花种，每一粒种子都有自己特有的花期。有的很快就绽放笑颜，有的默默生长。其实无论快慢，种子总会发芽、开花。作为陪伴孩子成长的我们，又何尝不是这样？教师专业成长之路，也是发芽、开花之路。阳光的照耀，雨水的灌溉，自己努力地生长，每一步都那么值得骄傲！

身为一名青年教师，我切身地感受到这是一个焕发着勃勃生命力的职业，感谢学校为青年教师的发展搭建了一个广阔的舞台，为我们的茁壮成长提供了一片肥沃的土地。有了工匠师傅精心的打磨，才能成就一件精美的艺术品；一个人要经过多重的修炼，才能成为某一领域有所建树的人。路漫漫其修远兮，我将一如既往，牢记初心，上下求索。

（张亚琪）

阅读评述

张老师从教师专业成长的角度入手，以自身的研究生学习经验为依托，讲述自己在边求学边工作中所遇到的疑惑与困难，并在不断的实践中产生新的思考，从三个角度入手，明白了专业化成长的重要性，也对自身未来发展有了更清晰的规划。对青年教师而言，要成为终身成长的人，就要保持积极进取的状态。持续学习，努力提升自己，在青春的节拍里，找寻新一季的花期。

一次难得的“出题”之旅

故事聚焦

机会是留给有准备的人的。作为教育工作者，我们要不断学习，不断接受新的知识，践行终身学习的教育思想，活到老，学到老。如果你不努力去学习，就会被社会淘汰，特别是对一名教师而言更是如此。人们常说：“要想给学生一杯水，自己必须有一桶水。”教师要学为人先，与时俱进，生命不息，学习不止，做适应时代要求的学习型教师。

故事叙写

某天下午，我正在上课，突然收到张校长的信息，说有个任务需要我完成。下课铃响后，我马上跑到张校长办公室，迫不及待地问：“张校长，交代我什么任务呀？”张校长说：“区里有一个封闭出题的机会，就想到了你，你愿意去吗？”我一听出题，还是区里的，这事可马虎不得，加上我当时头部刚做了一个小手术，还未完全康复，于是我有点畏难。张校长可能看出了我的犹豫，于是说：“其实你可以利用这个机会跟着前辈好好学习一下，将来也会对你的科学教学有所帮助。”我觉得张校长说得也挺有道理的，于是就说：“可以，我愿意去。”

接下来的几天，我还是和往常一样，按时上下班，认真完成教学任务。除此之外，我也积极着手本次出题工作的前期准备工作。利用课后时间，认真研究出题范围，把握出题方向，并从网上搜集了一些六年级科学试题，进行比对、整理、摘录，以备出题的时候用来借鉴。此外，我还利用出发前的这段时间，把本次出题范围的相关知识点做了归类总结，初步预设了每个知识点的出题类型。就这样，在忙碌充实的工作中，出发的时间到了。

经过一天的奔波，我们到达了集中出题的地点。晚上7点，培训会议准时开始。在培训会议上，各科教研员就自己的学科特点，讲了一下出题的要求。每一个学科，每一种提醒，每一个要求，我全部都认认真真地听，认认真真地记录。尤其是蒋晨老师的培训讲演，我更是不敢漏掉一字，生怕出题过程中有任何的失误。这次培训，我学到了很多知识。譬如，出题时，要求能够运用简明扼要的语言把题目说明白；出现的选项也不能模棱两可；采用的图片要清晰，具有代表性；等等。除此之外，从蒋老师的培训演讲中，我更加深深地领悟到，从事教育工作，就要严谨、细心、仔细，容不得一丝马虎。甚至有的时候就是需要给自己挑毛病、找错误、查缺点。培训会议结束后，剩下的内容就是本次工作的重头戏了！按照蒋老师的要求，我们在题库中根据列出的知识点搜索对应的题目，然后再根据知识点的难易划分题型，最后根据试卷的分值删减题目、更换题型。就这样不断地搜题、组题、出试卷，这是一项繁重而严谨的工作。出完题之后，是不断地修改完善。这个过程需要反复地校对，一个数一个字地去研磨，每天不停地忙碌，夜里2点休息是正常现象。最后定稿、排版，这样一套完整的试卷就完成了。几天的时间转瞬即逝，我的第一套科学试题的初稿终于面世了！我迫不及待地把试题发给了蒋老师，希望得到她的点评。蒋老师先对我提出了表扬，肯定了我的工作。然后，结合本次出题的特点，给我提了几点建议：第一，题目不要太难。我们出题的目的不是要难住学生，而是考查学生对知识的掌握，所以，要控制试卷题目的难度系数。第二，试卷中采用的图片一定要清晰，易辨认，必要时可以备注简明扼要的文字加以说明。第三，科学是与音乐、美术、劳动在一张试卷上，总共25分，所以题目不宜过多，要减少题目数量。听完蒋老师的话，我意识到，我的这份试卷要改动的范围是全部。一想到自己在出试题时起早贪黑地忙碌，我有些沮丧。蒋老师安慰我说："不要灰心，出试卷哪有这么容易，你已经很不错了。休息一下，晚些时候再继续改吧，我明天再看。"送走蒋老师，我对室友说："我原本认为出试卷很简单呢，原来这么麻烦。"不过有了蒋老师的建议做依据，第二套试卷出得相对来说就比较快了。第二天上午10点左右，我把第二套试卷发给了蒋老师，一会儿就收到蒋老师的回信：前往她的房间开会。我带上电脑，直奔会议地点。这次的会议主题是：试卷分值要求有变。我顿时感到浑身无力。这也就说明，我昨晚熬夜出的那套试卷又要重新再改。好事多磨吧！经过半个小时的会议研究讨论，我们最终确定了本次试题的题型、题目数量以及题型的分值。有了统一的标准，我们就更加明确方向了，再加上前面两次试卷的经验，我相信这次会更加游刃有余。于是，会议一结束，我就迅速回到房间，又重新修改起来。到了下午 4 点左右，我把经过多次修改校对的试卷再次发给蒋老师审核，其间经过几次对小细节的修改，一直延续到晚上 11 点，我把最终稿发给蒋老师。蒋老师回信息说："可以了。"当时，我的感觉就犹如久旱逢甘霖，又如乌云间透出一束阳光，觉得这几天的付出都是值得的，都是自己的财富。我笑了，对室友说："终于定稿了。"带着喜悦的心情，我踏上了返程的路途。

期中检测的时间到了，当这份试卷出现在学生们面前的时候，我心中暗暗地高兴——我亲自参与出题的试卷，现在竟然在学生们的手中。考试结束后，我找到六年级二班的科学课代表等几位学生，并向他们询问本次考题的情况。他们都一致认为，本次的考题不难，所考察的内容都来自课本，是学生们所能接受的。题目虽然有限，但应当考察的内容都包含在内了。学生们表示，本次科学考试，自己考得应该还不错。听到学生们这样说，我的心中有说不出的喜悦，自己的劳动成果终于得到了学生们的认可。这次的出题之旅，自己没有白去。同时，通过这次的经历，我意识到，在以后的教学过程中，我要不断地充实自己，时刻准备着，当机会来临之时，我将会牢牢地抓住它。

故事感悟

通过本次的出题之旅，我收获感悟很多。

一、机会掌握在有准备的人手里

这句话其实就是告诫我们，机会对于我们每个人来说是可遇不可求的，但同样，机会需要我们每个人去创造。机会是留给有准备的人的，这是在提醒我们要时刻做好充分的准备，去迎接来之不易的机会，也许就在我们努力过后的某一瞬间，机会会突然降临。这个时候我们就有足够的能力来迎接机会，并且利用好机会，实现梦想，达成新的成就。就如这次的出题，如果不是对六年级科学知识已经掌握得很熟了，我也不可能自信地答应下来，更不可能在短时间内完成科学试卷的出题任务。

二、活到老，学到老

在这个竞争的社会，我们不仅要学习实践知识，还要不断充实理论知识，因为知识也在日新月异地变化，旧的知识会不适应这个社会快速前进的车轮。我在出试卷的过程中学习到：原来出试卷并不是一件很容易的事，在搜题、组题的过程中，我仿佛又对六年级科学有了新的认识，感受到了科学的魅力。

三、有付出就有回报

回顾这几年的从教历程，我深深地感到，要做一名学生需要并喜欢的老师，就必须时刻注意修养师德，以自己的一言一行去影响学生。每天要求学生做到的，我自己首先要做到。虽然我们的工作是平凡的、琐碎的，也是艰辛的，没有令人羡慕的财富和权力，没有显赫一时的声名和荣誉，也没有悠闲自在的舒适和安逸，可是我们却有对教育事业的热爱和忠诚，将青春和生命奉献给教育事业的信念和决心。每天面对着一张张青春洋溢的脸，一颗颗水晶般纯净的心，我想：教育事业也许拥有世界上最高利润的回报，你播下的是一粒爱的种子，收获的却是整个美丽的人生。教学中，我也许不能把爱汇聚成海，但我会竭尽我的生命把爱的水滴凝聚成一条小溪，让清澈流进每个学生的心。教育是一方充满理性的天地，也是一片饱含情感的空间。

（李念君）

阅读评述

本篇教育故事通过描述一次封闭“出题”的经历，向读者阐述了教师本人的收获和感悟。教师在此次出卷的过程中，从最初没有明确的目标，自己盲目地搜索题目、重组试卷，致使试卷存在许多问题，到后来，经过蒋老师的讲解指导，有了清晰的思路，明确了出题的思路，成功地出了第二套试卷。从这个过程中，可以看出教师本人的成长。她能够在短时间内接受新的思路，并能把握出题的重点，是很值得佩服的。虽然第二套试卷由于分值的变更问题，要进行再次的修改，但对教师本人来说，还是值得庆幸的。最后，教师成功地完成了出题的任务，给自己也给蒋老师送上了一份满意的答卷，收获了成功的喜悦。

教师本人在描述本次出试卷经历的时候情感真实，所要表达的内容通俗易懂，可以看出这次经历对教师本人的影响之深远。

大巴车上的歌声

故事聚焦

没有艺术教育，就不可能有个性的全面发展。艺术教育是一种情感教育，其功效不是立竿见影的，但它却像“润物细无声”的春雨一般，渗透在学生成长的方方面面，并以它独特的功能，对人的全面发展发挥着十分重要且不可替代的作用。

故事叙写

我是一名音乐教师，与音乐为伴数十载，最激荡我心灵的歌声却是一次在大巴车上听到的……

那是一个秋日的下午，天空换上了五彩的“衣服”，云朵围着橘红色的太阳，我们的艺术节展演也圆满谢幕。返程的大巴车上大家都放松下来，有的同学欢快地分享着美味的小零食，有的同学喜滋滋地交流着今天的收获，还有的则在夕阳的安抚下闭目养神。正当大家都在享受各自的闲暇时，一串清脆的歌声传进了我们的耳朵：“红星闪闪放光彩，红星灿灿暖胸怀……”大巴车上瞬间沸腾起来，跟唱的声音此起彼伏。一首唱完，“欢乐传话筒”游戏接踵而来，“歌神”们开始齐声歌唱了。《小小追梦人》《我们从红船走来》《青春就这 Young》《七子之歌》《少年》……一首接一首，孩子们越唱越起劲，声音铿锵嘹亮，震动了整个车厢。老师们也情不自禁地跟着打起了拍子，有的老师还拿出手机给孩子们拍视频，定格这美好的童年时光，就连司机师傅也忍不住透过后视镜向孩子们投来赞许的微笑。一曲未了一曲又起，就这样，一路走一路唱，孩子的歌声在回程的大巴车里回荡，笑声在同伴间传播。静静地享受着这美妙歌声的我，此刻心底不禁升起了深深的欣慰和感动：这难道不是世界上最美妙的歌声吗？要说这动人的歌声，还要从我们的“每日一歌”说起。

为丰富学生的校园文化生活，培养学生求真、爱美、积极、乐观的高尚情操和日常音乐素养，学校倡导各年级文化氛围建设，促进学生个性化发展。根据整体规划设计，自2020年开始，学校组织开展了一级一品“五个一”素养培育课程，即“一梦、一歌、一体、一艺、一技”。其中，“一歌”就是以音乐教师为主组织推进的“每日一歌”活动。每月伊始，音乐教师会结合爱国教育、红色传承、梦想起航等主题选定并推出一首经典儿童歌曲供大家学习，孩子们在每天下午上课之前统一演唱，元气满满地开启下午的学习生活。每当学校的提示音响起，孩子们就会端正站姿，跟随着旋律放开歌喉，大声歌唱。动听悦耳的歌声响彻午后的奥龙校园，动人的歌词，振奋的旋律，与同学们整齐嘹亮的声音，传播着积极的能量。一首首歌扫去了午休后的慵懒，让坚定与自信充满了孩子们的内心，为孩子们下午的学习积蓄精力，为自己的明天加油鼓劲。

当在大巴车上再次听见孩子们一首接一首地演唱着“每日一歌”时，我不禁感慨万千：原来我们播散在孩子们心中的每一粒种子，只要经过耐心地培育，都能生根发芽，浸润灵魂，丰盈生命。著名音乐家贝多芬曾说过：“音乐具有比一切智慧和哲学更高的启示。”内容丰富的艺术教育，不仅可以提升孩子们的艺术素养，更能让学习和生活变得有滋有味，使学生拥有更加丰盈的精神世界，感受更加绚烂多彩的生活。

故事感悟

一、艺术素养的培养不能急功近利

艺术教育是一个人获得全面发展的保障，也是实现全面进步的基础。艺术素养的培养不是急功近利的，而是一个慢慢浸润、熏陶、积累的过程，应多听多看，沉浸往复，从容含玩，渐次领悟。学校开展的“每日一歌”活动，不仅让孩子们日积月累受到音乐的熏陶，还调动了学生演唱歌曲的热情，给一天的学习、生活增添了不少欢乐，甚至在大巴车上、操场上、教室里都能随时不由自主地齐声演唱，振奋精神，积蓄能量。这也不禁让我深思：艺术教育的最终目标是什么？难道不是让学生在日常生活中找到艺术赋予我们的力量吗？

二、艺术教育旨在提高生命的质量

“没有艺术的教育，是不完整的，不幸福的。”在“双减”政策的引领下，学校更加重视对学生艺术素养的培育。不只是“每日一歌”，还有学校一年一度的艺术节展演活动、每年在高新区新年音乐会上作为开场或压轴的节目表演，包含各类艺体特色课程的“自主走班选修”，艺术体验贯穿其中的“班级项目课程”等，都在为学生提供艺术学习的沃土，为的是在国家课程高效落地的基础上，拓宽学生艺术学习的高度、宽度和广度。而作为艺术学科教师，我们更应该努力让学生在学校各类特色艺术课程和活动的引领下，在学习艺术知识、欣赏艺术作品、习得艺术技能的基础上，逐步掌握艺术的思维，拥有艺术的品位，具有艺术的精神，传承文化，丰富情感，陶冶情操，完善人格，进而拥有幸福、完整的人生。

三、艺术教育要与素养培育相融合

艺术教育作为旨在培养健全人格并促进人的各种能力全面、协调、和谐发展的教育形式，具有不可替代的作用。它潜移默化、润物无声的教育形式，正和奥龙小学“和润”教育的理念相契合。一直以来，学校重视艺体活动、美育实践，让艺体成为调节学生学习生活的润滑剂。学校通过“五个一”素养课程的落地，让每一个学生都能在小学阶段至少掌握2至3种艺术技能和6种体育基本技能，努力培养学生深层次的综合素养，真正让学生在艺体教育的浸润下塑造品格、激励精神、温润心灵、全面发展。

（周璐璐）

阅读评述

看到这篇文章，就能了解到奥龙小学是一个重视美育、注重学生全面发展的学校。不管是艺术教育，还是“五个一”素养培育，都能看到学校的温度、高度、情怀和思考。文章生动地描述了学生在“每日一歌”的熏陶下昂扬向上的精神面貌，以至于这种精神也延伸到了学生的生活中，延伸到了“返程的大巴车”上，让人感受到一种振奋人心的力量。希望奥龙小学以后能坚持把“五个一”做下去，让学生收获更多、更全面的素养，为以后的美好人生奠基。

项目带动，课程引领，全面培育

——奥龙小学五年级“小葫芦大魅力”项目课程

故事聚焦

像阿基米德撬动地球那样，用项目去撬动学生的探究欲、挑战欲、成功欲，用项目的完成满足学生的好奇心、成就感、尊严感，让学生站在课程的中央，于教师而言就不只是为令学生理解知识而教，更是为了令学生提升知识迁移能力而学。

故事叙写

“小项目，真行动，大收获。”济南高新区奥龙小学每学期一个小主题的班级“主题项目”系列课程，是学校德育品牌特色课程——“假期·开学系列课程”的延续。在每学期的开学第一周，由各班自主选定、申报、设计和有序准备后，各班自定一周的下午连续推进实施。在班主任老师的带领下和相关学科老师、专业老师、特聘家长的协助下，全体学生人人参与、相互协作，有条不紊地开展活动，重在通过项目主题研究带动、多学科整合教学、综合探究与实践性学习，培育学生综合技能、实践能力和全面素养。

“葫芦虽小藏天地。”奥龙小学五年级师生立足学校实际，结合绿色生命教育，开展葫芦课程，将“葫芦种植”与“葫芦文化”整合，融入了语文、音乐、美术、劳动、综合实践、“非遗”传承等科目及文化。老师与同学们一同探寻“葫芦的秘密”。

葫芦架下种葫芦

种下一粒葫芦籽，收获一片葫芦藤。一粒粒小小的种子，在同学们的精心培育下发出一颗颗小芽，同学们都带着期盼的目光注视着这些小芽，希望在自己手中，它们能快快长大。在自己的小组长的带领下，同学们讨论、分工，有的刨土，有的挖坑，有的浇水，小心翼翼地把小芽栽进坑里，这将是它们的新家。在同学们的悉心照顾下，小葫芦一天天长大。小葫芦向上爬了，长长的胡须真好看！小葫芦开花了,白花瓣,随风翩翩起舞,真动人！咦?小葫芦,怎么变黄了?同学们在老师的带领下,拿着纸和笔,一起观察记录着,寻找葫芦变黄的原因。“是不是该浇水了?”一名同学猜测道。“不对,土壤是湿的,昨天二组刚浇了水!”另一名同学马上否定了。那是什么原因呢?又是一阵七嘴八舌,同学们转身向传达室的门卫叔叔请教。门卫叔叔看了看架子,又看了看葫芦苗说道:“苗太多,该去苗了!”“哦,原来是这样啊！我们种得太密集了,有些长得不好的苗需要清理掉。”原因找到了,接下来就是行动了。有的同学回家请教了爷爷奶奶,在爷爷奶奶的建议下还带来了肥料,给小葫芦苗施肥后,土壤更肥沃了。清理枯萎的葫芦苗时,同学们有伤心,也有不舍,有的同学于是想办法在家里开辟出一片“天地”,把清理下来的幼苗种在了自己家里。尊重生命、优胜劣汰,这可比在课本上学到的生动多了!

葫芦藤上品葫芦

软软的叶片像浅绿色的翡翠,洁白的花朵似翩翩起舞的蝴蝶,嫩嫩的葫芦仿佛一个个可爱的娃娃。暑假结束后一开学,迎接我们的竟是满架的葫芦,看着这满眼的绿色,同学们妙笔生花,一边观察,一边讲述,不一会儿就写下了眼中的葫芦。他们笔下的葫芦可爱极了!

剪纸是中国传统民间艺术之一,是世界的艺术瑰宝。葫芦口小肚大,象征财库饱满、纳财致福,又因为它的谐音是“福、禄”,代表着美好的寓意。当剪纸碰上葫芦,一张彩纸,一把剪刀,一个个形态各异的纸葫芦就从他们手中诞生了！瞧！他们的剪刀“咔嚓咔嚓”在纸间穿梭,剪出一个个精美的“宝葫芦”作品,剪出精美花纹,剪出童真童趣……一切都洋溢着欢乐和幸福。

项目化学习是把学习当作目的,这个目的怎么体现呢?就要像阿基米德撬动地球那样,用项目去撬动学生的探究欲、挑战欲、成功欲,用项目的完成满足学生的好奇心、成就感、尊严感。“小葫芦大魅力”的项目,每一项都是学生主动参与,亲身实践,这样的成就感更加真实、强烈!

葫芦身上画葫芦

葫芦成熟了！同学们举着高高的小手,一起收获果实,别提多开心了!当说到“葫芦可以做什么时”,同学们最先想到的就是做葫芦瓢,可是我们的葫芦个头不大，除了做葫芦瓢还能做什么呢？同学们陷入了沉思，这时候是美术老师大显身手的时候了！“我叫你一声，你敢答应吗?”调皮的同学拿着美术老师带来的葫芦，一边表演一边观察。“哎？这个葫芦不一般，它身上的花纹真好看！”“老师，老师，你是怎么在葫芦上作画的，快教教我们吧！”瞧，一堂生动的美术课诞生了！打磨，上漆，造型，涂色，每一步同学们都做得认真仔细；星辰、花朵、城堡、鸟儿，同学们尽情发挥想象，让葫芦画多姿多彩，风格迥异。瞧，一幅幅作品多动人！

项目化学习的一个核心就是以学生为中心，从以教师为核心的讲授式被动教育转变为以项目驱动下的学生为中心的主动学习。想要达到以学生为中心的真实课堂，这样的思维转变是必要的第一步。

葫芦藤下唱葫芦

“葫芦娃，葫芦娃，一根藤上七朵花，风吹雨打，都不怕，啦啦啦啦……”对于这首歌，同学们可是耳熟能详，走到葫芦藤下总要哼唱几句，调皮的孩子还能根据歌词加上几个相应的动作。音乐老师看在眼里记在心里，音乐课上老师就让同学们展示自己的“葫芦娃”本事，并一步一步指导同学们把动作做标准，卡上节奏。这不，一个《葫芦娃》歌舞剧就排练出来了！

项目式学习，旨在让教师从讲课的主体变为学习的支持者和促进者，既给予学生充分的自由，又有专业的指导，让项目真正地与学生现实生活产生联系。项目式学习诠释了新课标理念下“运用学科观念和学科实践，调动学科知识和技能，解决学科本质问题，才能指向学生核心素养的达成”的项目化学习设计原则。

故事感悟

一、课程活动基于学生的兴趣、需求来设计

不管是总主题，还是小活动，都是教师在细心观察和耐心倾听学生的兴趣和需要基础上随机生成的，而不是教师根据教材预设的。追随学生的“心声”，为课程主题的持续生发提供了源源不断的“活水”。

二、随时提供必要的技术支持

在项目式学习中，教师作为知识的旁观者，基于学习和课程的需要进行必要的讲授、点拨等协助，以更好地帮助学生将课堂学习和现实世界相结合，促使学生将更多的知识变成技能。本课程中葫芦苗变黄、枯萎时，老师没有直接告诉学生解决方法，而是让学生通过自主观察、寻求帮助等方式自己发现问题、分析问题、解决问题。老师始终站在学生的身边或背后，促使学生从现有水平提升到更高水平。老师是学生环境的创设者、兴趣的激发者、需要的观察者、遇到困难时的鼓励者以及新方法的引导者。他们虽然退居“幕后”，却是最忙碌、最有智慧的“导演”。

三、理想的教育不是孤立的

本课程项目中的教师动用了各方人力资源，比如门卫叔叔以及学生的家长，为学生的学习活动创设了一种开放、多元和生活化的环境。在项目课程设计之初，学校便本着全校师生人人参与、专家经费动能引领、项目推动创新成长的基本理念和定位，每学期的开学第一周由各班自主选定、申报、设计和有序准备后，在班主任老师的带领下和相关学科老师、专业老师、特聘家长的协助下，共同协作，有条不紊地开展与实施项目，重在通过项目主题研究带动、多学科整合教学、综合探究与实践性学习，培育学生德、智、体、美、劳全面发展。

（吉仁亭）

阅读评述

项目式学习的根本特征是教师将学科知识嵌入真实项目中，学生通过完成项目建构知识和发展能力。“小葫芦大魅力”这一项目课程打破了学科界限，突破了单课时，从种植到收获，再到输出作品，历时两个学期。学生的收获是实实在在的，真正做到了以生为本。在项目学习中，学生的学习产出是真实的作品，如调研报告、剪纸作品、葫芦画等，这就是在落实对核心素养的培养，教下去知识，留下来素养。

我们的班级“责任田”

故事聚焦

生活即教育，劳动教育是学校教育不可缺少的一部分。奥龙小学结合学校的劳动基地，深度开发，每个班级开辟出“责任田”开展劳动实践活动。在种植和守护种子成长的过程中，引导孩子慢慢感受到了生命力的蓬勃，体验到了劳动种植的乐趣。

故事叙写

春天是种植的大好时节，根据学校劳动课程总体规划——“每人参与一次劳动种植”计划及植树节系列活动安排，学校自开学第一周起至 3 月底，组织师生参加至少一次劳动种植实践，使大家切实体验劳动的过程，感受劳动的价值与快乐。这也是学校对学生开展综合实践教育和劳动主题教育的重要举措。

“青青园中葵，朝露待日晞。阳春布德泽，万物生光辉。”春天是种植的大好时节，随着 3 月 12 日植树节的到来，孩子们期盼已久的种植活动终于要来啦！

根据学校绿化美化大体规划，我们班自主认定了一块“责任田”，其位于学校的东墙区域。在种植的前一周，我们在班里以共同体的形式讨论了今年要种植的植物种类。有的小组选择了白菜、生菜和油菜，因为绿色代表春天的生机勃勃；有的小组选择了向日葵，因为它向阳而生，代表了春天的希望；还有的小组选择了菠菜、香菜，因为它们是春天的当季蔬菜。除了了解美好的寓意，孩子们还想仔细观察植物的生长过程，体验生命和成长的力量。

班里的小璟是劳动热情最高涨的学生之一，为了更好地进行种植活动，小璟还邀请了自己的爷爷提前来给全班进行种植知识的普及和宣讲。小璟爷爷非常细心，讲解得非常细致，从环境整理、翻土、种植、浇水等各个方面给孩子们进行了介绍，嘱咐了种植的注意事项。孩子们听得津津有味，异常认真。

期盼已久的种植日终于到来啦！不少孩子一早就带好了小铲子、小锄头、水壶等种植的工具，来到教室等候。以小璟为代表的小组长们已经开始给组员进行细致的分工了！学校大喇叭一响起来，孩子们就飞奔到我们的种植区域，在老师和家长志愿者的带领和帮助下进行了一系列的松土、培土、施肥、捡石子等整理活动。我跟着小璟的小组参与了种植的全程。小璟带头先开始松土，由于种植经验比较少，所以小锄头、小铲子的应用不是很熟练。忙活了不一会儿，小璟和组员们头上就冒出了大滴的汗珠。“吴老师你看，我头上的汗滴到土里，就当提前给土地浇浇水啦！”小璟兴奋地喊道，看到她乐此不疲的样子和埋头苦干的认真劲儿，我们都笑了起来。不一会儿，大家就齐心协力地整理出了一块块平整的“责任田”，霎时间我们的种植区域焕然一新。孩子们兴致勃勃地种下了白菜、生菜、菠菜、香菜、油菜、向日葵等植物的种子或小苗。孩子们纷纷表示，以后每周都要来呵护我们种植的蔬菜，按时给小苗浇水、施肥、拔草、除虫，还要把自己观察到的情况写进自己的“小苗观察记录”中呢！

在种植结束后，小璟感慨地说：“老师，我好像看到了一畦畦绿油油的白菜、菠菜、生菜正展现出勃勃生机，等它们长好，我要带回家给爸爸妈妈做道美味佳肴。”听到小璟的憧憬，有的孩子接着说：“我仿佛看到了，在一片片向日葵的海洋里，金黄色的花朵像一朵朵随风浮动的浪花，迎春怒放，摇曳出一幅幅梦幻般的景象。”有的孩子说：“老师，我觉得一粒米、一棵菜都来之不易，我要好好珍惜粮食！”还有的孩子说：“我要用我种的向日葵做个工艺品，送给我的爸爸妈妈。”最后，小璟总结道：“吴老师，同学们，我发现，自己有一双勤劳的小手，我要用它来创造美好的、幸福的生活！”

“小璟说得可真好！”在欢声笑语中，孩子们兴奋地畅享着收获的那一刻，我们也仿佛看到了那长势喜人的果实：金黄的向日葵，绿油油的蔬菜的海洋……

霎时间我突然想到，没有亲近泥土的童年不是快乐的童年，远离大自然的教育不是完美的教育。种植活动的开展，不仅是一项劳动实践课程，更是开展生命教育的有效途径。小小种植“责任田”，就是让孩子们有机会走出教室、走进大自然的课堂，为学生的全面发展提供了一个开放的空间。学生对于生命教育也有了切身的体验。就像小璟说的：“我有一双勤劳的小手，我要用它来创造美好的、幸福的生活！”这次的种植体验是多么生动的一堂劳动课、多么有意义的一堂生命教育课啊！

故事感悟

劳动教育是济南高新区奥龙小学坚持“全面培育、五育融合”的重要举措和内容之一。学校结合办学优势和学生发展需求，通过设计以“劳动最光荣”为主题、以“自理自立”“动手实践”“家务劳动”“公益劳动”四个维度规划的课程为主要内容，定期为低、中、高年级段学生分别确定“劳动清单”，结合主题项目式学习、班级劳动周、家庭责任田等多举措、多路径高效实施，逐步实现培养“劳动意识”、发展“劳动技能”、养成“劳动习惯”、形成“劳动价值观”的核心育人目标，构建起以“课程化”设计、“清单式”落地、“项目制”推进为重要典型举措的劳动教育育人体系架构，助力学校劳动教育真实发生。同时结合开展劳动教育和校园绿化、美化种植整体规划，学校在校园适宜位置开辟出种植区域，请各班级自主认定一块“责任田”，种植内容、时间等也根据各自年级的特点自主申报，学校进行整体统筹和规划确认，为学校劳动教育的开展提供了强有力的保障。

体验种植快乐，感悟生命成长。在本次种植活动中，我们通过课程化的方式让学生掌握了和种植相关的劳动技能，并通过班级“责任田”的方式进行种植。在种植活动中不仅培养了学生的责任感，还引导学生通过亲身体验感受到了劳动的意义和乐趣。学生明白了“劳动最光荣”的道理，从而更好地感受到了劳动的快乐。学生在劳动中获得知识，在分享中收获快乐，在与植物共成长中体味到生命魅力。这样的经历是留给孩子们的最宝贵财富。

劳动教育可以通过家校合作、社区联动等方式合力推进，从而构建和形成“大劳动教育”的观念。家庭中，如果父母能够因势利导、循循善诱，或者言传身教进行劳动示范，激发孩子的劳动兴趣和内因，孩子就会在积极而有成就感的劳动体验中成为劳动者和生活的创造者。建议家长们抓住衣食住行等日常生活中的劳动实践机会，鼓励孩子自觉参与、自己动手，随时随地、坚持不懈地进行劳动，掌握洗衣、做饭等必要的家务劳动技能。还可以发挥社区等社会资源在劳动教育中的支持作用，利用社会各方面资源，为劳动教育提供必要保障。而家务劳动、公益劳动的实施，尤可促成“大手拉小手、小手牵大手”，家校、社区共育、共同参与实践的“生活化”“活动化”的育人良好氛围。

（吴菲）

阅读评述

通过文中的故事，我们了解到了劳动教育在学校如火如荼地开展的情况。文中提到的班级“责任田”是在学校实施劳动教育中一个非常好的举措，学校实施了将闲置空地改造成劳动教育基地、包产到“班”的管理方式，让每个班级都有了属于自己的“责任田”。班主任组织学生根据时节种植不同的植物或瓜果，引导学生参与种植管理和日常维护采摘，体验劳动教育，从而养成“尊重劳动，热爱劳动”的好习惯。吴老师阐述了劳动教育在奥龙小学丰富的路径与举措，对促进孩子的全面发展具有十分重要的意义。

一支笔引起的小“风波”

故事聚焦

教育无小事，事事皆教育。让孩子有担当意识，其实就是培养孩子的责任感，就是要让孩子学会对自己的行为负责。

故事叙写

班主任作为世界上最小的“官儿”，既要上得讲台“夸夸其谈”，又要处理班里的“鸡毛蒜皮”，更需要敏锐地眼观六路、耳听八方，不然，会错失很多教育的机会。偶然的一次，我发现当下课铃声响后，每一个离开教室的孩子都走到讲台前和语文老师耳语几句才离开。看到我充满疑惑的表情，等最后一个学生也完成了这项“仪式”后，语文老师悄悄地向我解密。

原来，上课时学生小白说他的自动笔在课间被别人弄坏了。语文老师询问时，没有人主动承认，暖心的她便想出了这个办法：放学时每个人都和她悄悄地说句话，也请弄坏笔的孩子悄悄告诉她即可。可结果是，依然没有人承认。

现在处理这件事情的“接力棒”交到了我这个班主任手里。孩子们已经站好队等待放学，家长们也准时守候在学校门口了。快速地梳理了思路，我感觉这个事情虽小，但可能是培养孩子对自己行为负责的一个契机，所以我果断地让孩子们重新返回教室，及时地解决这件事情。

学生们陆陆续续地坐好，我让小白又重新叙述了发现笔坏了的过程，现在这支自动笔只剩下上半部分了。我把发生这件事的时间锁定在第三节课课间，同时还询问了这支笔的价格及购买的地点。

接下来我和孩子们开始梳理：

我问："这件事情大家感觉严重吗？"

学生们回答："不严重。"

我问："有谁能提出一个解决办法呢？"

学生 A 说："应该先道歉，先取得原谅。"

学生 B 说："这支笔就是在学校对面的文具店里买的，谁弄坏了，中午买一支，下午悄悄地还回去。"

在孩子们七嘴八舌的讨论过程中，我观察到一个平常还算活泼的小女生表情一直不自然。她没有参与讨论，还总是偷偷地看我，我心里便有了大致的猜测。

我又问："孩子们，这件事到底重要不重要？请你思考一下再回答老师。"孩子们有的低头沉思，有的看看其他人。突然一个小男孩举起了手："老师，我觉得这件事很重要。一支笔虽然不是特别贵重的东西，但是，弄坏别人的东西如果不承认就是不诚实。我们上课的时候学习过，要做个诚实的孩子。"小男孩话音刚落，其他孩子纷纷举手发言。在这个过程中，我注意到那个女孩，她的小手一直揪着衣角，我能感觉到她内心的紧张。

我示意孩子们安静，一边分发便笺纸一边和孩子们说："现在是放学时间，我知道家长们都很着急地在门口等着接你们。可是，我们现在依然要留下来处理这件事情，是因为我们之前就约定过'当日事，当日毕'。而今天这件事很重要，需要当堂事，当堂毕。"

看到孩子们的脸上有了一层严肃的神情，我告诉他们："这件事很重要，是因为我相信我的孩子们都是诚实、有担当的好孩子。我相信弄坏自动笔的那个孩子绝对不是故意的，他现在只是需要一点时间和勇气，就可以勇敢地承认这件事。现在请大家用掌声给他鼓鼓劲，也给自己鼓鼓劲，因为在我的眼中你们都是最好的孩子。同时我们是一个大家庭，作为你们的老师，我也会为这件事负责。刚才小白已经说了笔就是在对面文具店里买的，4元钱。无论是谁弄坏的，我负责买来还给小白，同时这件事我也不会告诉任何一个家长，把它当成我们之间的一个小秘密。现在，请大家在便笺纸上写下第三节课课间你在干什么，然后把便笺纸折好交给我。”最后，我施加了一点小小的压力：今天如果没有人主动承认，我们就再写第二轮、第三轮；如果第一轮就处理好了，我们就立即放学。

很快，孩子们就写好了，我把折好的便笺纸一一收起来，放在讲台上，又象征性地打乱顺序。很快，我就看到了那个女孩的留言。她大体分析了过程：笔掉在地上，她帮忙捡起来后，好奇地扭了一下，结果应该是弹簧的力量把笔弹开了，于是就只剩下上半部分了。

我快速地看完了剩下的便笺纸，然后轻松地告诉孩子们：“我知道是谁了，她真的不是故意的，只是她还有一些不好意思而已。我先替她给小白道歉，并且会买一支笔还给小白。”这时候小白站起来说：“没事，没事，不用买。”我故意夸张地说：“真的吗？我就知道你一定不会让我买，才那样说的。”有孩子“补刀”说：“小白，你又被田老师‘套路’了。”

孩子们哄堂大笑，那个女孩也跟着一起笑了。我看了看时间，12分钟，我们在保护了那个女孩自尊心的同时快速高效地解决了这件事情。

这场由一支笔引起的“小风波”的最后结局很完美，女孩回到家主动和家长说了事情的经过，并在家长的陪同下买了同样的笔，当面还给了小白。女孩的父亲给我留言说，很感谢我的处理方式，让孩子在没有任何负担和压力的情况下，坦然地承担了责任。

故事感悟

一、相信孩子，树立责任意识

我们要坚信，每个孩子在心中都孕育了积极向上的种子，他们都是有担当、能够为自己负责的好孩子。也许在某一个瞬间，孩子以为自己可能无法承担后果，才会有不主动承认的做法。这时候，作为老师和家长的我们就要对孩子施以倾听和鼓励，同时要和孩子站在一起，用行动告诉孩子“我会和你一起面对”。这就会给这粒积极向上的种子的破土而出创造时间和机会，就会让这个孩子鼓起承担责任的信心和勇气。

二、师长引领，做到润物无声

自己的事情自己做，自己的行为就要自己承担。这两句话常被老师挂在嘴边。老师和父母应该给孩子从小植入“担当”的概念。比如，应该让孩子先学会关注家庭，可以通过家庭会议将家务劳动做好合理的分工，告诉孩子这是每一个家庭成员应尽的义务。陶行知说过“生活即教育”，孩子责任感的养成就藏在这些生活的细枝末节之中。

三、和合共进，培养和润学子

如何培养出一个有责任感的孩子？学校教育和家庭教育应该保持一致。小白同学的铅笔损坏事件发生后，作为老师，我能及时处理，从保护孩子自尊心的角度出发，让孩子思考并发表自己的看法，抓住契机引导孩子理解什么是诚信，怎样做一个有担当的孩子。

家校合力，教育才有力量。这个事情发生后，孩子的家长非常配合，先表达了对学校教育的认可和对老师的感谢，同时带着孩子去买了自动笔，告诉孩子要去给同学道歉，做错事情要勇于承担后果。

作为教师，我们需要更新观念，允许孩子提出自己的一些想法，然后放手让他自己去做；给孩子足够的时间，让他有自我决定的可能，这样他才会发挥自己的主观能动性，这样才能把他的潜能激发出来，做事情才会有责任心、有担当意识。

（田泉）

阅读评述

“爱和智慧”是这则教育故事最鲜明的主题。这一主题给我们最强烈的感觉就是班主任高度的教育责任感和潜下心来育人的敬业奉献、爱生如子的精神。责任和担当是孩子必须具有的品质，在孩子的成长过程中，应该尽可能避免无谓的说教、唠叨和指责。就像文中这位有教育智慧的班主任一样，我们要对孩子抱有积极的期待，成为孩子的同行者，为孩子提供力所能及的帮助，帮助孩子学会承担责任，做敢于担当的人。

第十章　关键事件，契机性引领

美国学者沃克在教师职业领域研究中最先提出教育实践中的“关键事件”观点。他强调要对那些对课堂专业生活有影响的关键事件进行研究和反思，以帮助教师实现自我成长。关键事件是指个人生活中的重要事件，教师要围绕该事件作出某种关键性决策，它促使教师对可能影响自身特定发展方向的某种特定行为作出选择。

抓住“关键事件”，助推教师快速成长。当前专家们对“关键事件”的研究较多，并在两个问题上达成一致：关键事件能够促进教师专业发展，关键事件与教师专业发展之间存在某种内在机制性的联系。借助该事件的完成，教师可以获得被认可的自信，实现自我价值的满足，得到专业成长的喜悦。学校要帮助教师梳理“关键事件”的特点，让其知晓机遇的存在；引导教师知晓“关键事件”的类别，抓住展现自我的机会；帮助教师挖掘“关键事件”的深度，借助机遇实现蜕变。比如参评某次优质课评比的事件、辅导某个特殊学生的事件等，都是教师在经历“关键事件”过程中提升自我的良好契机。

不同的“事件”，对于教师成长的促进点可能各不相同。在教师的专业成长过程中，总有一些事件对教师的专业发展影响较大：可能是讲一次公开课，可能是参加一次技能比赛，可能是某一个项目式学习的实践经历，可能是学校“师徒共同体”某次团体研讨的启发，可能是领导与青年教师的某一次谈心谈话，等等。也正是在这样一个个事件中自然收获各种教育智慧。不同的教师因各自经验、水平和专业背景的不同，即使经历相同的“关键事件”，可能思考感悟也会不尽相同，也能产生不同的体验、认知和思考。如果能够抓住“关键事件”的契机，每个人结合各自的实际积极参与和历练，一定可以收获属于各自不同的成长，也一定可以事半功倍。

所以，“关键事件”能促进教师成长的不仅是事件本身，更是事件发生过程使各人产生的不同认知、思考和感悟。因此，也希望所有教师都能善于把握自己所经历的每一次“关键事件”，来影响自己、提升自己，让每一次“关键事件”不白来过，都能成为自身专业成长的关键契机和有效路径。

点点爱心化“顽石”

故事聚焦

苏霍姆林斯基说过，没有家庭教育的学校教育和没有学校教育的家庭教育，都不可能完成培养人这样一个极其细微的任务。只有家校合力，才能使教育发挥高效功能，促进学生全面成长。

故事叙写

小磊，7岁，小学一年级学生，性格耿直倔强，且以自我为中心。自一年级入学起，我从来没有见过小磊的父母，都是奶奶陪着他，抽签分班、开家长会……孩子奶奶说，爸爸妈妈都忙，忙得见不到人。我心里隐隐担忧着……

在一节语文课上，小磊没有收好上节美术课画的画，一直低着头欣赏着。我多次提醒小磊收好，可是每次他放好后没过几分钟又拿出画来看了又看。我终于忍不住走过去，准备收起小磊的画。小磊紧紧拽着画纸，眼睛狠狠地瞪着我，大声地问：“你要干什么?!”整个教室一下子鸦雀无声，所有孩子都在看着我和小磊，一脸惊讶。

“老师先替你保管你的画，下课后咱们再解决这件事情。”我虽然有些意外，但是仍然心平气和地说道。

“不行!”小磊语气强硬。

“小磊在老师心目中可是个听话的孩子哦！松开手，咱们下了课再说!”我强压着怒火，好生劝说着。

“就是不行!”小磊倔强地瞪着我，一脸坚定。

无论我怎样安抚，小磊的手都一直紧紧地拽着画纸，小手因为太过用力，已经变得发白，纸也变得起皱。我们僵持了几分钟，小磊的"油盐不进"让我忍无可忍。终于，我生气地向他吼了一声："松开！"

也许是开学以来，我一向温柔包容，孩子们从来没有看到我发脾气，小磊显然也没有料到我的态度，下意识地迅速松开了手，可是眼中却写满了不服气。

下课以后，我把小磊叫到办公室，安抚他说："下次上完美术课，一定及时收好画，可以吗？"

小磊耷拉着脑袋，嘟囔着说："嗯，知道了。"

看着小磊这不得不"屈服"的可爱模样，我继续试探地问道："你很喜欢这幅画吗？"

小磊突然变得得意起来："美术老师夸我这幅画画得特别棒！"

"所以……"

"所以我就想拿回家给爸爸妈妈看，他们一定会夸奖我，一定会相信我在学校表现得很好，他们就不会总批评我不乖了……"小磊的声音越来越小，最后他低下头，像是想到了什么伤心事。

我终于理解了小磊在课堂上的"坚持"。我摸摸小磊的头，安抚他说："小磊最乖了！一会儿刘老师就给爸爸妈妈打个电话表扬你，好不好？"

小磊睁大眼睛，脸上笑开了花。

晚上，我接到了小磊奶奶的电话。老人家非常客气地说，孩子放学回来说在学校犯错了，老师还说要表扬他，问清了原委后也跟孩子说了很多道理，同时也希望老师多理解。我听后心里很感慨，首先对老人给予孩子的照顾表达了我由衷的赞赏和关心，同时也从专业的角度告诉孩子奶奶，爱孩子也要讲究方式方法，并不是满足孩子一切要求才是爱。我真诚地请老人放心，我一定多包容、多关注孩子。老人最后一直道谢。

电话沟通结束后，我陷入了深思……

从小磊的情况看，其性格应主要是由家庭因素造成的。以自我为中心，是部分青少年身上存在的现象，多与家长过分溺爱有很大关系。小磊的爸爸妈妈忙于工作，起早贪黑，很少见到孩子，平时孩子都是奶奶在照顾。奶奶对小磊很溺爱，从来都是有求必应，对于小磊犯的错，奶奶也总是主动承担责任，替小磊开脱。小磊渐渐养成了"唯我独尊"的"小皇帝"脾气，对他人提出的不同意见，小磊不仅不能虚心接受，还故意跟别人拧着来。

同时，由于父母疏于管理，没有给予小磊正面教导，孩子没有树立正确的是非观。小磊的父母面对孩子的错误时，总是不问清原因就苛责、打骂孩子。看到别的同学都有爸爸妈妈的陪伴，小磊心里的不安全感也异常强烈。所以当老师或同学对他提出异议时，小磊都表现出非常强烈的抵抗情绪和过激的自我保护甚至是攻击他人的行为。

学校非常注重家校共育。依托学校的“123N 家校共建”运行机制，即“1 个中心，2 项保障，3 份力量，N 大举措”，我也开始着手开展班级的家校育人工作，有序推进，成效凸显。

我采取一切可以联系的方式，与小磊妈妈多次交流，通过交谈，彼此了解了孩子最近在校内校外的表现。我希望小磊的父母改变教育方法，在百忙之中抽出时间陪伴并关心孩子，多与孩子交流，并鼓励孩子多说说学校发生的事情，认真聆听孩子的表达，收起以往严厉、苛责的态度，让孩子敢于表达自己内心的想法。

我也经常和小磊奶奶聊天。“隔辈疼”的方式我们理解，但是真正的爱是给予孩子们正确的引导，锻炼他们自主、自立，让他们能够在更广阔的天空勇敢“飞翔”。我还不时推送学校“养教有方”小视频，主动邀请她们进校园参与学校、班级活动，力邀家长来现场观摩班级的整本书阅读会。渐渐地，小磊家长对班级工作理念、学校教育理念越来越认同，更愿意保持我们家校行动的一致性，这对其家庭教育产生了极为有利的影响。

在学校生活里，我对小磊更是格外关注，主动寻找机会亲近他、关心他、信任他，拉近我们师生之间的距离。每当在课上听到小磊的发言，看到他端正的坐姿时，我都会及时表扬：“小磊今天表现太棒了，坐得真端正！”这时我就能看到他阳光般的笑脸，周身洋溢着快乐的光彩。有时候，课间小磊也会来到我的办公室和我聊上几句，还会在早到校的时候，从书包里拿出一幅自己画的画送给我。

学期过半，我意外地收到了小磊爸爸的微信留言。留言中这样说道：“敬爱的刘老师，您好！我是小磊的父亲。一直以来都是孩子妈妈跟您沟通，每次听孩子妈妈转述您的话，我都非常感动和羞愧。我一直没有勇气跟您联系，是因为我怕面对老师的批评，怕孩子受到同学、家长们的排斥。忙碌的工作让我无力面对孩子的教育。但是出差数月回到家中，竟然看到儿子在津津有味地读书，晚饭后竟听到儿子在眉飞色舞地讲着‘我们刘老师说啦……我们班里怎样怎样……'孩子变化这么大，我作为家长感激万分。刘老师，真的谢谢您！"

看到这样真挚的话语，我不禁红了眼眶。

我常常想，作为班主任，我们对孩子成长的影响是深远的。在我们身后，是孩子未知的人生旅程，我们是陪着孩子揭开人生帷幕的"开门人"。如果在我们的脸上，孩子看到的是温暖、欣赏和喜爱，他们一定会感到自己是被珍视、被期待、被接纳的。试想这样的孩子又怎能不自尊、自爱、自强、自信地将前路走得光明而笔直呢？

故事感悟

纠正小磊心理与行为的偏差，真正走进孩子的心灵世界，即使对于一个有着多年班级管理经验的班主任来说，也不是一件容易的事。结合孩子的家庭情况、行为表现等，我从家校沟通、家校共育入手，改变小磊，改变了家长的家庭教育方法。

一、深入家庭指导，做到科学育人

当今是快节奏的社会，忙碌的父母们确实有点手足无措。而老人们的相助也仅仅只能保证孩子的生活，更何况"隔辈疼"的方式很可能造成溺爱的危害。所以，我依托学校的家校共育运行机制顺势而为，引导家长们更加深刻地体会到：只有家庭和谐发展，对孩子适时关注并科学指导，才能为孩子健康成长和未来发展做好准备。通过学校"123N 家校共建"运行机制中"以学习为中心"的理念，积极构建家长、老师与孩子一起学习、共同提升的"学习成长共同体"，争取到两项保障，即家长对学校工作理念的认同和行动上的一致，以及学校、专家、家长的三份"力量"和各种有效"举措"，逐步让小磊父母向着正确的家庭教育观实现了成功"上岸"。

家校携手，科学育人。家长们的家庭教育素养与能力逐步提升，有助于更大效率地发挥家庭教育的作用，有效地提高家庭教育的质量和效果，从而为学生健康成长提供更加优质的教育服务，带动学生精神面貌、身心健康、全面核心素养等全面发展，为其一生的幸福和终身成长奠定良好基础。同时，这也能够在更大范围内将育人成果进行推广和应用。

二、努力提升优势，做到专业育人

奥龙小学是济南市"泉家共成长"项目学校、济南市家长学校示范校，在家校共建共育共成长的系列建设中，我得到了很多锻炼的机会与长足的进步。比如，学校设计规划了适合校情的"家庭教育指导"系列课程体系，我全程参与其中。该课程包括以低年级段适应性指导、中年级段发展性指导、高年级段个体性指导为主的全套课程内容体系。通过系列化设计与实施，我着实提高了自我的家庭教育水平和共建共育的意识与技能。

家长是支持班级工作的"隐形的翅膀"，班主任就更应该成为家长进行家庭教育最有力的外援，只有搞好家校合作，才能实现教育的最优化。所以我认为，家庭教育指导能力是我们需要终身学习和提升的必备素养，能够保障家校协同育人工作取得最大成效。这门学问是值得为之探究和付出的。

（刘彬）

阅读评述

从一个小小的"顽石"看到教育契机是一位班主任最大的闪光点。这位老班主任有着敏锐的眼睛，善于发现孩子以及背后家庭所存在的问题，通过及时疏导，与家长沟通，科学指导，家校形成合力，助推着学生快乐地成长。家庭教育和学校教育是促进孩子成长的两大核心支柱，家庭教育回归教育本真，学校教育便可大显身手。学校"123N 家校共建"运行机制，还有一系列家校共育共建的课题研讨与课程研究，都有助于班主任们有目标、有计划、有方向地一一落地。家校双方的教育都应该符合时代要求，才能更好地体现尊重教育规律的正确的教育观，相信家校聚力的效果一定是最大化的。

家校同心，共育未来

故事聚焦

家校共育是指教师与家长为了学生的成长，从思想到教育策略达成一致、通力合作，实现学校、家庭协同育人效果的最大化。本文通过对学生小凯进行家校共育的故事，生动形象地反映了家校共育在教育上的重要性。

故事叙写

班主任不仅要发现学生的闪光点，更要关注他们的不足，不论是行为、习惯、思想，还是日常学习，都不能忽视。美国哲学家威廉·詹姆斯曾经说过，人性最深的需求就是渴望别人的赏识。随着阅历的增加，这种"渴望"会变得更加突出，对小学生来说更是如此。

我所任教班级里有一个"小机灵"小凯，从刚入学时我就注意到了他，发现他虽然思维敏捷，但是学习习惯并不好。刚开始的时候，他处于一种"不听课都优秀"的状态，可是没过多久就"原形毕露"——"老本"吃光了。发现这些问题后我及时找他谈心，告诉他，他的学习能力并不差，只要能改掉坏习惯，一定没问题。我以为经过这次交谈，小凯会有所改变，但出人意料的是，他并没有像我期待的那样改掉坏习惯，反而因为坏习惯而导致各方面的表现愈发落后。

开学之初，在进行家访时小凯的父母就和我聊过他的情况，言语间透露着对孩子满满的宠爱与骄傲："我们小凯特别聪明，古诗读两遍就能背下来，背得溜溜的。"即使收到孩子表现不好的反馈时家长也是嗔怪的语气："是啊老师，他是挺贪玩的，我也没办法。"在后续的几次电话交流后，我发现家长对孩子的教育有很大问题，但家长并没有采取有效的措施来改变现状。我只能想办法在学校里尽量纠正孩子的行为习惯。

针对小凯的状况，我和搭班语文老师讨论过多次，觉得真正能够影响、决定学生行为习惯的是他的思想，如果学生从思想上认识到要认真听讲、积极完成作业，就不会在做作业时乱写一气，也不会在考试时不好好审题。思想上的转变一定会促使他的精神面貌与行为习惯发生变化。而仅靠教师单方面拉扯孩子往前走，效果将非常有限。

正当我针对小凯的情况一筹莫展时，刚好赶上学校的家校共建中心举办家校共育大讲堂活动。带着小凯的问题，听了专家关于家校共育的观点，我受到了很大启发。我发现“学校和家庭教育的一致性”这条建议正是小凯面临的关键问题所在。找到问题的关键了，接下来我便把工作的重点转到家长的身上。首先我每天和小凯的家长进行电话沟通，围绕小凯一天在学校的表现与家长进行交流，并就放学回家后家长怎么给小凯进行继续教育也给出一些建议。经过一周的电话沟通，感觉小凯的行为并没有明显的变化。在学校，小凯上课时萎靡不振，下课后却神采飞扬，具体表现为：在行为方面，站没站相、坐没坐相，课间与同学追逐打闹；在学习方面，课堂上低头走神、玩铅笔尺子，课下不抓紧时间完成作业。可以说是行为、习惯、思想、学习样样都马虎。

这时我意识到，只通过电话沟通效果并不是很理想。于是我与小凯的妈妈约好时间进行了入户家访。在这次家访中，我与小凯的妈妈进行了深入的交谈，同时也了解到小凯在家的一些行为表现，对小凯的情况又有了更深入的把握。通过这次家访，我了解到平时家长工作比较忙，孩子放学后基本是放养的状态，回家后就是玩。为此，我从学生的行为习惯养成、家校共育的重要性方面与家长进行交流探讨。小凯的妈妈终于意识到家庭教育也是非常重要的一部分。她也下定决心，会将工作的事情放一下，将小凯的教育放在第一位。我最终与家长达成了共识：我们双方要努力做到家校要求一致，这样才能够时刻规范小凯的各项行为习惯，更快速地改变现状。

在此次家访之前，我在小凯身上已经尝试了各种教育方法——鼓励法、批评教育法、物质奖励法、群众监督法等。屡战屡败，屡败屡战。心理学告诉我们，在培养学生行为习惯时要适当运用正强化、负强化以及惩罚的方法。仅口头提醒已经不足以应对现在的情况了。为此，我给家长提出了核心建议——不论是日常生活还是学习习惯，我们都需要找到孩子的兴趣点，给予他一定的刺激，让他有动力去做好。我们约定好当他在某方面的行为表现得好时，给予奖励，表现得不好时取消奖励。对于儿童来说，到手的奖励怎能让它飞了？小凯妈妈经过无数次尝试后，终于找到了能够有效促进孩子认真对待学习的积极性奖励法——精神鼓励和物质奖励相结合。

至此我终于明白了，并不是奖励法不管用，而是只有恰当的奖励才能触动他的心！小凯在学校和家长的“重磅”“诱惑”下，学会了认真、快速地写作业，课间与同学追逐打闹的情况减少了，课堂上也更专注了。

看到小凯在一点点地改变，我和家长都是乐在心里。趁着小凯的劲头正足，我跟他约定，只要能够坚持做到上课认真听讲，按时完成作业，课下遵守纪律不打闹，我就让他当我的课代表，做我的得力小助手。听到这个提议，小凯的眼睛都亮了。看到小凯的表现，我知道这次的奖励机制正中他“下怀”。一段时间以后，我再到班里去，看到的是小凯安静地坐在座位上看书，甚至有时候能看到他在帮别的同学讲解题目。经过一个学期的家校携手努力，小凯的成绩也有了很大的进步，现在已经能够稳居班里的上游了。当然他也如愿地成为我的课代表，真的成了我的得力助手。

故事感悟

在教育活动中，若学校与家庭两者共同努力，学校在教育学生时便能得到更多来自家庭的支持，家长在养育子女时也能得到更多来自学校的指导。

一、因材施教

因材施教的内涵极为丰富，不仅包含“天生我才”的成分，也包括“孟母三迁”前后不同环境造成的人的不同品性。苏霍姆林斯基认为，教育的效果取决于学校和家庭的教育影响的一致性。如果没有这种一致性，那么学校的教学和教育过程就会像纸做的房子一样倒塌下来。发生在小凯身上的教育故事，让我明白了因材施教、激趣培能并不是一件简单的事情，单单是对一个学生的教育就要经历漫长的过程，尝试、更换多种不同的教育方法；同时，要想真正获得成效，还得依靠教师、家长的通力合作，给予学生足够的时间与耐心。

二、孩子的表现是家庭教育和学校教育成效如何最有力的反映

家校共育改变的不只是孩子，还有教师与家长自己。一个班里，常常不止有一个良好习惯有待养成的学生，这些孩子身上出现的问题也各不相同。但不可否认的是，每个学生都是一块独特的璞玉，只是在他们打磨成美玉之前需要我们去发现、去挖掘。

三、不能先入为主

对于那些不爱学习、调皮捣蛋或仅仅是学习反应慢的学生，我们绝对不能给他们戴上“差生”的帽子，也绝对不能有半点疏远与歧视。因为他们与“优生”比起来，也许仅仅是因为花期不同而已。

花苞的盛开尚且需要阳光、水分和足够的时间，更别提学生生命的成长了。教师要相信，只要耐心等待，给予孩子足够的时间，他们开出的花儿一定是独特的、芬芳的。

（李娇）

阅读评述

随着教育改革不断深入，家校共育问题越来越受到重视。2018 年，习近平总书记在全国教育大会上指出：“办好教育事业，家庭、学校、政府、社会都有责任。”①

本案例让我们看到了家校共育发挥的巨大作用，也让我们看到架设“家校共育之桥”，班主任能做的有很多。要有一颗敏感之心，提前感知家长未发现的问题；要有一颗同理之心，在与家长的沟通中多换位思考，站在家长的立场想一想，这样就能使双方情感接触，心灵碰撞。同时家长的言谈举止、品格德行和气质品位对孩子个性、人格及行为模式的建立起着至关重要的作用。苏霍姆林斯基曾提出一个著名的论断：最完备的社会教育就是学校—家庭教育。

荡起爱的双桨，摆渡家校共育之船

故事聚焦

苏霍姆林斯基曾把学校和家庭比作两个“教育者”，认为这两者要志同道合，抱有一致的观念。这阐述了家校共育的重要性。目前缺少父母关爱

① 《习近平在全国教育大会上强调：坚持中国特色社会主义教育发展道路　培养德智体美劳全面发展的社会主义建设者和接班人》，《人民日报》2018 年 9 月 11 日。

的“新型留守儿童”日益增多，面对情感孤寂、家庭教育缺失的孩子，我们更应做好家校共育，保障孩子的健康成长。

故事叙写

“马老师，小鸣把咱班照片墙上的照片破坏了！”

“他把照片拿下来了！”

……

两个孩子拉着小鸣来到我的办公室，七嘴八舌地向我告状。“被告”叫小鸣，是我们班一名“与众不同”的学生。小鸣家庭条件优越，父母忙于生意而无暇照顾孩子，把孩子交给年迈的爷爷奶奶和保姆照顾。爷爷奶奶和保姆更多关注的是小鸣的生活起居，但对于行为习惯、价值观念、教育学习上难以进行引导和帮助，使得小鸣成了我们班上的“特殊学生”。他经常忘记戴红领巾、小黄帽，不喜欢参加集体活动，不合群，平时沉默寡言，独来独往，经受不住挫折，稍有委屈就哭，不完成作业，上课不认真听讲，常常与老师“唱反调”。这不，又“闯祸”了。

我看向小鸣，他低着头，红着脸，一声不吭地站着，手里攥着一张照片。“小鸣，你来说说是怎么回事？”我问道。小鸣一声不吭。“说说为什么要把照片拿下来？”我追问道。依然是一阵沉默。我顺手拿过小鸣手里的照片，定睛一看，这是春季运动会上，小鸣获得100米冠军在领奖台上的照片。照片上的小鸣笑容灿烂，举着冠军的奖牌，站在他旁边的爸爸妈妈满脸自豪，正高举着大拇指为小鸣点赞。我心里一下明白了小鸣“破坏”照片墙的用意，试探性地轻声问道：“小鸣，是不是想爸爸妈妈了？”话音刚落，豆粒大的眼泪从小鸣的眼睛里滑落下来。小鸣点点头，轻声说道：“爸爸妈妈已经两个月没回家了，这是我们今年的唯一一张合影。老师，能把这张照片送给我吗？”我的心头一紧，顿时怜惜起眼前的这个小男孩。我轻轻地擦掉小鸣的眼泪，说：“当然可以了，稍后我和爸爸妈妈沟通，让爸爸妈妈用晚上的时间和你视频通话，好吗？”小鸣的眼睛一下就亮了，说了声“谢谢”，然后高兴地跑回了教室。

望着这个小小的背影，我不禁思索小鸣行为背后的原因是什么。通过进一步了解，我发现起初小鸣很多的不良行为都是为了寻求父母的关注，每当小鸣在学校犯错后，爸爸妈妈都会打电话询问，小鸣在这样的询问当中感受到了来自父母的关爱，所以不惜以“调皮捣蛋”作为博得父母关心的途径和方法。与此同时，由于父母长期不在家，生活中缺少了父母的陪伴与关爱，缺乏良好的倾诉对象，小鸣在行为习惯和价值观念上难以得到正确的引导和教育，错误的行为也不能得到及时的纠正。父母会给他生活费及零花钱，对于他物质上的要求尽全力满足，但对于学习基本不提，品德教育也从不过问。所以小鸣养成了很多不好的行为习惯。

分析了原因之后，我暗暗发誓，一定要让小鸣重拾勤学上进的信心和勇气。我开始慢慢地观察他、了解他的心理特点及其成因，结合学校“和合共进，润心育人”的核心理念，开启了我的育人之路。

我倾自己内心之爱，与小鸣之间搭起信任之桥。我一次又一次地对自己说：“你是小鸣的老师，像妈妈一样，你应该帮助他。”在学习上，当小鸣犯错时，我不再像以前那样对他严加训斥，而是温和地进行教育，帮助他学会生活，学会求知，学会追求。

在繁忙的工作之余，我力争能抽出时间和小鸣谈心，包容他的小缺点、小问题，将作业量和难度降低，对他多一些鼓励，少一些批评。在生活中，我给予他妈妈般的爱，为他驱除由于父母不在家而积压在心头的阴影。有一次，他在学校吃配餐时将饭菜洒到了自己身上，我为他找来替换的衣服，把脏衣服洗干净。我还尽量挖掘小鸣身上的闪光点，努力从赞美中去满足他的心理需求，使他拥有开心、幸福的内心体验，增强自信心、上进心，激发学习的兴趣与内在的动力。上课时，小鸣静静地坐好，我冲他赞许地一笑；当他犹豫地举起手时，我对他投以鼓励的目光；当他工整地完成作业时，全班的掌声带给他成功的喜悦。当一个孩子对学习有了兴趣与动力，成绩的提高就变得轻松、容易多了。

我清楚地知道，家庭教育是一切教育的基础。为了更好地进行家校沟通，实现家校共育，我邀请小鸣的父母参加学校举办的“工作坊式”家长大课堂。“工作坊式”家长大课堂一改以往“圆桌式”课堂方式，尹怡华校长亲自出马担任“坊主”，围绕家庭教育的话题，引导家长们人人发言，让他们在思维碰撞中体会家庭教育的重要性。家校合作最需要双方理念、行动的一致性。小鸣的家长从一开始以工作忙为由不参加，到后来不仅积极参与，还主动与我们班其他家长分享参与感悟，在一次次家长大课堂中实现了思想观念的转变，学会了家庭教育的方法。

考虑到小鸣父母工作比较繁忙，我将尹校长参加的山东教育电视台《养教有方》栏目及学校视频号“养教有方”的内容推送给家长，让家长实现随时随地的学习。随着不断学习，小鸣父母走出教育误区，提高了思想认识、转变了观念，与学校教育形成合力。由于父母对小鸣的关注关爱日益增加，小鸣变得乐观开朗了很多，行为习惯也逐步向好发展。

与此同时，我坚持“让儿童教育儿童”的原则，充分发挥集体教育的巨大作用。面对像小鸣这样缺乏爱的孩子，更应该让他在班级里获得情感体验，让他对班级产生向往感，对同学产生友爱感。针对小鸣的情况，我特意举行了一次班会，主题是“想对你说”。主题班会之前我还“偷偷做了手脚”，私底下和几个同学约定班会时对小鸣说一些喜欢他、鼓励他的话。小鸣慢慢感受到了同学和班级的关爱，更加愿意和同学交往，从班集体中获得了幸福感。

我还与其他任课教师、小鸣的爷爷奶奶等沟通联系，商量帮助小鸣的策略，寻求他们的配合与帮助，获得他们的大力支持。

这一切的努力，使得小鸣取得了可喜的进步。课上能常常见到他高举右手，迫不及待地发言；他不仅能按时完成作业，作业正确率也大大提高了，成绩有较大起色；课下原本只在教室里坐着的他，也开始和同学们嬉戏玩耍了。他的变化是令人欣喜的，在学校组织的跳绳比赛活动中，他名列前茅，为班级、也为自己争得了荣誉。

教师节那天，我在办公桌上发现了一张漂亮的贺卡，上面写着：老师，谢谢您！爱您的学生——小鸣。

故事感悟

故事虽小，却给了我深深的教育启示。

一、从爱出发，润心育人

爱因斯坦说过，根植于爱是处理好师生关系的奥妙所在。爱是通往学生心灵的桥梁，爱如春雨，润物无声。作为老师，在遇到“问题学生”时，我们更要收起对学生一味的批评，要走进学生的内心世界，探寻行为背后的原因及解决策略。以一颗不倦的爱心，动之以情，晓之以理，导之以行，持之以恒，把爱作为叩开学生心门的钥匙，因材施教，循循善诱，润泽学生的心灵，用心育人。

二、家校共育，共促成长

学校不是教育的孤岛，家庭是教育不可或缺的“同盟军”。在整个教育过程中，我积极与家长沟通，转变家长观念，引导家长关心关爱孩子，弥补缺失的家庭教育，将家长从被动的合作者转向家庭教育的参与者，最终实现家校共育。从整个过程可以看出，学校与家庭、教师与家长的聚力合作，既是学校“和合共进，润心育人”教育理念的重要方面，也是促进学生发展、成长的重要途径和保障。随着现代社会的发展，家校共育的方式也发生了重大改变，学校打破传统的“圆桌式”家长课堂形式，采用让家长参与其中的工作坊式，通过体验，让家长的参与更充分、更全面。《养教有方》微视频、微课的录制，打破了学习时间和空间的限制，使家长可随时、随处学习。或许在今后的家校共育工作开展中，学校还会继续探索出新形式，形成新样态。无论方式如何改变，实现家校共育共建，促进学生成长，始终是我们追求的目标。

三、多方力量，和合共进

除发动家长的力量外，我还充分发挥了其他教师、学生等多方面力量，实现了师生之间 、生生之间、家校之间和谐配合、同舟共济，形成教育合力，协同育人，最终带来了小鸣的可喜转变。

在今后的工作中，我会主动关注像小鸣一样父母经常不在身边的“新型留守儿童”问题，既要做他们的老师，又要做他们的“父母”，走进他们的情感世界，引导他们健康快乐地成长。我欣喜地看着一个个“小鸣”的蜕变。目前，《中华人民共和国家庭教育促进法》出台，以后会有更多智慧的父母和敬业的老师携起手来，荡起爱的双桨，摆渡孩子们到达洒满阳光、开满鲜花的彼岸。

（马鑫）

阅读评述

作者从发生在教室中的一件小事入手，探究了家校沟通中的一类现象。作者分析了学生行为背后的原因并采取一系列措施，最终实现了家长与老师有效配合，形成家校共育的整合优势，为学生营造了一个和谐的家庭环境和校园环境。家庭教育与学校教育各方不缺位、不错位，坚持问题导向、目标导向、效果导向，疏通家校共育不同步、不合拍的堵点，才能促进孩子健康成长，取得教育高质量发展的新突破。

沟通，从“心”开始

故事聚焦

陶行知先生曾说，真教育是心心相印的活动，唯独从心里发出来的，才能达到心的深处。孩子健康成长是家校共同的目标。我们都希望孩子健康、幸福……正因有共同的期盼，家校才更应携手共育，为孩子的幸福人生护航。

故事叙写

真诚、用心交流，是教育工作必不可少的理念，我们只有走进学生心里，才能取得良好的德育效果。我带过的班级中有一个叫小玲的女孩，接手班级几天后，我就发现这名学生不爱说话，上课总是无精打采的。她经常丢三落四，上课时总是忘记带书本或文具，在文体活动中，她也不喜欢和同学一起玩，总是一个人待在旁边。表面上看，小玲不引人注意，没有给班级管理工作添乱，可是她态度消极，对个人的长远发展是非常不利的。尽管她不爱与人交流，但我深知，主动与她进行师生沟通十分必要，于是我决定先从生活方面了解她的具体情况。

有一天，语文课刚结束，小玲立刻趴在桌上休息，看起来很累。我走过去关心地问道：“小玲，为什么这么累呢？”她听到我的声音立刻坐端正，回答道：“没有什么，只是休息一下。”她眼神里似乎有些戒备，好像被老师抓住了把柄。为了让她放松，我说：“没关系，现在是下课，就是让大家休息放松的时间。是不是昨天晚上没有睡好？”她点了点头，说自己晚上经常睡不着，但是不愿意再多谈了。

后来，我从小玲的周记本里对她的生活有了更多的了解。原来小玲的父母都特别忙，平时由爷爷奶奶照顾。父母短暂的休假时间，原本是她最喜悦的时候，可是父母回家后大部分时间都在闹矛盾，这让她的心情也变得越来越沉重。

像小玲这样的情况非常常见，其因根植于家庭环境。我决定从家校交流入手，解决这一问题。我将小玲的爸爸请到学校的家校共建中心，起初小玲的爸爸并不太重视，认为家里的事不宜对外人多谈。我指出，小玲的情绪低落，家人吵架会让她感到成长环境不安全。随着谈话渐渐深入，小玲爸爸的表情越来越凝重，他逐渐认识到了家庭教育的重要性。最后小玲爸爸对我说："以前我们没注意这方面的情况，现在我明白您的意思了，以后在家里会注意的。"这次面谈起到了一定的教育提醒作用。在接下来的日子里，我通过几次家访及打电话等方式继续加强与小玲父母的沟通，及时了解小玲父母在家的一些沟通方式，以旁观者及孩子的角度提醒孩子父母保持良好的沟通。同时我也注意观察小玲的变化，大约一个星期后，小玲告诉我，父母和她进行了一次坦诚而深入的交流，她和父母的关系更亲近了。

在学校，我也经常鼓励小玲积极参加班级的各项活动，真诚地关心她，让她感受到老师不是高高在上，而是把她放在心上。我从心灵上走近孩子，经常和她分享我学生时代的经历，尤其是和她相似的一些经历。慢慢地，她开始认真聆听，对我的亲近感与日俱增。继而我引导小玲向我倾诉自己的内心感受，我就做她忠实的听众，让她感受到自己是被关注和重视的。

一个学期后，小玲从以前不善言辞、不愿与他人交流到现在积极参加校内外各类活动及比赛，担任班级学习委员、语文课代表并督导晨读等，学习状态明显改善，笑容也多了。以前不苟言笑的小玲同学已经不见了。

故事感悟

家校共育中，学校引领和指导着家长及家庭教育，家庭教育又是学校教育的有益补充，两者相辅相成，共同促进孩子的发展。在家校共育的实践中，我也有些自己的体会。

首先，家校合作是最有效的教育，家校协同育人才能叩开孩子的心门。作为老师，我们要与家长及时联络，全面掌握学生思想动态，及时做好疏导工作，分析孩子的成长环境，挖掘其闪光点，鼓励他们树立自信心。只有家校进行真诚的交流，老师、学生及家长用心沟通，才能促进学生的健康成长。

其次，孩子的成长离不开家庭的教育、父母的关爱，离不开学校老师和社会各界的关心和帮助。获得父母和老师的爱是孩子普遍的心理需要——从爱出发、以爱为归宿，顺应这一需要，满足这一需要，才能培养出德才兼备的孩子。我们都应继续践行民主的教育思想，即具有赏识的眼光、细致的工作作风，保证孩子心理健康发展的人文环境，增强适应社会生活的能力。

最后，学校教育与家庭教育相辅相成，两者缺一不可。苏联著名教育家苏霍姆林斯基说，只有学校教育而没有家庭教育，或者只有家庭教育而无学校教育，都不能完成“培养人”这一极其艰巨而复杂的任务。这也加深了我对家校联动、家校共育的理解。作为老师，我们应主动与家长沟通，急家长之未急，缩短我们与家长的空间与心灵的距离，产生亲近、共鸣、信赖的效应，让家长感受到我们对孩子的关心和爱护，从而获得家长的信任，也取得家长对学校教育的真正理解、支持。

（陈敏）

阅读评述

古人云：“亲其师，信其道。”一分信任，一句关怀，都可以拉近师生之间的距离。在学生无助时，陈老师能从学生的角度去思考，多了几分理解和关怀，让学生从心底信任了老师。

教育包含社会教育、学校教育和家庭教育，三者缺一不可。沟通是家校共育活动的重要组成部分，也是家庭教育的重要途径。陈老师用心沟通，更有效地发挥了家校共育的力量。